大学英语课程思政教学实践与反思研究

王淑花　潘爱琳 ◎ 著

首都经济贸易大学出版社
Capital University of Economics and Business Press
·北 京·

图书在版编目（CIP）数据

大学英语课程思政教学实践与反思研究/王淑花，潘爱琳著．--北京：首都经济贸易大学出版社，2022.10

ISBN 978-7-5638-3418-1

Ⅰ．①大…　Ⅱ．①王…　②潘…　Ⅲ．①高等学校—思想政治教育—研究—中国　Ⅳ．①G641

中国版本图书馆 CIP 数据核字（2022）第 166729 号

大学英语课程思政教学实践与反思研究
DAXUE YINGYU KECHENG SIZHENG JIAOXUE SHIJIAN YU FANSI YANJIU
王淑花　潘爱琳　著

责任编辑　潘　飞
封面设计　砚祥志远·激光照排 TEL：010-65976003
出版发行　首都经济贸易大学出版社
地　　址　北京市朝阳区红庙（邮编 100026）
电　　话　（010）65976483　65065761　65071505（传真）
网　　址　http://www.sjmcb.com
E-mail　publish@cueb.edu.cn
经　　销　全国新华书店
照　　排　北京砚祥志远激光照排技术有限公司
印　　刷　北京建宏印刷有限公司
成品尺寸　170 毫米×240 毫米　1/16
字　　数　337 千字
印　　张　20
版　　次　2022 年 10 月第 1 版　2022 年 10 月第 1 次印刷
书　　号　ISBN 978-7-5638-3418-1
定　　价　69.00 元

前　言

FOREWORD

中国的教育一直注重德育，在古代诸子百家争鸣时期就涌现了不少论及道德教育的论述，儒家学派更被认为是德育的集大成者。无论是环境熏陶、社会教化或是自我修养，长期以来德育在育才方面都起着重要作用。随着时代的发展，国家在德育方面的政策和方针也在发生变化。一方面，我们需要传承中华民族的优秀思想文化；另一方面，我们也需要把握时代脉搏，在育人育才方面有新的举措。

随着政治、经济、文化的迅速发展，中国迅速走向世界舞台的中央，在贯彻新发展理念，积极参与全球治理的同时，也面临着百年未有之大变局和层出不穷的全球性挑战。很多教育家都已经认识到，在这种形势下，我国外语教育的政治站位要高、格局要大，要重新定位中国外语的教育使命。外语学科在教育大学生成才的过程中，要响应党和国家对课程思政建设的号召，把思想政治工作贯穿教育教学全过程，实现全程育人，与思想政治教育课程同向同行，实现协同育人。大学英语作为一门公共基础课和核心通识课，其思政元素与课程的深度融合是人格养成的必备条件，尤其是在世界范围内屡屡出现价值观念和意识形态之碰撞与冲击的当下，要教会学生充分利用英语这个工具，架起沟通的桥梁，消除冲突，深化交流，传递中国声音。总之，要在大学英语课程教学中潜移默化地熏陶学生，涵养其品质，提高其素养。

如何在大学英语教学中将课程思政理念具体化，在教学改革实践中不断探究课程思政的具体做法，使教学实践起到将理论知识转化为理论信仰的催化剂作用，是一个值得全面、深入探究的课题。本书的目的就在于厘清课程思政的内涵，找出影响大学英语课程思政实施效果的因素，从而指导大学英语课程思政教学实践，并在实践中反思，进一步改善教学，提升育人效果。

本书第 1 章梳理了课程思政理念的发展脉络、国内的研究现状，并对亚洲、欧洲、美洲一些主要国家的思想政治教育特点进行了总结。第 2 章概括了英语课程思政的必要性，回顾了英语课程思政的研究进展。第 3 章厘清了英语课程思政的内涵，提出了在英语课程中融入思想政治教育元素的依据、框架，并从语言能力与思政元素的关系入手，提出了英语课程思政元素的指标体系。第 4 章主要从教师、教学目标、教学方法、教学活动等方面梳理了影响课程思政效果的因素和问题，并对教师能力构成、育人目标的设置方式、教学方法的应用、教学活动的组织方式等提出了建议。第 5 章主要分析了课程思政效果的评价原则、内容和方法，并提出了英语课程思政效果评价的指标体系。第 6 章和第 7 章从实践层面入手，以权威教材为依据，提供了大学英语读写和视听说教学的课程思政教学设计案例，并从教师和学生两个主体的角度对课程思政效果进行了评价和反思。

本书第 1 章至第 5 章侧重文献分析和理论建构，将课程思政的宏观概念逐步落实到具有可操作性的原则、内涵和指标上，目的是在宏观理论和教学实施之间架起一个桥梁。最后两章（第6 章和第7 章）围绕教学实践，将课程思政的内涵、原则和指标落实于教学实施的全过程，目的是为一线教师呈现一种教学的具象，从而帮助教师更好地理解理论和实践的关系，也使整个构想更具有可参照性，因此本书特别适合广大英语教师和英语教学研究者阅读。

本书中的教学设计案例是北京物资学院大学英语教研部各位同事智慧的凝结，在此也向在大学英语教学岗位上孜孜以求的各位同事致敬和致谢。

本书得到了北京市教育委员会的资助，是北京市教改项目《大学英语混合式教学模式下课程思政内容体系建设及有效路径研究》的成果，特此致谢。

疏漏之处，敬请读者批评指正。

作者

2022 年 5 月

目　录

CONTENTS

1　课程思政研究概述 …… 1

1.1　思想政治教育的沿革 …… 1

1.2　课程思政的顶层设计 …… 4

1.3　国内在课程思政方面的研究现状 …… 9

1.4　国外思想政治教育的开展情况 …… 21

1.5　小结 …… 32

2　英语课程思政研究 …… 34

2.1　英语课程思政的必要性 …… 34

2.2　大学英语课程思政的研究进展 …… 39

2.3　研究问题及方法 …… 44

2.4　小结 …… 44

3　大学英语课程思政的内涵 …… 46

3.1　相关研究 …… 46

3.2　英语课程思政元素指标体系 …… 51

3.3　小结 …… 58

4　英语课程思政实施中的影响因素 …… 60

4.1　教师 …… 60

4.2　育人目标的设置方式 …… 66

4.3　课堂教学 …… 68

4.4　课外任务与活动 …… 74

4.5　小结 …… 76

5 大学英语课程思政教学效果评价 …… 78
5.1 课程思政效果评价的原则与内容 …… 78
5.2 评价方法 …… 81
5.3 英语课程思政效果评价 …… 85
5.4 小结 …… 93

6 大学英语读写课程思政实践与反思 …… 95
6.1 大学英语读写课程思政教学案例设计 …… 95
6.2 大学英语读写课程思政教学效果分析 …… 195
6.3 小结 …… 203

7 大学英语视听说课程思政实践与反思 …… 205
7.1 大学英语视听说课程思政教学案例设计 …… 205
7.2 大学英语视听说课程思政教学效果分析 …… 289
7.3 小结 …… 297

参考文献 …… 298

❶ 课程思政研究概述

中国的教育一直注重德育。立德树人、教书育人是中国特色社会主义教育事业的主旋律。本章从我国思想政治教育的政策沿革入手，梳理课程思政的形成过程，介绍课程思政在当前中国的部署与推进情况。

鉴于课程思政已成为学界的研究热点，本章对课程思政的研究现状和焦点进行了综述，并对国外思想政治教育的开展情况进行了回顾，从而深入分析课程思政的功能、价值和意义。

1.1 思想政治教育的沿革

中国共产党历来重视思想政治教育，中华人民共和国成立以来，思想政治教育在人才培养工作中一直扮演着重要角色。我国把立德树人作为教育的根本任务，贯穿各级教育始终。从全国性的教育工作会议精神、指导意见，以及颁发的相关文件和学科教育的指南、大纲中都可以明确地看到，在我国高等教育的发展历程中，思想政治教育在高校人才培养中发挥着至关重要的作用。课程思政是党中央在新时代提出的一项思想政治教育要求，是党和国家审时度势，不断加强顶层设计，细化工作要求，逐步提出的思想政治教育理念。要正确理解课程思政，就必须从中国思想政治教育的历史沿革入手，深入领会课程思政的顶层设计内涵与要求。

在我国，"思想政治教育"一词的形成经历了不同的发展阶段。学界一般将其划分为三个阶段①或四个阶段②。阶段划分的不同主要在于两点：一是时

---

① 陈华栋，等．课程思政：从理念到实践［M］．上海：上海交通大学出版社，2020；黄蓉生．大学生思想政治教育发展的时代特色：基于思想政治教育专业30年视域［J］．思想教育研究，2014（9）：3-7，78.

② 崔健．改革开放以来大学生思想政治教育内容的历史发展［J］．北京教育学院学报，2010，24（1）：31-36，72.

间的起点不同。从时间点上看，有学者从中华人民共和国成立以来的思想教育活动开始分析（如陈华栋等），另有不少学者分析了改革开放以来思想政治教育活动的开展（如崔健、黄蓉生）。二是划分的依据不同。崔健依据不同时期的教育内容和目标侧重，将改革开放以来的思想政治教育分为四个阶段：①1978—1985年，该时期强调共产主义思想道德教育，同时坚持政治教育、思想教育，并增加法制教育；②1986—1991年，该时期的大学生思想政治教育内容以坚持四项基本原则、反对资产阶级自由化为重点，同时也加强了马克思主义理论教育、形势与政策教育、民主和法制教育；③1992—2001年，该时期以爱国主义、集体主义和中国特色社会主义教育为核心内容，同时道德教育也获得了进一步丰富与发展，心理教育亦被正式纳入大学生思想政治教育内容体系；④ 2002年至今，该时期以理想信念教育为核心内容，以大学生全面发展为目标，深入进行素质教育[①]。黄蓉生把改革开放以来的大学生思想政治教育过程划分为三个阶段：① 20世纪80年代为起步探索阶段；② 20世纪90年代为提高改革阶段；③党的十六大以来为创新发展阶段。这种划分一方面基于教育侧重点的不同，另一方面也对教育实施的情况进行了评价。

上述划分方式虽然可使我们直观地认识不同历史阶段的思想政治教育内容，但是尚缺乏对课程思政渊源的探讨。相比之下，陈华栋等人的划分方式更加合理[②]。他们依据教育活动内容和称谓的不同，将中华人民共和国成立以来的思想政治教育划分为三个阶段：①中华人民共和国成立至改革开放前，“从政治与思想教育到思想政治工作”；②改革开放之后到21世纪前，“从思想政治工作到德育、学科德育”；③进入21世纪以来，“从学科德育到课程思政”。虽然这种划分方式的时间段跨度较大，不太细致，但它让我们清晰地了解了在较长的历史阶段中，我国开展思想政治教育的方法、发展历程以及课程思政这一称谓的由来。

从这些文献中可知，“思想政治教育”这一概念并非从一开始就有。在中华人民共和国成立后的第一次全国教育工作会议上，教育部提出，学校的主要

① 崔健．改革开放以来大学生思想政治教育内容的历史发展［J］．北京教育学院学报，2010，24（1）：31－36，72.

② 陈华栋，等．课程思政：从理念到实践［M］．上海：上海交通大学出版社，2020.

工作是进行“政治与思想教育”，目的是促使学生建立革命的人生观，不断提高学生的社会主义觉悟，培养学生的马克思列宁主义世界观和共产主义道德品质。政治理论课程是高等学校进行经常的、系统的政治思想教育最基本的形式。20 世纪 60 年代，“政治与思想教育”这一称谓逐渐过渡到“思想政治工作”。“思想政治工作”这个称谓可见于 1964 年 9 月 14 日下发的《中共中央宣传部、高等教育党组、教育部临时党组关于改进高等学校、中等学校政治理论课的意见》，并一直沿用到改革开放初期。

改革开放之后，党和国家进一步重视思想政治教育，出台了一系列文件，指导思想政治教育的开展方式，强调思想政治教育工作的开展不仅需要多方协作，而且应紧紧围绕人才培养的核心点，与学科教学与科研紧密结合起来。如 1978 年教育部办公厅发布的《〈关于加强高等学校马列主义理论教育的意见〉征求意见稿》指出，“马列主义理论课与政治运动形势教育、劳动教育、政治工作等，从不同角度对学生进行马列主义思想教育，各有侧重，不宜相互代替”，这份文件强调了多种方式协作进行思想政治工作的重要性。20 世纪 80 年代初，中央强调思想政治工作必须以人才培养为核心，“绝不能把思想政治工作和教学科研工作对立起来或割裂开来”。1987 年出台的《中共中央关于改进和加强高等学校思想政治工作的决定》明确指出，“把思想政治教育与业务教学工作结合起来。要按照各个学科的特点引导学生正确认识在校学习与今后工作之间的关系，解决好为谁服务的问题”。20 世纪 90 年代，学校德育和学科德育的概念正式提出，《中共中央关于进一步加强和改进学校德育工作的若干意见》明确提到，“要整体规划学校的德育体系”，“按照不同学科特点促进各类学科与课程同德育的有机结合”。1995 年国家教委颁布《中国普通高等学校德育大纲》，进一步指出“要发挥各科教学中的德育功能，结合教学相关内容和各个环节，有机地对学生实施德育”。

此后，中央更加重视大学生的思想政治教育工作在学科及课程中的渗透。21 世纪初，中共中央、国务院下发《关于进一步加强和改进大学生思想政治教育的意见》（中发〔2004〕16 号，简称“16 号文”），对“学科德育”进行了系统概述，并强调：“高等学校各门课程都具有育人功能，所有教师都负有育人职责……要深入发掘各类课程的思想政治教育资源，在传授专业知识过程中加强思想政治教育，使学生在学习科学文化知识过程中，自觉加强思想道德修养，提高政治觉悟。”

1.2 课程思政的顶层设计

“学科德育”概念的提出使我们不仅看到了党和国家对大学生思想政治教育工作的重视，而且看到了党和国家对有效实施这一工作的清晰的顶层设计。进入21世纪以来，我国的社会发展加快，大学生在许多方面都呈现了新的特点，这就要求思想政治工作必须遵循党的思想路线，与时俱进，富有创造性地开展之。以习近平同志为核心的党中央对大学生思想政治工作进行了深入研究和科学部署，习近平总书记多次发表讲话，引领思想政治教育的方向。中共中央办公厅、国务院办公厅、教育部等各部门根据讲话精神，出台了一系列文件，促进落实新时代思想政治教育工作。习近平总书记的有关讲话和相关文件出台的时间线如图1.1所示。

从时间线上看，课程思政的提出是有基础的，一是基于高等学校“立德树人”的基本任务和功能，二是得益于“学科德育”实施以来的良好效果。2014年12月28日至29日，第二十三次全国高等学校党的建设工作会议在北京召开。习近平总书记对高校肩负的任务作出重要指示，“高校肩负着学习研究宣传马克思主义、培养中国特色社会主义事业建设者和接班人的重大任务”，“办好中国特色社会主义大学，要坚持立德树人，把培育和践行社会主义核心价值观融入教书育人全过程；强化思想引领，牢牢把握高校意识形态工作领导权”。习近平总书记的指示从战略高度上指明了高校在我国人才培养过程中的根本任务，强调坚持“立德树人”不能松懈，并指出了“全过程”育人的重要性。

2016年5月17日，习近平总书记在哲学社会科学工作座谈会上发表讲话，指出了哲学社会科学的重要地位和作用，他说，“面对社会思想观念和价值取向日趋活跃、主流和非主流同时并存、社会思潮纷纭激荡的新形势，如何巩固马克思主义在意识形态领域的指导地位，培育和践行社会主义核心价值观，巩固全党全国各族人民团结奋斗的共同思想基础，迫切需要哲学社会科学更好发挥作用”。他强调，“高校哲学社会科学有重要的育人功能，要面向全体学生，帮助学生形成正确的世界观、人生观、价值观，提高道德修养和精神境界，养成科学思维习惯，促进身心和人格健康发展”。习近平总书记的这一讲话指明了

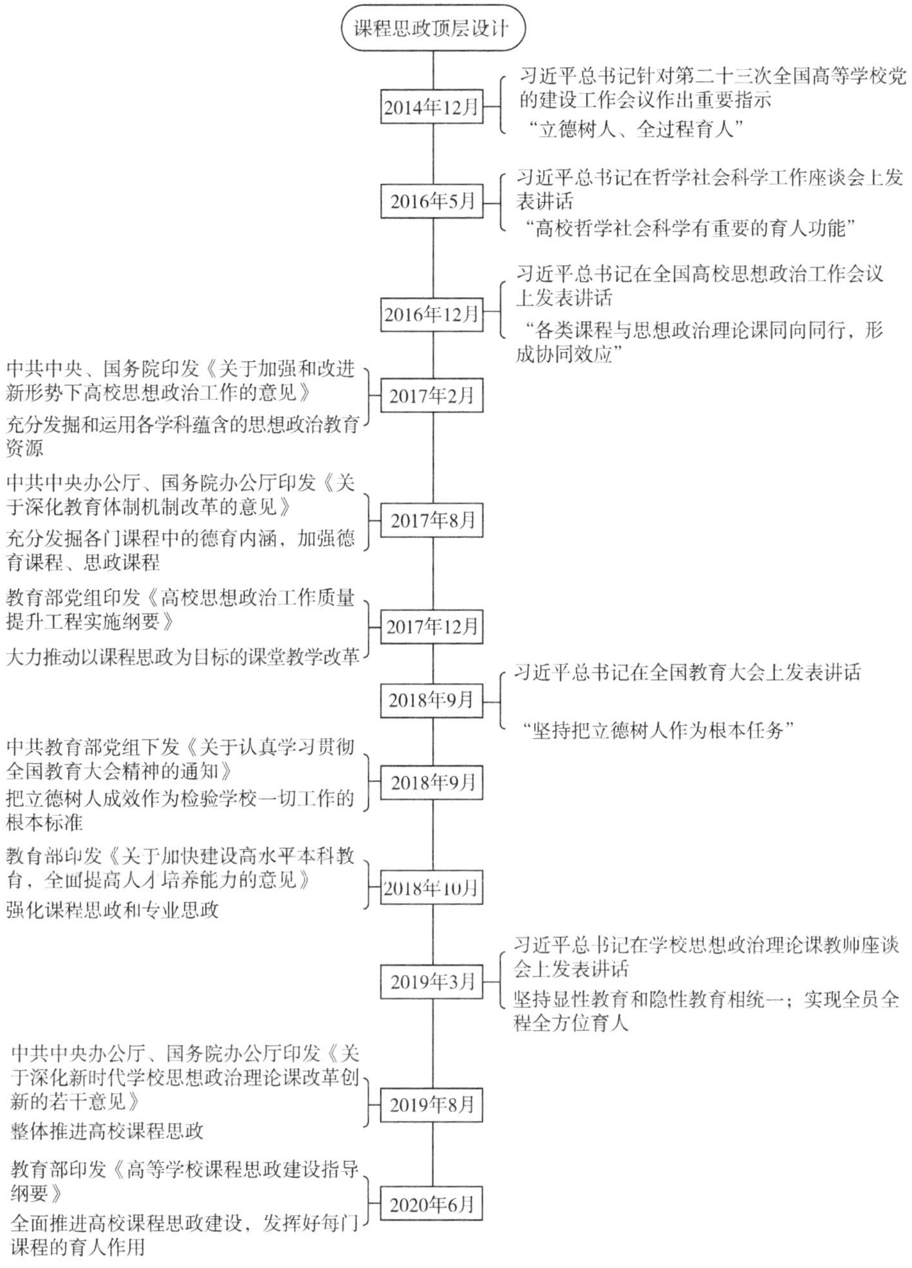

图 1.1　课程思政的顶层设计时间线

高校哲学社会科学的使命和责任，明确了哲学社会科学育人功能的基本内涵，既是对“学科育人”的充分肯定，又在育人内容上指明了努力的方向。

2016 年 12 月，全国高校思想政治工作会议在北京召开，习近平总书记发表重要讲话，并再次强调高校思想政治工作的重要性，“高校思想政治工作关系高校培养什么样的人、如何培养人以及为谁培养人这个根本问题。要坚持把立德树人作为中心环节，把思想政治工作贯穿教育教学全过程，实现全程育人、全方位育人，努力开创我国高等教育事业发展新局面”。在这次会议上，习近平总书记特别强调要发挥课堂教学的教育价值，各门课程都要与思想政治理论课协同发力，共同做好思想政治教育。他指出，“要用好课堂教学这个主渠道，思想政治理论课要坚持在改进中加强，提升思想政治教育亲和力和针对性，满足学生成长发展需求和期待，其他各门课都要守好一段渠、种好责任田，使各类课程与思想政治理论课同向同行，形成协同效应”。

习近平总书记在全国高校思想政治工作会议上的讲话，被学界普遍认为是“课程思政”育人理念的首次提出。2017 年 2 月，中共中央、国务院印发《关于加强和改进新形势下高校思想政治工作的意见》（以下简称《意见》），要求“充分发掘和运用各学科蕴含的思想政治教育资源”。2017 年 8 月，中共中央办公厅、国务院办公厅印发的《关于深化教育体制机制改革的意见》指出，“要健全立德树人系统化落实机制，健全全员育人，全过程育人，全方位育人的体制机制，充分发掘各门课程中的德育内涵，加强德育课程、思政课程”。这两个文件的出台实际上起到了将“课程思政”上升为国家教育理念的作用。

2017 年 12 月，教育部党组印发《高校思想政治工作质量提升工程实施纲要》，明确要求“构建课程育人质量提升体系，大力推动以课程思政为目标的课堂教学改革，优化课程设置，修订专业教材，完善教学设计，加强教学管理，梳理各门专业课程所蕴含的思想政治教育元素和所承载的思想政治教育功能，融入课堂教学各环节，实现思想政治教育与知识体系教育的有机统一”。该实施纲要为高效推进课程思政指明了着力点和突破口，推动课程思政从理念走向实践。

2018 年 9 月，全国教育大会在北京召开，习近平总书记发表重要讲话，他强调，“党的十八大以来，我们围绕培养什么人、怎样培养人、为谁培养人这一根本问题，全面加强党对教育工作的领导，坚持立德树人，加强学校思想政治工作”；他指出，“坚持把立德树人作为根本任务”是党和国家在实践中提出的教育改革发展新理念新思想新观点之一。教育既是国之大计，更是党之大计，学校必须围绕促进人的全面发展，实施德智体美劳全面发展的教育方针，形成“五育并举”的教育格局。这其中，要加强德育，把德育放在课程育人工作的首位，要在加强品德修养上下功夫，教育引导学生培育和践行社会主义核心价值观，成为有大爱大德大情怀的人。

在此次会议上，习近平总书记站在新时代党和国家事业发展全局的高度，全面总结了党的十八大以来教育工作取得的成绩和经验，深入分析了新时代教育改革发展面临的新形势、新任务，对教育事业的发展作出了全面部署，为课程思政实践指明了努力方向。会后，中共教育部党组下发《关于认真学习贯彻全国教育大会精神的通知》，要求切实把思想和行动统一到全国教育大会精神上来，认真学习领会、全面准确把握习近平总书记关于教育的重要论述的科学内涵和精神实质，“深刻理解和把握坚持立德树人的根本任务，把立德树人成效作为检验学校一切工作的根本标准，培养德智体美劳全面发展的社会主义建设者和接班人”。

2018 年 10 月，教育部印发《关于加快建设高水平本科教育，全面提高人才培养能力的意见》（以下简称“新时代高教 40 条”）等文件，全面落实全国教育大会精神，提出系列创新举措，其中一条是“强化课程思政和专业思政”。即“在构建全员、全过程、全方位‘三全育人’大格局过程中，着力推动高校全面加强课程思政建设，做好整体设计，根据不同专业人才培养特点和专业能力素质要求，科学合理设计思想政治教育内容。强化每一位教师的立德树人意识，在每一门课程中有机融入思想政治教育元素，推出一批育人效果显著的精品专业课程，打造一批课程思政示范课堂，选树一批课程思政优秀教师，形成专业课教学与思想政治理论课教学紧密结合、同向同行的育人格局”。新时代高教 40 条的出台推动了高校全面加强课程思政建设，从工作机制、教师、课程、协作、条件保障等多个方面指明了建设路径，课程思政已成为新时代振兴本科教育与提高人才培养能力的重要着力点。

2019 年 3 月 18 日，学校思想政治理论课教师座谈会召开，习近平总书记出席会议并发表重要讲话，提出思想政治理论课改革创新要坚持“八个相统一”，其中“要坚持显性教育和隐性教育相统一，挖掘其他课程和教学方式中蕴含的思想政治教育资源，实现全员全程全方位育人”，就是既要加强“思政课程”建设，又要加强“课程思政”建设，让“课程思政”与“思政课程”同向同行，共同发挥全员育人、全过程育人、全方位育人的作用。这是自2016年习近平总书记在全国高校思想政治工作会议上提出“使各类课程与思想政治理论课同向同行”以来，对推进思政课程与课程思政有机结合的再次强调。

2019年8月，中共中央办公厅、国务院办公厅印发《关于深化新时代学校思想政治理论课改革创新的若干意见》，明确提出要“整体推进高校课程思政”，强调“解决好各类课程与思政课相互配合的问题，发挥所有课程育人功能，构建全面覆盖、类型丰富、层次递进、相互支撑的课程体系，使各类课程与思政课同向同行，形成协同效应。建成一批课程思政示范高校，推出一批课程思政示范课程，选树一批课程思政教学名师和团队，建设一批高校课程思政教学研究示范中心”。该意见的推出明确了国家推动课程思政建设的决心和力度，从国家层面推动思想政治教育体系建设，使课程思政建设由点到面，得以在整个思想政治教育体系中发挥更有力的支撑作用。

2020年6月1日，教育部印发《高等学校课程思政建设指导纲要》（以下简称《纲要》），目的是深入贯彻落实习近平总书记关于教育的重要论述和全国教育大会精神，贯彻落实中共中央办公厅、国务院办公厅《关于深化新时代学校思想政治理论课改革创新的若干意见》，使思想政治教育贯穿人才培养体系，全面推进高校课程思政建设，发挥每门课程的育人作用，提高高校人才培养质量。《纲要》明确提出，课程思政建设是全面提高人才培养质量的重要任务，必须将思想政治工作体系贯通其中，必须抓好课程思政建设，解决专业教育和思政教育“两张皮”问题。《纲要》还明确了课程思政建设目标要求和内容重点，对科学设计课程思政教学体系、结合专业特点分类推进课程思政建设、将课程思政融入课堂教学建设全过程、提升教师课程思政建设的意识和能力、建立健全课程思政建设质量评价体系和激励机制、加强课程思政建设组织实施和条件保障等方面给出了具体清晰的指导意见。《纲要》成为高校全面、系统开展课程思政教育的抓手和指南。可以说，《纲要》的出台使课程思政不仅能够落地生根，而且能够开花结果。

1.3 国内在课程思政方面的研究现状

随着课程思政理念的提出，中央及部委文件的不断出台，“课程思政”逐步成为教育领域的一个热词。在中国知网以“课程思政”为主题词检索，可以发现自2017年后，论文数量有爆发式增长：知网2017年登载此类论文45篇，2018年380篇，2019年2 031篇，2020年则达到2 477篇。在上述论文中，研究者对课程思政的意义、概念、内涵、价值、功能、实施路径和实施方法等提出了各自的看法，在基础理论研究和教学实践方面都进行了热烈的探讨。

从知网论文看，2017年研究者的讨论聚焦于课程思政的概念、内涵、价值、功能、实施路径和方法的宏观分析之上。2018年以来，研究开始具体化，探讨在某个具体课程或学科中如何融入课程思政的文献增多，涌现了一大批讨论课程思政具体实践方法，总结、反思经验与得失的文章①。下面以知网论文为基础，对国内课程思政在几个重点研究方向上的研究进展进行综述。

1.3.1 课程思政的内涵

学界热议焦点之一是课程思政的概念和内涵。有学者从课程思政与高校思想政治理论课（以下简称“思政课程”）的关系入手进行了区分②。思政课程是指思想政治教育类课程，在大学的人才培养体系中主要包括思想道德修养与法律基础、中国近现代史纲要、毛泽东思想和中国特色社会主义理论体系概论、马克思主义基本原理概论等课程。大家对思政课程体系比较熟悉，一致认为思政课程是专门进行思想政治教育的课程，具有不可替代性，是思想政治教育的主渠道、主阵地。思政课教师是思想政治教育的主力军。

那么，什么是课程思政？学界对课程思政的定义和阐释，多是基于对国家政策和教育文件的理解，但角度并不相同。关于课程思政的内涵，学界主要有以下五种观点：①实体课程观。课程思政被理解为与思政课程既并列又相区别的“实体概念”，课程思政的内涵核心和实践重点是在传统的五门高校思想政

---

① 贺武华，王凌敦．我国课程思政研究的回顾与展望［J］．学校党建与思想教育，2021（4）：26－30.

② 陆道坤．课程思政推行中若干核心问题及解决思路：基于专业课程思政的探讨［J］．思想理论教育，2018（3）：64－69；邱仁富．“课程思政”与“思政课程”同向同行的理论阐释［J］．思想教育研究，2018（4）：109－113；石书臣．正确把握“课程思政”与思政课程的关系［J］．思想理论教育，2018（11）：57－61.

治理论课之外，建设一系列有专业特色的思政课程。例如，2014 年上海市出台《上海高校课程思政教育教学体系建设专项计划》，并推出中国道路、创新中国、读懂中国、法治中国等“中国系列”课程思政选修课[①]。②非实体课程观。伍醒和顾建民从“课程”和“思政”两个概念入手[②]，指出课程思政的实质是课程理论对“立德树人”理念内涵的具体阐释，是有中国特色的课程价值论与课程发展观。课程思政实质是一种课程观[③]，它和思政课程一道，共同构建全课程育人格局。课程思政并不是增开一门课，也不是增设一项活动，而是将高校思想政治教育融入课程教学和改革的各环节、各方面，实现“立德树人润物无声”[④]，课程思政虽不同于思政课程，但在目的、意义上，课程思政又与思政课程具有有机统一性。③理念观。持该观点的学者认为，课程思政在本质上是一种教育理念，是把“立德树人”作为教育根本任务的一种综合教育理念或思想政治工作，即“课程承载思政”与“思政寓于课程”。构建全员、全程和全课程育人格局，使各类课程与思想政治理论课同向同行，形成协同效应[⑤]。④体系观。该观点认为课程思政是含有思想政治教育目标的教育体系[⑥]，是将马克思主义理论贯穿教学和研究全过程，深入发掘各类课程的思想政治理论教育资源，从战略高度构建思想理论课程、综合素养课程、专业教育课程三位一体的思想政治教育课程体系[⑦]。⑤方法观。该观点的核心是，课程思政是一种实施思想政治教育的方式、手段与程序的组合，即通过全员参与运

---

① 蒲清平，何丽玲．高校课程思政改革的趋势、堵点、痛点、难点与应对策略［J］．新疆师范大学学报（哲学社会科学版），2021，42（5）：105－114.

② 伍醒，顾建民．“课程思政”理念的历史逻辑、制度诉求与行动路向［J］．大学教育科学，2019（3）：54－60.

③ 邱仁富．“课程思政”与“思政课程”同向同行的理论阐释［J］．思想教育研究，2018（4）：109－113；石书臣．正确把握“课程思政”与思政课程的关系［J］．思想理论教育，2018（11）：57－61.

④ 高德毅，宗爱东．从思政课程到课程思政：从战略高度构建高校思想政治教育课程体系［J］．中国高等教育，2017（1）：43－46；武亚珍．高校“课程思政”与思政课程协同育人的难点与对策［J］．黎明职业大学学报，2019（4）：3－9.

⑤ 闵辉．课程思政与高校哲学社会科学育人功能［J］．思想理论教育，2017（7）：21－25；邱伟光．课程思政的价值意蕴与生成路径［J］．思想理论教育，2017（7）：10－14；罗良功．外语专业课程思政的本、质、量［J］．中国外语，2021，18（2）：60－64.

⑥ 何衡．高职院校从“思政课程”走向“课程思政”的困境及突破［J］．教育科学论坛，2017（30）：27－30.

⑦ 高燕．课程思政建设的关键问题与解决路径［J］．中国高等教育，2017（Z3）：11－14.

作整个课程来进行思想政治教育，是指导和帮助学生生成和发展社会所期待的思想政治素质的活动和过程①。

从上述观点来看，学界对课程思政内涵的理解出现了从实体课程到教育理念的转变，从具体课程建设到深入把握教育理念的转向。上述五种观点也直接或间接地表明了课程思政与思政课程的联系和区别。实体课程观实际上主张另起炉灶，打造起到学科和专业育人作用的新课程，以承担思政教育的功能。非实体课程观、理念观、体系观等则较为直接地表明了非思政课程通过“课程思政”与思政课程产生联系的思路，方法观则是从落实课程思政功能的途径入手来解释课程思政的内涵。

还有一些文献对课程思政与思政课程的联系和区别进行了直接的阐释，旨在进一步明晰课程思政的内涵、意义和实施路径②。课程思政和思政课程的核心内涵都是育人，都是高校思想政治工作的内在要求。二者的本质联系，主要体现在任务和目标上的共同性、方向和功能上的一致性、内容和要求上的契合性等方面；二者的共同目标，是把大学生培养成为中国特色社会主义合格建设者和可靠接班人，各类各门课程都要与思想政治理论课一道，坚持正确政治方向，发挥思想政治教育作用。二者在课程地位、思政内容、思政教育方式和思政优势等方面又有着明显区别，如表 1.1 所示。

表 1.1　思政课程和其他各类课程思政的联系与区别

课程类型	目标	方向	课程地位	内容特点	思政教育方式
思政课程	中国特色社会主义合格建设者和可靠接班人	正确的政治方向	主渠道、主战场	系统性、理论性	显性、灌输
其他各类课程			深化、拓展	随机性、隐蔽性	隐性、渗透

从课程地位上看，思政课程是保证和落实立德树人根本任务的核心课程，是大学生思想政治教育的主渠道；而课程思政则是实现全员全程全方位育人理念的重要途径。各类学科和专业课程中的思想政治教育实际上是思想政治理论

① 何玉海．关于“课程思政”的本质内涵与实现路径的探索［J］．思想理论教育导刊，2019（10）：130－134.

② 谭晓爽．课程思政的价值内涵与实践路径探析［J］．思想政治工作研究，2018（4）：44－45.

课在专业领域的延伸和拓展，是基于专业课程内在体系对思想政治理论课中的一般性原理、要求的深化和具体化。思想政治理论课为其提供理论滋养、指导和引领，同时思想政治理论课也需要专业课程思政的拓展深化，以提升其教育效果。各类学科课程与思想政治理论课之间形成协同合作的整体，相互滋养，相互支撑，形成育人合力，共同作用和服务于立德树人这一根本任务①。

从内容上看，课程思政中的“思政”主要侧重思想价值的引领，强调在各类各门课程（包括思想政治理论课、专业课和通识课）中增强政治意识，加强思想价值引领；而思政课程的“思政”则侧重思想政治理论，主要进行系统的思想政治理论教育，在育人方面更强调政治属性，强调马克思主义的真理性、科学性，强调中国特色社会主义的实践性、真理性②。

从思政方式和思政优势上看，高校思政课程主要是以显性教育的方式，通过系统化的课程体系，由具有专业知识背景的教师将各种社会主流价值观及道德规范通过讲授法等方式直接地传授给学生③。课程思政通过深度挖掘各课程蕴含的思想政治教育资源，将思想政治教育的内容与课程内容有机地融为一体，通过学科渗透的方式达到思想政治教育的目的，从而达到课程教学与立德树人同向同行的教学目标。换言之，教师对思想政治教育资源的使用不以“灌输”模式④展开，而是借助专业课的教学方法进行“渗透”，使受教育者在潜移默化中实现对思想政治教育资源的接受和内化⑤，因而课程思政在促进思想政治教育渗透性等方面有其独特优势。

1.3.2 课程思政的意义

为什么要开展课程思政？课程思政对国家、高等教育，以及教育者和受教育者有什么价值和影响？这两个问题也是课程思政研究必须回答的问题。通过梳理现有文献，笔者发现大家对这两个问题的认识有一个逐步深入的过程，同时对于开展课程思政的必要性这一点，则有着高度共识。

---

① 闵辉．课程思政与高校哲学社会科学育人功能［J］．思想理论教育，2017（7）：21－25.

② 邱仁富．“课程思政”与“思政课程”同向同行的理论阐释［J］．思想教育研究，2018（4）：109－113.

③ 武亚珍．高校“课程思政”与思政课程协同育人的难点与对策［J］．黎明职业大学学报，2019（4）：3－9.

④ 张驰，宋来．“课程思政”升级与深化的三维向度［J］．思想教育研究，2020（2）：93－98.

⑤ 谭晓爽．课程思政的价值内涵与实践路径探析［J］．思想政治工作研究，2018（4）：44－45.

第一，实施课程思政是党和国家培养时代新人的内在需要。课程思政作为新时代党加强高校人才培养和思想政治教育的新要求、新举措、新方向，从根本上回应了“为谁培养人、培养什么样的人、怎样培养人”等重大理论与实践问题①。中华民族的伟大复兴不是一朝一夕就能实现的，而是需要经历一个长期的过程，需要一代又一代人为之不懈奋斗。要落实新时代的要求——初心、使命、民族的伟大复兴、新的征程、文化自信、走和平发展道路与构建人类命运共同体等，高等教育应该发挥好育人功能，始终把培养一代又一代中国特色社会主义事业的合格建设者和可靠接班人作为初心和使命②，要始终坚持为中国共产党治国理政服务。因此，各门课程勠力同心，做好青年大学生的世界观、人生观、价值观教育显得十分重要。

第二，国际形势的复杂性使课程育人工作显得尤为必要。随着全球化时代的到来，世界范围内思想文化出现交流、交融、交锋的新形势，改革开放和市场经济发展条件下人们的思想意识出现了多元、多样、多变的新特点③。此外，随着信息技术的发展，“互联网 + ”时代拓展了人际交往的范围，也带来了各类非主流舆论。各种思潮得以广泛传播和快速发展，西方国家往往也会借助各种新媒介载体和技术优势对外进行文化渗透，推行文化霸权④。网络舆论的鱼龙混杂、泥沙俱下，有时会歪曲大学生的思想观念，多元文化、信息碎片文化也在一定程度上冲击了大学生的文化自信⑤。高校办学面临着复杂多变的国际国内环境，教育对象的个性十分鲜明，思想活跃，在各类思想观念交锋和文化碰撞之下，特别需要教师做好思想引领和学生价值观的塑造工作。高校所有课程教师都有责任引导学生提高独立思考能力，了解党和国家的大政方针，深化对社会主义的认识，关心国家前途，树立建设国家的使命感和责任感。

---

① 张大良．课程思政：新时期立德树人的根本遵循［J］．中国高教研究，2021（1）：5－9.

② 石坚，王欣．立德树人 润物细无声：课程思政的内涵建设［J］．外语电化教学，2020（6）：43－45.

③ 齐砚奎．全课程育人背景下高校课程思政建设的理论思考［J］．黑龙江高教研究，2020，38（1）：124－127.

④ 蔡英谦．大学生社会主义核心价值观教育路径探析［J］．广东第二师范学院学报，2018（2）：79－83.

⑤ 王良斌．课程思政中文化自信培养研究［J］．内蒙古财经大学学报，2019，17（6）：115－117.

第三，从课程论的视角来看，各门课程开展思政教育，是培养全面发展的人的需要。马克思和恩格斯在《共产党宣言》中指出：人的全面发展是共产主义者的理想目标和共产主义社会的基本原则①。学校教育要培养“完整的人”，即“躯体、心智、情感、精神、心灵力量融合一体”的人②。学校课程不能单单关注对学生进行专业和才干方面的培养，仅仅注重知识和技能的传递，还必须让年轻学生具备扎根自己文化身份的品格与价值观，这才是他们迎接未来挑战所需的关键准备③。此外，课堂教学既是大学教学的基本途径，又是联系师生的纽带，更是深化教育意义的场所；课堂教学的重要性不言而喻，它不仅是讲授专业知识的主渠道，而且是开展思想政治教育的主渠道。

第四，当下思想政治教育形势需要各门课程形成育人合力。长期以来，思想政治课是高校思想政治工作的主阵地。随着新时代我国社会的主要矛盾发生变化，社会思想观念日益多元、多样、多变，引领社会思潮、凝聚思想共识的任务愈发艰巨复杂，迫切呼唤充分利用课堂教学主渠道，使各类课程与思想政治课同向同行，发挥课程思政的功能和作用，合力落实立德树人根本任务④。此外，课程思政对改进当前思想政治理论课的教学效果有直接的促进作用，能够在很大程度上克服思想政治理论课课堂出勤率低、抬头率不高的问题。全体教师有效挖掘各学科课程的思想政治教育资源，将有助于尽快构建全过程、全员育人的局面，形成合力育人的体制机制，取得更好的育人效果。

1.3.3 课程思政的实施路径

当人们理解了课程思政的内涵和意义之后，便会自然而然地关注如何落实课程思政，从理论和实践层面去探索实施课程思政的路径。这方面的文献较为丰富，当然还是以理论分析为主。

首先，人们较为认同的一个观点是多学科协同育人是开展课程思政的有效

---

① 林崇德．构建中国化的学生发展核心素养［J］．北京师范大学学报（社会科学版），2017（1）：66－73.

② 文旭．教单科，育全人：论专业外语教育中的全人教育［J］．中国外语教育，2014：12－19，94.

③ 伍醒，顾建民．“课程思政”理念的历史逻辑、制度诉求与行动路向［J］．大学教育科学，2019（3）：54－60.

④ 谢幼如，邱艺，黄瑜玲，等．智能时代高校课程思政的设计理论与方法［J］．电化教育研究，2021，42（4）：76－84.

路径[①]。研究者大都赞同从思想政治理论课、专业课、通识课等多个层面同时发力，发挥不同种类课程在思想政治教育中的独特作用，各类课程相辅相成，共同实现德育在各门课程中的浸润，强调“既要强化显性思政，又要细化隐性思政”。在课程思政的推行过程中，应打破学科壁垒，实现多学科的多向交流。

其次，不少学者从课程要素重要性分析的角度，提出了课程思政实施过程中的着力点。邱伟光认为“教师是关键，教材是基础，资源挖掘是先决条件，制度建设是根本保障”[②]。闵辉也认为教师是推进课程思政的关键力量，加强专业课教师思想政治工作，提升教师思想道德素养，是实施课程思政的重要保障，只有教师真正认识课程思政建设的重要性并努力探索实施方法，才能使人才培养得到落实并产生预期效果[③]。提升教师素养，需要强化专业课教师对本学科、本专业的内在价值、社会价值的充分认识，增强教师的使命感和社会责任感。同时还要强化教师内在价值认同，引导教师将知识传授与价值引领相结合，自觉将立德树人根本任务贯穿教育教学全过程，使之在思想上以“四有好老师”“四个引路人”“四个相统一”为要求，自觉践行社会主义核心价值观，用规范言行和高尚品德去影响和感染学生[④]。

教师除了提高自身能力素养之外，还应依据“以学生发展为中心、以学科属性为引导、以学校特色为依托”的原则，对教学素材从内容、呈现形式、练习和活动设计等方面进行必要的筛选和增补。在此过程中，教师需要明确德育目标，审视素材的适切性和情境性，练习设计的思辨性及内容呈现的多模态化，有效挖掘素材的思政教学元素[⑤]。由于每个教学单元所能挖掘的育人元素受教学材料所限，只能覆盖思政教育中的某些要点，因此，

① 高德毅，宗爱东．从思政课程到课程思政：从战略高度构建高校思想政治教育课程体系［J］．中国高等教育，2017（1）：43-46.

② 邱伟光．课程思政的价值意蕴与生成路径［J］．思想理论教育，2017（7）：10-14.

③ 闵辉．课程思政与高校哲学社会科学育人功能［J］．思想理论教育，2017（7）：21-25.

④ 郑佳然．新时代高校“课程思政”与“思政课程”同向同行探析［J］．思想教育研究，2019（3）：94-97；张宏．高校课程思政协同育人效应的困境、要素与路径［J］．国家教育行政学院学报，2020（10）：31-36.

⑤ 徐锦芬．高校英语课程教学素材的思政内容建设研究［J］．外语界，2021（2）：18-24.

教师要进行科学取舍，突出重点，在深度上下功夫[①]。教师基于教材，科学选材，并充分考虑学生特点，就像“量体裁衣”，使课程思政从内容上落小、落细、落实，避免“画蛇添足”或者是附加式、标签式的生硬说教[②]，这是一项硬功夫。

有效实施课程思政，教师除了要具备课程育人价值的认知能力、思政元素的分析挖掘能力外，其课程思政实践能力也发挥着重要作用。不少研究者探讨了如何采取恰当的教学方法，以使课程思政落到实处[③]。很多研究者认为，专业课教师应进行“隐性”思政教育，在教学过程中梳理知识培养和品德教育的共通点和关联点，系统设计教学策略和实施办法，不以“灌输”模式展开，而是借助专业课的教学方法进行“渗透”，使受教育者在潜移默化中实现对思想政治教育资源的接受和内化。教学过程中应根据学生年龄、专业特点开展以学生为中心的教学。课堂教学质量和学生参与度成正比，高品质的课堂教学离不开学生的积极主动参与[④]。教师可通过课堂辩论、实践案例探讨、情境表演等方式活跃课堂气氛，提升学生的课堂参与性，培养学生理论联系实际的能力[⑤]。

1.3.4 课程思政面临的挑战

新理念、新事物的推行一开始总会出现一些问题。课程思政在实施过程中也遇到了不少挑战，仍有许多难点亟待解决。从现有文献来看，目前主要存在各门课程的德育协同机制不健全、思政和专业教学两张皮、教师素养有待提升、思政元素的选择和解析随意、保障制度不完善等问题。

第一，德育协同机制尚未真正建立[⑥]。一是高校课程思政的开展并未实现

---

① 王敏，王滨．热观察与冷思考：新时期推进“课程思政”改革的必然选择［J］．教育探索，2019（1）：102－107.

② 高燕．课程思政建设的关键问题与解决路径［J］．中国高等教育，2017（Z3）：11－14.

③ 胡洪彬．课程思政：从理论基础到制度构建［J］．重庆高教研究，2019（1）：1－8；岳莉．大学英语课程思政供给侧改革路径探析［J］．华北理工大学学报（社会科学版），2021，21（4）：85－90.

④ 鄢显俊．论高校“课程思政”的“思政元素”、实践误区及教育评估［J］．思想教育研究，2020（2）：88－92.

⑤ 覃春华．地方高校英语课程教学中实施“课程思政”的现实价值与路径［J］．西部素质教育，2020，6（3）：42－43.

⑥ 陈冲，汪海涵．我国高校推进“课程思政”的着力点研究：兼论美国高校隐性政治教育的启示［J］．当代教育科学，2019（9）：88－92.

思政课和各专业课的协同，在育人功能方面仍存在重思政课程、轻专业课程的现象。例如，张宏认为很多高校习惯把专业课的知识性和价值性割裂开来，把专业课教师育才与育人的职责分离开来，导致专业课教学未能充分发挥立德树人的功能①。二是由于高等教育的跨学科性较强，学科间差异性较大，不同的课程对思政教育内涵的承载能力也有所不同。如何打破课程思政学科壁垒，进行各学科间的统筹和系统设计，是理想、完善的课程思政教育教学体系规划中应当回答的问题。但现实情况是，教师囿于自身局限，往往只关注一门课、一节课的思政元素挖掘，思政元素缺乏系统的体系建构，既不能发挥各元素之间的协同效应，又影响了专业教学的进度，削弱了育人效果②。

第二，思政和专业教学的两张皮现象。尽管不少研究者已指出课程思政建设要避免“贴标签”“两张皮”式的生搬硬套，但实施过程中还是出现了这种现象。例如，在专业课程的教学目标设置与达成中缺少价值引领，缺少将思政教育融入专业课教学的技术路线。部分教师在专业课中硬生生地插入一段所谓的“思政内容”，把一堂原本应连续平滑的“专业 + 思政”的课程内容设计成了“专业”和“思政”各自为政的断档课，思政元素不仅没有融入专业课程，反而干扰了专业课内容③，影响了教学效果。

第三，教师素养有待提升。课程思政与思政课程协同育人成效的取得，教师素养是关键因素。然而在现实中，教师素养在一定程度上滞后于形势发展和需求，主要表现在以下几个方面：①部分专业课程教师缺乏课程思政的育人理念，以及将这些理念贯穿教育教学全过程的意识。其主要表现是轻视思政教育，不能深入认识知识传授与价值引领的关系，仍认为自己只需要承担专业教学任务。②教师在教学中将专业课内容与课程思政元素有机结合起来的能力亟待提高。教师要做好课程思政，既要有愿教的动力，也要有会教的能力。课程思政要求专业课教师将专业教学与思想政治教育进行“基因融合”，这比单纯进行专业教学的要求显然更高，而很多专业课教师对马克思主义理论知识，对

① 张宏．高校课程思政协同育人效应的困境、要素与路径［J］．国家教育行政学院学报，2020（10）：31－36.

② 蒲清平，何丽玲．高校课程思政改革的趋势、堵点、痛点、难点与应对策略［J］．新疆师范大学学报（哲学社会科学版），2021，42（5）：105－114.

③ 王锦孝．高校“课程思政”构建的三个关节点分析［J］．智库时代，2020（11）：201－202.

中国特色社会主义道路、理论、制度、文化的学习和了解还很不够。调查显示，部分专业课教师对课程思政理论不熟悉，对教学方法不了解，对融入思政元素没经验①，在课程思政教学上的能力还很有限。

第四，实施课程思政的最大挑战，或许还在于对课程思政元素的随意选择和解析②，而这恰恰弱化了课程思政的学理支撑。部分教师并未深入思考课程思政的教学内涵，而是片面地将思政元素等同于国家大政方针的“传声筒”。从现有的课程思政教学方案来看，存在思政元素选择随意，缺乏深入调查和系统构思等问题，而对思政元素的碎片化植入既使学生感到生硬杂乱，又难以形成价值引领体系。甚至，当下的课程思政中依然掺杂着“形式大于内容，结构大于功能”的急功近利之风③。蒲清平和何丽玲提出，新时代课程思政亟待突破思政元素“如何挖”“怎么融”，课程思政体系“怎么建”等难题。课程思政建构要不断完善和强化整体性和系统性，而不要随意性挖掘、散点式融入和碎片化分布④。他们进一步提出了顶层设计、宏观统筹的思路，即可以从建构“学科－专业－课程”的课程思政内容体系入手，建立“阶梯递进，系统设计，建构分段分级”的课程思政目标体系，在此基础上，将思政元素有机融入教材、教案和教法，从而形成课程协同育人的合力。

第五，就高校课程思政与思政课程协同育人运行机制的健全而言，亟待建立合理的保障体系，以激发教师钻研、创新的积极性和主动性。有学者提出，在教师教学考核中可以设立课程思政教学的考评指标，将课程思政教学效果作为教学质量测评的一项重要指标⑤。但从目前的文献来看，很多高校并未积极主动地建立这方面的激励和保障机制。

1.3.5 课程思政元素的挖掘

如前所述，不同学科和专业的各门课程如何挖掘课程思政元素，挖掘哪些

---

① 陈磊，沈扬，黄波．课程思政建设的价值方向、现实困境及其实践超越［J］．学校党建与思想教育，2020（14）：51－53.

② 肖琼，黄国文．《新时代明德大学英语》的多元大纲和潜在的教学法［J］．中国外语，2021，18（2）：17－24.

③ 张驰，宋来．“课程思政”升级与深化的三维向度［J］．思想教育研究，2020（2）：93－98.

④ 蒲清平，何丽玲．高校课程思政改革的趋势、堵点、痛点、难点与应对策略［J］．新疆师范大学学报（哲学社会科学版），2021，42（5）：105－114.

⑤ 张瑞琪．挖掘与融入：大学英语课程思政研究：以《新视野大学英语 1（第三版）读写教程》为例［J］．普洱学院学报，2020，36（5）：100－103.

元素，成为课程思政实施以来的堵点、难点和痛点。由于每个教学单元所能挖掘的育人元素受教学材料所限，只能覆盖思政教育中的某些要点，教师要进行科学取舍，突出重点，在深度上下功夫。从已发表的文献来看，有的教师在做取舍时仅凭个人直觉和经验，而缺少理论依据和实践检验①；还有的教师对“立德树人”进行了个人化的阐释，认为“德”就是道德，以德育人就是开展道德教育，教育学生养德性，育德行，学会做人，并且认为“德”与学生的政治意识或马列理论水平高低没有直接关系②。显然，高校的课程思政教育不能仅限于此种“道德教育”的范畴。

笔者发现，目前为数不少的文献是从剖析习近平总书记的讲话入手，提取课程思政元素。例如，张驰和宋来分析了 2017 年习近平总书记在出席清华大学相关活动时的讲话，提出在专业课程教育教学过程中要结合学生的思维逻辑特点，有意识地对学生进行思想教育，培养学生用历史、发展的观点分析问题③，“树立对马克思主义的信仰、对中国特色社会主义的信念、对中华民族伟大复兴中国梦的信心”。鄢显俊也在分析习近平总书记讲话的基础上，认为课程思政中的思政元素就是增强大学生的“四个自信”④，即“四个自信”是课程思政的灵魂和核心，是其科学内涵。此类研究的问题在于对思政元素的理解缺乏整体性、层次性和体系性。由于领导人讲话众多，仅从某篇讲话中提取思政元素的做法显然不够全面。“各类课程与思政课同向而行”之意，并不是指要在某一门专业课程的教学目标中“一个都不能少”、全部地体现思想政治教育的内容，高校也需要依据不同层次、不同学科、不同专业的课程特点合理确定目标边界和归属，确立科学的课程思政目标群⑤。可见，此类研究显然未

---

① 廖菲．应用型高校大学英语实施“课程思政”的路径探析［J］．职大学报，2019（4）：91－93；蒋婷婷．基于混合式教学的大学英语“课程思政”模式建构［J］．丽水学院学报，2019，41（6）：121－124；尹晶．经典阅读与思政教育：英国文学课程思政体系之尝试性建构［J］．中国外语，2021，18（2）：84－90.

② 蔡基刚．课程思政与立德树人内涵探索：以大学英语课程为例［J］．外语研究，2021，38（3）：52－57，112.

③ 张驰，宋来．“课程思政”升级与深化的三维向度［J］．思想教育研究，2020（2）：93－98.

④ 鄢显俊．论高校“课程思政”的“思政元素”、实践误区及教育评估［J］．思想教育研究，2020（2）：88－92.

⑤ 孟祥风．构建高校“课程思政”目标体系的必要性、原则及措施［J］．兰州教育学院学报，2020，36（3）：71－73.

能将思政元素与学科和专业特点、学习者特征等结合在一起考虑。

部分研究者则关注了思政元素的层次性和体系性，如张宏从领导人讲话入手，分析了习近平总书记对广大师生提出的“明大德、守公德、严私德”的要求①。张宏认为，立德树人之德最重要的是体现社会主义核心价值观，高校课程思政必须以习近平中国特色社会主义思想为指引，聚焦社会主义核心价值观展开。他建议，把社会主义核心价值观中的12个德目作为一级指标，从每一个德目所蕴含的社会主义物质文明、政治文明、精神文明、社会文明和生态文明出发，从百年未有之大变局所蕴含的大变化出发，从中国教育发展面临的新任务新要求出发，分解二级指标。这种二级指标的划分方法，使思政元素从宏观到微观，从抽象到具体，便于指导教学实践。但此研究尚未将对思政元素的挖掘与学科教学结合起来，并且单从社会主义核心价值观中发掘思政元素也是不够全面的。

随着《高等学校课程思政建设指导纲要》（以下简称《纲要》）的推出，不少研究者建议以此为遵循，挖掘课程思政元素②。他们提到了《纲要》规定的五个方面的课程思政内容：推进习近平新时代中国特色社会主义思想进教材进课堂进头脑、培育和践行社会主义核心价值观、加强中华优秀传统文化教育、深入开展宪法法治教育、深化职业理想和职业道德教育。虽然《纲要》没有对每门课程的课程思政内容及元素进行规定和描述，但笔者认为这五个方面可以作为所有课程的思政指南。罗良功根据《纲要》提出了育人的三个维度，即道德人、中国人和现代人③。所谓“道德人”，就是要求培养对象树立社会主义核心价值观、符合人类道德伦理的基本共识；所谓“中国人”，就是使学生具有中国知识、中国立场、中国情怀，成为知中国、爱中国、服务中国的人才；所谓“现代人”，就是使学生具有现代文明意识和现代文化知识、符合现代社会对人的要求。上述三个育人维度的提出也标志着三重思政元素理念的出现，这其中就包含了社会主义核心价值观。笔者认为，依据《纲要》来

① 张宏．高校课程思政协同育人效应的困境、要素与路径［J］．国家教育行政学院学报，2020（10）：31－36.

② 孙有中．课程思政视角下的高校外语教材设计［J］．外语电化教学，2020（6）：46－51；蒙岚．混合式教学模式下大学英语课程思政路径［J］．社会科学家，2020（12）：136－141.

③ 罗良功．外语专业课程思政的本、质、量［J］．中国外语，2021，18（2）：60－64.

确定各门课程的思政和育人元素是可行的，但是具体到不同学科和专业，以及不同阶段和层次的学习者，仍然需要进行取舍，以体现不同阶段对不同思政元素的侧重，即《纲要》是指南，不是具体的操作性方案。

为体现专业课程与思政教育内容的有机融合，还有部分研究者采取了从思政教育类课程大纲中提取关键元素，与专业课程内容相结合的做法，例如李梅兰在讲授“批判性阅读”课程时，选取了“思想道德修养与法律基础”课程教学大纲中的“树立正确的恋爱观”、“树立正确的婚姻观”、“爱国主义和民族主义教育”、“道德基本伦理”、“理想信念”和“树立正确的审美观”六个专题，结合专业课程内容，把两者融合起来，将思政教育融入专业学习①。从一定意义上来说，这种做法能够保证专业课程与思政课程的同向同行，但这种思政元素的选择方式仍然需要充分考虑专业课程教材和学习者的特点，否则就会给人以生拉硬拽之感，造成专业教学内容与思政教育“两张皮”的现象。

1.4 国外思想政治教育的开展情况

国外有没有思想政治教育？这是开展思想政治教育比较研究的前置问题，对此，学界有个基本共识：国外（主要指西方资本主义国家）虽然没有统一的有关思想政治教育的称谓，但是存在大量实质性的思想政治教育工作②。尽管不同国家在政治模式、文化、主流价值观念等方面存在差异，但都会在各级学校教育中开展思想政治教育，只不过其思政教育的称谓不同，开展方式不同，内涵也不同。从广义来看，当代国外的公民教育、道德教育、法治教育、宗教教育、历史教育等客观实践活动，实际上就是某种思想政治教育③。

笔者从中国知网以“国外思想政治教育”“国外价值观教育”“国外道德教育”等为关键词，检索到文献232篇。目前，已有很多学者对国外思想政治

① 李梅兰．英语专业课程思政教育实践路径探析：以“批判性阅读”课程教学为例［J］．广西科技师范学院学报，2019，34（3）：116－118，130.

② 任志锋．21世纪以来美国价值观教育变革论析［J］．社会主义核心价值观研究，2018，4（2）：72－82.

③ 朱晓兰，秦鹏飞．思想政治教育概念、理论的梳理及国外研究概况［J］．科教导刊（中旬刊），2017（26）：188－192.

教育开展的形态、方法和内容等进行了总结，并提出了其对中国开展思想政治教育的借鉴意义和可供借鉴之处①。笔者从上述文献中了解了亚洲、欧洲和美洲主要国家的思想政治教育开展情况，并对其思政内容和方法进行了如下概括总结。

1.4.1 国外思想政治教育的内容

根据文献的丰富程度，本书有关亚洲国家在思想政治教育方面的情况介绍，主要以新加坡、日本、韩国为主。这几个国家深受儒家文化影响，思想政治教育内容有诸多相似之处。

先以新加坡为例，其高校思想政治教育课程目标主要包括培养学生的“新加坡人”意识，引导学生树立东方价值观培养学生道德判断和行为能力这三个方面；课程内容主要包括伦理道德教育、政治思想教育、法律思想教育、历史文化知识教育和国际交流教育五个方面②。其中的“东方价值观”主要指中国古代的优秀传统文化，是经过改造和选择的现代新儒家文化③。国家意识是新加坡大学生首要的思想道德课程，从大学课程设置到大学生日常行为教育，始终贯穿“我是新加坡人”这条爱国精神主线，培养学生的爱国主义情操。

新加坡政府在教育内容的设置上起到了统一政策和思想的作用。早在1991年，新加坡政府就颁布了《共同价值观白皮书》，提出塑造五项共同价值观：国家至上，社会为先；家庭为根，社会为本；关怀扶持，尊重个人；求同存异，协商共识；种族和谐，宗教宽容④。在此基础上，新加坡政府进一步编写了《公民与道德课程标准大纲》、《好公民》和《公民道德教育》等教材，并对一些道德价值观进行了更具操作性的目标细分⑤。

新加坡高校的思想政治教育有详细的教育大纲，针对不同学段、不同年龄

① 郗厚军，康秀云．国外思想政治教育可借鉴性：前提反思、根据认识及实现要求［J］．思想理论教育，2017（10）：17－22；思勤途．国外高校思想政治教育对我国的启示［J］．知识经济，2017（13）：129，131.

② 卢艳兰．新加坡高校思想政治教育课程评介［J］．湖北社会科学，2008（1）：178－180.

③ 谢翠蓉．道德教育：新加坡高校教育成功的启示［J］．大学教育科学，2008（3）：106－109.

④ 王鹏．新加坡大学生主流价值观教育探析［J］．思想理论教育导刊，2012（12）：100－103.

⑤ 陈石明．新加坡的道德教育及其借鉴意义［J］．东南亚纵横，2009（9）：61－64.

段学生的不同特点，循序渐进，推行有层次、有目标的思政教育①。即使是同一个教育主题，根据学生认知的不同，教育的内容亦有所不同。例如，在小学阶段，从一年级到六年级，分别开设以个人、家庭、学校、社会、国家和世界为主要教育内容的德育课程，使学生从认识自己开始，然后扩大到认识家庭、学校、社会、国家和世界，有的放矢，循序渐进，不断提高小学生的道德水平。大学阶段，低年级侧重培养学生良好的行为习惯，高年级则注重培养学生的社会责任感和爱国主义道德情操。

有关日本开展思想政治教育的文献也比较丰富。日本被认为是一个十分重视思想政治教育的国家，日本政府以立法的形式来加强思想政治教育，其《教育基本法》和《学校教育法》是日本教育实施的依据，也是思想政治教育实施的依据。国家全面介入道德教育，政府统一管理、统一布置，有一整套强有力的行政干预措施和政策。日本通过建立文部省、德育研究机构、研究会、地区教育机构、学校等一整套管理体制，国家从整体上抵制消极因素所带来的不利影响，推行统一的民族价值观，促进学校道德教育系统化②。日本的道德教育曾受美国经验的影响，在学校教育中不设专门的德育课，坚持在全部教育活动中开展道德教育。同时特设专门的“道德的时间”，对学校全部教育活动中的道德教育进行补充、深化或整合③。2015 年起，日本义务教育阶段的中小学实行“道德学科化”，取代传统的德育形式“道德的时间”。改革后的道德课走向专业学科化道路，把德育上升到和国语、数学等学科同等重要的高度。日本大学中的人文、社科类课程设置既考虑了扩大学生知识面，以利于进行跨学科研究，又带有政治思想灌输的性质。日本各高校都开设了许多有关思想政治教育的课程，如名古屋大学工学院就开设了“日本的政治结构”等近 20 门人文社科课程④。

虽然在日本高校的教育课程中没有使用“思想政治理论课程”的字眼，但是其“一般教育课程”、“教育教养课程”和“共通教育课程”等都具有明

① 郭红军．新加坡的道德教育特色及其启示［J］．学校党建与思想教育，2009（17）：79－80.

② 靳义亭．日本对青少年思想政治教育的经验及启示［J］．国外理论动态，2009（8）：109－112.

③ 李晓红．日本德育的新路径：“道德学科化”的背景、内涵与挑战［J］．外国教育研究，2016，43（6）：119－128.

④ 李祖超．日本的教育现代化之路及其对中国的启示［J］．清华大学教育研究，2004（3）：23－29.

显的思想政治理论课程的性质。在思想政治教育内容上，丁红卫等人认为，明治维新以前，日本受中国的儒家文化、佛教文化及道教文化影响较深；明治维新以后则逐渐吸取西方发达国家尤其是美国的价值观念，以促进本国经济、政治、文化的快速发展①。日本学校中的思想政治教育总目标是培养有品德的日本人，包括：①在家庭、学校和社会生活中，具有尊重人的精神，重视生命、尊重人格、保障人权、富有爱心的日本人；②具有创造精神的、富有个性的、有文化的日本人；③愿为发展民主社会及国家而奋斗的日本人；④能够积极地为世界和平作出贡献的日本人。日本对青少年进行的思想政治教育的主要内容有爱国主义教育、集体主义教育、人生观教育、个性教育和民主主义教育②。

韩国政治教育主要分为四类：道德教育、民主教育、公民教育和祖国统一教育。四者之间相互作用，相互融合，共同构成塑造韩国年轻一代精神支柱的主渠道③。韩国受中华儒家文化传统的影响，非常重视道德教育，并将其作为立国兴国之本，富国强国之根④。同时，韩国的政治教育也是将东方传统的儒家文化和西方自由主义价值观相结合的教育。韩国在实施学校道德教育过程中，始终把国民精神教育作为德育工作的核心任务⑤，确立民族自信心和自立、自我的民主意识，培养民族自尊和民族复兴的责任，确立民族主体性，以实现复兴韩国的民主理想。韩国教育部门提出从纵、横两个方面实施思想政治教育。纵的方面，编写从幼儿园、小学、中学到大学的整套国民精神教育教材，使国民精神教育贯穿学校教育的全过程，激发学生爱国、爱家、富国、兴国的情感和信心⑥；横的方面，在学校教育每门课程的教材中都要反映国民精神教育的内容。

在有关欧洲的思想政治教育的文献中，研究者普遍认为英、德、法等欧美资本主义国家虽未使用“思想政治教育”这种统一称谓，但各国高校都有实

① 丁红卫，唐滢，曹甜甜．中日高校思想政治教育实效性比较研究［J］．云南行政学院学报，2020，22（1）：96－100.

② 邹洁，王顺辉．日本青少年思想政治教育的经验及其启示［J］．教育探索，2013（8）：154－155.

③ 刘传春．韩国的政治教育及其启示［J］．学校党建与思想教育，2004（2）：61－63.

④ 刘成荣．韩国道德教育特色及对我国高校德育的启示［J］．教育与职业，2009（29）：90－91.

⑤ 张鸿燕．韩国学校道德教育特色之探析［J］．外国教育研究，2002（3）：10－12.

⑥ 蔡旭群．韩国民族精神教育探略［J］．教育评论，2009（6）：155－157.

质性的思想政治教育。这些发达国家在治理国家时，从依靠和维护资本主义制度出发，强调个体的发展，注重层次性，思想政治教育的内容比较全面，形成了较为严密的体系。

在英国，虽然没有使用“思想政治教育”之类的概念，但思想教育、政治教育、道德教育和宗教教育不仅在英国社会中得到了高度重视，而且形成了理论体系与实践体系①。他们以公民教育为主要载体，淡化了政治意识，强化了国家意识。左童洁认为，英国的公民教育实际上是将统治阶级的思想转化成整个社会公民的理想信念，从而进行思想政治教育②。学校德育是英国公民教育的主要阵地。英国政府非常重视学校德育，通过《英国公立学校德育大纲》规定了不同学段的教育内容。除了德育大纲的指导性规定外，英国在学校德育方面还设有专门的课程及教材③。当前，英国的学校不仅有宗教教育、公民教育等课程，通过教师讲授进行思想政治教育，而且在文学、艺术、历史等课程中渗透思想政治教育，并通过各种公共活动对学生进行德育教育。宁莹莹提到，英国教育部在2014年发布的两份指导性文件——《将促进基本英国价值观作为学校精神、道德、社会和文化教育的一部分——给公立学校的政策建议》和《促进学生精神、道德、社会和文化发展：补充信息——给独立学校、学术机构和免费学校的政府建议》中，明确将英国核心价值观教育作为学校教育的内容，要求所有学校都必须采取积极措施，将这项内容融入学校教育。英国核心价值观的界定通常采用其《预防策略》中的定义，即“民主、法治、自由，尊重和包容他人信念和信仰”，可更加具体表述为“知晓公民如何通过民主参与影响决策；知晓法律保护个体公民，对增进公民福祉和安全至关重要；了解国家行政权与司法权分离，部分公共体制通过政府运作，如警察和军队，另外一部分则独立运作，如法院；知晓法律保护信仰和宗教自由；接受、包容他人拥有的不同信仰，不应持有偏见和歧视；理解身份认同的重要性”④。

---

① 朱继光．中英大学生思想政治教育路径选择差异比较与借鉴［J］．思想教育研究，2009（1）：44－46.

② 左童洁．英国思想政治教育的发展特性及对我国的启示［J］．才智，2018（29）：46－47，49.

③ 高桐杰．英美思想政治教育的特点及规律研究［J］．教学与管理，2010（9）：155－157.

④ 宁莹莹．现实指向的英国价值观教育：背景、内容和实施［J］．福建教育学院学报，2019，20（2）：1－4，11，129.

法国的思想政治教育一般被称为“公民道德教育”，公民教育事业由教育部统管，教育部对课程大纲、课程年限、教材的具体内容统一进行规定，并由地方上的专门机构或专人负责学校公民教育①。法国学校公民教育的内容主要包括：使学生熟知法兰西民族和国家的历史，了解法国的民主政治制度，明晰公民的义务和权利。专门课程和生活化教学是法国学校公民教育的一大特色，公民教育渗透到学生的班级生活和学校生活之中，各学科均加入全员全方位的公民教育。罗骋认为，法国思想政治教育的核心就是加强对民众的爱国主义思想的培养，宣扬法国的大国主义、中心主义和民族主义价值信仰，增强全民对国家的情感和责任，其政治指向色彩非常浓厚②。

德国的学校政治教育有统一的课程设置，教学内容也有统一的规定，系统化的学科知识与其政治教育的基本目标保持一致，在知识点上囊括了世界历史、德国历史、国内外政治、经济理论模式等，构成了系统的政治理论教育知识体系。有学者认为德国的思想政治教育突出了“公民性”、“公众性”和“国家性”等特点，蕴含着人与社会共存，以政治关系为主，积极参与社会关系等内涵③。在德国，不同学段思想政治教育的内容和呈现方式有所不同。在中学阶段，政治教育的内容主要通过历史和政治等必修课来传授，其中历史课主要通过传授德意志民族历史来弘扬爱国主义精神和民族精神，政治课主要通过引导学生的政治兴趣，使其具有独立的政治分析、判断能力，提高其参与社会政治的能力，从而完成其政治社会化的过程④。大学阶段的政治教育则以促成大学生政治品格的升华为目标，学校政治教育侧重学生政治素养的“自我养成”⑤；高校德育的内容包括以个人主义为根基的自由主义思想教育，诚实、尊严、责任感的道德教育，民主、自由、平等、和平统一的政治教育，以及以爱国主义为核心的民族精神教育⑥。德国的大学思想政治教育实践更加注重和

① 舒璐璐，王涅．法国学校公民教育及其对我国思想政治教育工作的启示［J］．西部素质教育，2017，3（20）：37－38.

② 罗骋．法国思想政治教育的特点及启示［J］．学习月刊，2009（20）：25－26.

③ 朱晓兰，秦鹏飞．思想政治教育概念、理论的梳理及国外研究概况［J］．科教导刊（中旬刊），2017（26）：188－192.

④ 吕新云，张社强．美国、德国学校政治教育比较及借鉴［J］．思想教育研究，2009（8）：60－63.

⑤ 练建斌．德国思想政治教育的方法及启示［J］．湖北函授大学学报，2011，24（4）：96－97.

⑥ 汪宗田，傅安洲，阮一帆．德国大学思想道德教育及其启示［J］．思想教育研究，2011（4）：53－56.

依托哲学社会科学的“隐性教育”。哲学、文学、历史学、法学、社会学、经济学等各学科和专业教学中都渗透了民主自由和价值观教育，主要方法是要求学生对任何一门主修专业课程，都须从历史、社会和伦理学的角度去进行学习和研究①，教师要引导学生回答三个问题：这个领域的历史和传统是什么？它所涉及的社会和经济问题是什么？要面对哪些伦理和道德问题？

美国的教育中尽管没有“思想政治教育”这个称谓，但是在美国，思想政治教育也是无处不在、无时不有的，体现在政治教育、爱国教育、道德教育、宗教教育、历史教育等方面，其核心是政治教育②。葛春和李会松在论及美国德育教育时认为，尽管美国的学校教育中没有统一表述的德育目标，也没有明确的“德育”概念，但往往涵盖了公民教育、价值观教育、法治教育等诸多内涵，并且价值观教育是美国学校德育体系的重中之重③。吕新云和张社强则将美国思想政治教育的内容归纳为三类：一是以爱国主义为核心的公民教育，旨在让学生了解民族传统和国家的政治内容，灌输资本主义国家的意识形态；二是以个性化发展为核心的伦理教育，旨在促进个体道德判断能力的发展和道德行为习惯的养成，以培养良好的道德品质；三是以宗教知识、规则、教义、训诫等为基本内容的宗教教育，旨在借助宗教文化体现美国的民族精神。

虽然上述学者所使用的术语不同，归纳分析的角度不同，但都认为美国实际上一直重视思想政治教育在国家发展和政权维护中的重要作用。在现有研究中，有很多文献提及美国的价值观教育内容及开展方式。罗淳认为，尽管美国没有统一的法令要求某个阶段必须进行何种价值观教育，没有对具体学段的价值观教育目标作出规定，但美国的价值观教育是贯穿整个学制的④。宋丽娜也提到，美国的大学非常重视核心价值观的教育，根据调研，美国的3 500多所高校都把发展学生的道德和公民责任作为学校的“使命”⑤。任志锋把美国价

① 赵娜．德国高校思想政治教育模式借鉴［J］．教育与职业，2013（22）：104－105.

② 高桐杰．英美思想政治教育的特点及规律研究［J］．教学与管理，2010（9）：155－157.

③ 葛春，李会松．美国学校价值观教育实施及对我国核心价值观教育的启示［J］．全球教育展望，2009，38（1）：47－50，81.

④ 罗淳．美国价值观教育对我国核心价值观教育的启示［J］．学理论，2014（32）：271－272，277.

⑤ 宋丽娜．中美大学生核心价值观教育的比较与启示［J］．重庆第二师范学院学报，2013，26（1）：123－125，135.

值观教育的目标总结为“好人”与“好公民”两个基本目标①。“好人”是指个体的德性修养和品格训练，主要通过道德教育、品格教育来实现；“好公民”事关政治制度和社会秩序的存续发展，主要由公民教育来承担。道德教育、品格教育、公民教育成为美国实现“好人”与“好公民”培养目标的三种基本路径。任志锋通过学科归属关系，很好地解释了上述三种教育的逻辑关系，使我们对美国的思政教育有了一个全局性的了解：道德教育属于教育学和心理学，品格教育属于道德哲学和宗教学，公民教育属于政治学和历史学。道德教育致力于培养民主社会所需的个体化的道德判断能力，核心是道德推理教育；品格教育致力于传承价值承诺和伦理精神，核心是价值规范教育；公民教育致力于将外来移民和青少年培养成为美国公民，核心是政治教育。

1.4.2 国外思想政治教育方式

有不少学者从国际比较的角度来分析现代学校思想政治教育方式。从知网上可以查阅到海量文献，探讨国外思想政治教育的开展方式及其对我国思想政治教育的启示。笔者分析后发现，这些文献大都提到了三组关键词：直接方式、间接方式；显著课程、隐性课程；显性教育、隐性教育。

在论及现代学校道德教育的方式时，饶从满分析了日本的做法后提出，其德育教育方式大体可以分为直接方式和间接方式两种，其中，直接方式是指设置独立的道德教育课，系统地对学生进行道德教育；间接方式是指不设置独立的道德课，通过学校全部教育活动进行道德教育②。部分学者认为，显著课程和隐性课程是国外高校德育的两个基本途径③。显著课程也叫正式课程，是指学校中的正规课程，是学校或教师公开承认并讲授的课程，包括普通教育课程（如公民、美国宪法、美国历史、西方文明史、美国政府、现代社会、民主问题、时事等课程）和专业教育课程（主修科目或者专业课程及其教学活动）。隐性课程是指国外很多高校常用不明显或隐蔽的方式来传递社会价值，这种方式通常被称为隐性课程或隐蔽课程，包括校园环境、学校教育组织制度和人际

① 任志锋.21世纪以来美国价值观教育变革论析［J］. 社会主义核心价值观研究，2018，4（2）：72－82.

② 饶从满. 关于道德教育中若干基本问题的思考：基于日本道德教育的经验与教训［J］. 教育探索，2014（3）：127－129.

③ 夏骏. 国外高校德育中的显著课程和隐性课程［J］. 常熟高专学报，2002（1）：96－99.

关系等。季诚钧认为，隐性课程就其内涵来讲是非学术性的，它不直接指向学科内容，也不直接决定学生的成绩或学业，它更多是属于非实体性的精神文化①。另有学者用显性教育和隐性教育来划分思想政治教育开展方式。他们认为显性教育是指正规的课堂教育，有一定的计划性，教育方式一般以灌输为主，具有一定的直接性、公开性和强制性；隐性教育是相对显性教育而言的，主要是指引导学生在学校教育性环境中，通过直接体验潜移默化地获取有益个体身心健康和个性全面发展等教育类经验的活动方式和过程②。显性教育是通过采取显露性、直截了当的“有形”方式对广大学生开展思想政治教育；隐性教育则是一种具有间接性、渗透性的“无形”教育，是通过多种多样的教育形式推进思想政治工作的整体发展③。

从上述文献来看，这三组概念在内涵上存在部分重合，直接的教育方式通常需要通过设置正式课程，进行有计划的教育；而间接教育方式则往往与课堂外的各种活动和氛围相关，具有一定的隐蔽性。饶从满认为，东方国家特别是东亚国家较多地采用直接方式开展德育，而欧美国家则更多地选择间接方式。那么实际情况如何呢？笔者将在下文中分析并总结亚洲、欧洲、美洲有代表性国家的思想政治教育实践特征。

新加坡思想政治教育的实施被视为以国家为主导，学校为主体，社会、家庭积极配合的“综合工程”，既注重在课程设置、课堂教育、学术交流中培养学生的主流价值观，又注重在校园文体活动、社会服务、纪律教育等实践环节培养学生的主流价值观④，思想政治教育课程的实施主要通过专门课程教学、专业课渗透、德育活动三个方面进行。一是通过显著课程向学生讲解系统的道德伦理知识，二是寓道德教育于各科教学之中，各科教学活动充分发挥“载道作用”和“渗透作用”，对学生进行道德教育。新加坡的语文、地理、历史、宗教等学科教学中都明确了公民道德目标，并将其作为评价各科教学的重要方面，发挥协同育人的作用。例如，在语文教学中，向学生传授中华民族的

① 季诚钧．试论隐性德育课程［J］．课程·教材·教法，1997（2）：9－13.

② 黄建军，赵倩倩．高校思想政治教育显性教育和隐性教育相统一的内在逻辑与路径优化［J］．思想教育研究，2020（11）：118－122.

③ 生忠军．高校思想政治工作要坚持显性教育与隐性教育相统一［J］．当代广西，2021（15）：15.

④ 王鹏．新加坡大学生主流价值观教育探析［J］．思想理论教育导刊，2012（12）：100－103.

传统节日、礼仪、神话、音乐、戏曲、风俗、家庭观、奋斗史等，让学生吸收儒家的孝亲、礼让、睦邻、公德心等价值观①。同时，新加坡外化的实践课程为理论课程提供了平台，充分发挥实践课程的直观引导作用，引导学生在社区活动中加深对价值观的理解并自觉外化于行②。

日本高校思想政治教育通过学校教育、家庭教育和社会教育三方发力，建设优质的校园文化和企业文化，塑造良好的思想政治教育的外部环境。日本学校公民教育的课程设置主要包括三个方面：正式独立的道德教育课程、社会研究和特别活动教育。此外，日本政府要求在所有的科目中都要做到将学科知识的传授和公民道德教育相结合③，从而实现显性教育和隐性教育相结合。日本高校思想政治教育的实施主要通过课堂讲授、课程讨论、讲座等方式完成，通过专业教育、学科教育来达到教养教育课程的内容和目标④，同时，日本高校也擅长通过隐性的文化熏陶方式实施思想政治教育，例如，带学生去优质的企业参观或实习，感受企业文化的影响力。

韩国建立了具有民族特色的学校德育体系，除了通过设置课程直接灌输公民的行为规范、自我牺牲精神和忠诚、孝悌、为民族自主而奋斗的精神外，韩国也注重道德教育与其他学科之间的整合与渗透⑤。国民伦理教育课程体系由纵、横两方面构成。纵的方面，按照学生的年龄、知识、心理、身体的特点，建立了一整套从幼儿园、小学、初中、高中直到大学的国民伦理教育体系。横的方面，不仅道德课、社会课和国民伦理教育课要直接体现道德教育的内容，而且国文、文学等课程也要间接地反映道德教育的内容。

欧洲国家的思想政治教育开展方式也大同小异。例如，英国的思想政治教育主要体现为灌输和渗透相结合。英国的价值观教育不限于某门固定学科，而是采用一种跨学科、跨校内校外、动态的和开放式的学习过程，在学校中既开展与德育内容相关的宗教教育课程，也在个人、社会和公民教育中，通过教师

① 张雅光. 新加坡道德教育的方法与途径探究 [J]. 思想政治课教学，2004 (12)：51－52，60；黄静婧. 新加坡隐性道德教育特色及其启示 [J]. 学校党建与思想教育，2012 (35)：7－9.

② 杨茂庆，岑宇. 新加坡学校价值观教育：路径、特点及经验 [J]. 比较教育研究，2020，42 (2)：69－75.

③ 吴海荣. 国际化时代日本学校公民教育的新进展 [J]. 现代教育管理，2016 (6)：124－128.

④ 倪愫襄. 日本高校思想政治教育实施简介 [J]. 学校党建与思想教育，2012 (19)：85－86，89.

⑤ 蔡旭群. 韩国民族精神教育探略 [J]. 教育评论，2009 (6)：155－157.

的直接传授帮助学生们树立正确的价值观。在灌输教育的同时，学校也将一些德育的课程渗透到其他学科之中[①]。课程、文化、活动等学校生活都要有利于促进英国价值观教育，显著课程与隐性课程协同发力。法国是西方开展思想政治教育最早和最有成效的国家之一，一贯重视对民众开展思想政治教育，直接开设“公民道德教育课”，学生从小就开始民主和权利的启蒙教育。法国的思想政治教育主要是在课堂和学校活动中进行的，同时建立了相应的全民参与机制，家庭、社会和政府配合，形成了良好的社会教育环境，协同开展教育。学校鼓励学生组织社团，管理学校事务，以培养学生的政治能力；引导学生参与校外实践，参与社会服务，以培养学生的公民意识。这些隐性课程和教育方式行之有效，促使学生在实践的过程中形成高度自觉的公民意识[②]。德国现阶段的思想教育方式主要以学校课堂教育为基本渠道，以“问题式”和“探索式”的科学教学方法为重要手段，配合社会实践等传统形式，加强心理咨询方面的举措，重视校园文化建设，发挥宗教影响作用，加大社会团体和公共机构的支持。在大学阶段，德国的政治教育侧重政治素养的“自我养成”，更加注重通过“隐性教育”渗透进行[③]。

美国被认为是现代公民教育理论研究的发源地，既是最早实施公民教育的国家[④]，也是思想政治教育经验最为丰富的国家之一。美国大学在长期的价值观教育实践中逐步探索形成了课程教学、课外实践、校园文化三种价值观教育路径[⑤]。在通过显著课程教授价值观方面，除了以价值观为中心的专门课程外，还包括通识课程和专业课程，前者旨在培养基本价值观，后者旨在培养专业伦理[⑥]。高校在面向大学生进行专业教育的同时渗透价值观教育，积极引导学生思考社会问题和价值伦理问题，促使他们自觉认可并践行美国的主流价值

① 李晓晨．中英思想政治教育途径和方法比较研究［J］．现代盐化工，2018，45（4）：138－139.

② 陈新．法国高校思政教育模式聚焦［J］．教育与职业，2014（28）：104－105.

③ 王靖晶．中德高校思想政治教育比较及启示［J］．现代交际，2016（21）：176.

④ 黎开谊，陈姿羽，谢安国．美国价值观教育及其对中国青年学生社会主义核心价值观教育的启示［J］．社科纵横，2017，32（10）：18－24.

⑤ 李潇君．课外活动：美国高校道德教育的重要载体［J］．东北师大学报（哲学社会科学版），2014（2）：146－150.

⑥ 范树成．美国核心价值观教育探析［J］．外国教育研究，2008（7）：23－28.

观[1]。美国的隐性课程包括校园景观、校园精神、校风、班风、课外活动、教师榜样、各种纪念仪式和校园社团活动等内容[2]，隐性课程不仅对学生价值观的形成起到了潜移默化的作用，而且能在潜意识层面坚定学生对核心价值观的认同[3]。

特别值得一提的是美国的价值观教学方法，其主要根据不同年龄阶段的特点，灵活选取各种教学方法，如价值灌输法、价值澄清法、道德推理法、价值分析法等。教学手段主要以课堂讲授法为主，课堂角色扮演、课堂讨论或辩论以及课外活动为辅[4]，发挥学生在课堂上的主观能动性，在分析与推理过程中内化价值观。

1.5 小结

首先，本章梳理了中国思想政治教育的发展脉络。从中可见，中国共产党历来重视思想政治教育，并根据不同时代的特点，制定了思想政治教育的内容和侧重点。随着社会思潮纷纭激荡之新形势的出现，党中央进行了课程思政的顶层设计，以实现各门课程与思政课程同向同行，共同发挥全员育人、全过程育人、全方位育人的作用。顺着时间线梳理政策间的逻辑及其延续性，能使我们更好地理解课程思政在思想政治教育中的地位和作用。

课程思政已经成为学界的研究热点，大家对课程思政的内涵进行了诸多学理分析，并探讨了如何使课程思政从理论走向实践。本章回顾了课程思政的研究现状，对其内涵分析、实施路径、思政元素挖掘等关键问题进行了探讨。目前学界普遍认同课程思政意义重大，但也意识到其在实施过程中面临诸多挑战和问题，如专业课与思政课协同机制尚未建立、专业教学与思政教育存在“两张皮”情况、师资能力欠缺等。

其次，本章对国外思想政治教育的开展情况进行了文献归纳和分析，以期使读者对世界范围内的思政教育情况有一个宏观了解。根据文献的丰富程度，本

① 胡晓敏．美国大学生核心价值观教育论略［J］．教育评论，2014（7）：162－164.

② 梁永艺．美国学校价值观教育及其对我国青年学生社会主义核心价值观教育的启示［J］．河池学院学报，2010，30（1）：63－67.

③ 罗淳．美国价值观教育对我国核心价值观教育的启示［J］．学理论，2014（32）：271－272，277.

④ 艾政文．美国大学生核心价值观教育及其启示［J］．教育与教学研究，2016，30（7）：28－32.

章主要分析了亚洲三国（新加坡、日本、韩国）、欧洲三国（英国、法国、德国）和美洲一国（美国）的思想政治教育开展情况。分析发现，当代世界各国对思想政治教育都极其重视，并积极开展了多样化多层次的思想政治教育[①]。从世界范围看，在思想政治教育方式上，大多数国家都采取了国家、社会、学校、家庭等多途径相结合，显性教育与隐性教育相结合的教育模式。学校教育中多设置以价值观教育为核心的显著课程，进行直接教育或灌输式教育，同时也采取渗透式和隐蔽式教育，即通过其他课程，如通识课程和专业课程来进行价值观教育。此外，东西方国家都重视校园环境、家庭教育、社会实践等隐性课程在思想政治教育中的潜移默化作用。在思想政治教育内容上，各国普遍倡导爱国主义教育，重视国民素质教育。欧美国家均强调公民道德教育，强调个性的健康发展，同时强调社会价值认同。新加坡、日本、韩国等国家受中国儒家文化和近代西方现代化思潮的影响，实施传统儒学和西方公民道德价值观相结合的思想政治教育。当然，由于东西方国家之间的文化差异，以及不同的价值观和意识形态等，其在实施思想政治教育过程中也存在从理念到实施的各种不同。

通过本章的文献分析，笔者认为，为了保持思想政治教育与时俱进的精神状态和生命力，我们应当正确把握和借鉴国内外思想政治教育的理论和实践经验[②]。中国的思想政治教育，在通过思想政治课程实现直接的灌输式教育的同时，也通过各学科、各专业的课程思政实现隐性教育，这与世界各国思想政治教育的做法总体上是一致的。当然，中国的课程思政是具有中国特色的教育方式，它不是杂乱无章、各自为政的，而是需要与思政课同向同行，协同育人；需要实现各学科之间相互联系，形成一个整体。同时，课程思政的实施还需要考虑具体的国情和学情，洞察思想政治教育的重点和难点，寻找恰当的着力点。

总体而言，目前课程思政建设尚面临诸多挑战和问题，那么在英语课程中实施课程思政是否会面临同样的问题和挑战？又会是哪些问题和挑战？接下来，笔者将在第 2 章分析英语课程思政的意义、理念和挑战，探索影响英语课程思政实施的关键要素。

---

① 张诗晗．中西方大学生思想政治教育内容比较探析［J］．科教导刊（中旬刊），2017（2）：89－90.

② 胡春湘．建国 60 年来高校思想政治教育历史发展与思考［J］．攀枝花学院学报，2010，27（2）：12－15.

❷ 英语课程思政研究

从高等教育立德树人这一一以贯之的要求出发，英语类课程的首要目标毫无疑问也是立德树人。本章将对国内大学英语课程思政的研究进行综述，分析实施英语课程思政的必要性以及现有大学英语课程思政的研究进展，并在此基础上提出本书的主要问题和研究方法。

2.1 英语课程思政的必要性

面对高等教育立德树人的根本任务，现有文献大都分析了英语课程思政的必要性，有基于形势的分析，也有学理上的分析。笔者将其归纳为以下四点。

2.1.1 新时代新使命

英语学科的课程为什么要实施课程思政？最显而易见的原因是服从国家大政方针的需要。在国家全面推进高校课程思政建设，要求充分发挥每门课程育人作用的形势下，高校英语专业和大学英语课程作为高等教育和高校课程的重要组成部分，自然应当充分发掘英语课程及其教学方式中所蕴含的思政教育资源，使英语课程思政与思政课程同向同行，形成协同效应①。在此背景下，很多学者也纷纷提出大学英语课程思政的必要性：作为高校普遍开设的通识教育必修课程，大学英语因其覆盖面广、社会关注度高、内容灵活多样等特点而成为落实课程思政的“重要阵地”和“排头兵”②。

对于外语教育而言，课程思政有着特殊意义，因为这是新时代新使命的要求③。我国参与全球治理、推进“一带一路”建设等治国理政的新理念都要求

---

① 徐锦芬．高校英语课程教学素材的思政内容建设研究［J］．外语界，2021（2）：18－24.

② 袁俊娥．布鲁姆教育目标分类理论对大学英语课程思政的启示［J］．职业，2019（32）：109－110.

③ 王卓．课程思政对外语专业课程建设的导向性与媒介性［J］．山东外语教学，2021，42（1）：59－68.

我们外语教育的政治站位要高、格局要大，要以培育书写“全新的世界史”的外语人才来重新定位中国外语教育的使命①。大国外交和大国形象的构建离不开年轻一代的努力，不同专业背景的学生具有“外语+”内涵建设的根本属性，在教育他们成才的过程中，大学英语作为公共基础课和核心通识课，其思政要素与课程的深度融合是人格养成的必备条件，要体现“大外语的思想站位，承担文化输出之责，潜移默化熏陶学生，涵养品质，提高素养”，尤其是当全球化不断深化的进程中屡屡出现价值观念和意识形态之间的碰撞冲击时，要教会学生充分利用英语这个工具，架起沟通的桥梁，消除冲突，深化交流，传递中国声音。此外有研究者认为，各学科间的交叉整合、国际平台上的学科交流都需要具备批判思维、语言能力和沟通技能的专业人才，而只有当专业人才拥有坚定的理想信念之时，方能拓展学科的广度，挖掘学科的深度，推进国家的全面发展②。

面对新时代新使命，《普通高等学校本科外国语言文学类专业教学指南》（以下简称《指南》）在专业人才培养规格的素质要求中明确提出：“本专业学生应具有正确的世界观、人生观、价值观，良好的道德品质，中国情怀与国际视野，社会责任感，人文与科学素养，合作精神，创新精神，以及学科基本素养。”《大学英语教学指南（2020版）》也指出，大学英语课程兼具工具性和人文性，人文性的核心是以人为本，弘扬人的价值，注重人的综合素质培养和全面发展，并且明确提出“社会主义核心价值观应有机融入大学英语教学内容”，“课程设置应围绕立德树人根本任务，将课程思政理念和内容有机融入课程”。

2.1.2 人文学科的内在育人基因

在探讨英语课程思政的必要性时，研究者多从英语的学科属性归属上进行了探讨。大家普遍认为，无论是外语专业教育还是公共外语教育，语言文学的本质决定了语言文学教育的内涵是人文教育，属于人文学科③。人文素养教育

① 常俊跃，于如航．外语专业教育中思想政治理论课程教学存在的问题及其应对策略研究［J］．外语与翻译，2017，24（4）：78－81.

② 岳莉．大学英语课程思政供给侧改革路径探析［J］．华北理工大学学报（社会科学版），2021，21（4）：85－90.

③ 叶俊，盘华．“四个自信”视域下大学英语课程思政功能的实现路径［J］．学校党建与思想教育，2020（20）：45－46，49；杨婧．大学英语课程思政教育的实践研究［J］．外语电化教学，2020（4）：5，27－31.

是人文学科的内在价值和功能。

从语言属性看，英语不仅仅是人们交流的工具，还是思维的载体，是特定思想文化的载体。历史的发展、社会的变迁、自然的演进、科技的创新、经济的发展与繁荣、文明的更迭与兴盛、思想的交锋与交流、文化的多元与碰撞，以及意识形态与价值观等人类生活的方方面面，无不通过语言加以呈现、表达、记载、传播。习近平总书记指出，“沟通交流的重要工具就是语言。一个国家文化的魅力、一个民族的凝聚力主要通过语言表达和传递。掌握一种语言就是掌握了通往一国文化的钥匙”[①]。

一方面，作为人文基础课程，学生在大学英语课程中可以接触到大量的英文材料，了解西方国家的历史、政治、文化、风俗等内容，通过这些丰富的内容，大学生得以接受跨文化教育，可以通过英语学习了解国外的社会与文化，增进对不同文化的理解，加强对中外文化异同的认识。在跨文化教育当中最重要的一点是树立文化自信，培养对中国文化的理解和阐释能力，并由此提升道路自信、理论自信和制度自信。如果在英语教学中一味推崇西方文化，就会使学生对西方国家逐渐产生盲目崇拜，进而对本民族的传统文化缺乏足够的自信与理性认知[②]。此外，由于学生的世界观、人生观和价值观尚处于形成期，对外来文化和思潮缺乏辨别力，因而当其频繁面临中西文化的碰撞和冲突时，容易被外来文化糟粕所误导[③]。

另一方面，人文素养教育的目的主要是引导学生如何做人，包括如何处理人与自然、人与社会、人与人的关系以及自身的理性、情感、意志等方面的问题。面对世界的多元文化，教师要帮助学生认识思想文化和语言知识之间的深刻关联，帮助他们学会辨别是非和分清真假，对外国思想和文化要有选择地接受，通过中外文化交流和比较，强化对中国文化的认同，树立文化自信[④]，从而帮助学生树立正确的世界观、人生观和价值观，坚定社会主义理

① 崔国鑫．高校外语专业课程思政建设思考与探索［J］．国家教育行政学院学报，2020（10）：37－42，77.

② 刘坤，徐常兰．课程思政视角下大学英语教学的问题与改进［J］．中学政治教学参考，2021（23）：99.

③ 韦金凤．高校商务英语专业推行“课程思政”探析［J］．高教论坛，2020（2）：60－62，74.

④ 肖琼，黄国文．关于外语课程思政建设的思考［J］．中国外语，2020，17（5）：1，10－14.

想信念。

《国家中长期教育改革和发展规划纲要（2010—2020）》提出，中国文化传播的文化教育目标是使学生成为文化交流的使者，使他们在进行学术交流的同时，也能较深入地将历史悠久的中国文化介绍给感兴趣的外国人。大学英语课程蕴含着丰富的人类文化基因和价值范式，作为学生学习语言，了解英语国家语言文化的窗口，它无疑承担着这一重任。大学英语课程也因为语言工具价值与人文价值并存的特点而在课程思想政治领域大有可为①。

2.1.3 语言与意识形态的紧密关联

正如语言是文化的载体，语言也是意识形态的载体，承载价值观念和意识形态②。语言教学是一种与文化、政治意识形态关联的社会、文化生产和再生产的政治行为③，因而传授一种空洞的语言是不可能的，传授语言的过程本质上就是传授意识形态的过程④。从这个角度来看，英语课程本质上具有较强的思想政治属性，也蕴含丰富的思想政治教学资源。

黄国文从语言本体的价值蕴含角度对此进行了较为详细的阐释⑤。他认为语言（语篇、话语）反映现实，构建现实。因不同的发话人和受话人、不同的交际目的、不同的场合、不同的交际方式等因素，话语会表达不同的意义，也会直接表达或隐含一定的价值取向。就语言、文化、文学研究而言，从来就没有离开政治的无价值判断的讨论。

孙有中从英语教学内容的角度指出，外语类专业的教学内容大量涉及中外社会制度、价值观、宗教信仰、生活方式等方面，因而如何通过课程教学有效塑造学生的政治思想和道德品质，显得尤为重要和迫切⑥。由于大学英语课堂教学少不了对英语所包含的西方文化和意识形态等的介绍⑦，因此如果我们的

---

① 成矫林．以深度教学促进外语课程思政［J］．中国外语，2020，17（5）：30－36.

② 石坚，王欣．立德树人 润物细无声：课程思政的内涵建设［J］．外语电化教学，2020（6）：43－45.

③ 徐锦芬．高校英语课程教学素材的思政内容建设研究［J］．外语界，2021（2）：18－24.

④ 何芳，都宁．思想政治教育融入城市型、应用型大学英语教学的有效路径探析［J］．北京联合大学学报，2018，32（2）：6－10.

⑤ 黄国文．思政视角下的英语教材分析［J］．中国外语，2020，17（5）：21－29.

⑥ 孙有中．振兴发展外国语言文学类本科专业：成就、挑战与对策［J］．外语界，2019（1）：2－7.

⑦ 夏文红，何芳．大学英语“课程思政”的使命担当［J］．人民论坛，2019（30）：108－109.

外语教学不重视意识形态和价值观问题，没有意识到内嵌于教学内容中的思想文化元素对学生的巨大影响力，那就无法圆满回答培养什么人，怎样培养人，为谁培养人的根本问题。

2.1.4 人的全面发展需要

英语教学中融入思想政治教育也是出于培养“全人”的需要。很多学者都从大学英语的定位和教学目标入手，指出大学英语既然定位为“公共基础课程和核心通识课程”，那么通识教育的内涵是全人教育，即“培养全面发展的人”，因此，大学英语教学的内容之一就是开展内省的立德树人教育，而不是仅局限在外向性跨文化交际教育[①]。也有学者从大学英语的人文学科属性提出培养全面发展的人才的必要性，例如蒋洪新认为，“从根本上说，外语教育是一种人文教育。人文教育旨在培育人类的信仰、情感、道德和美感，是一种自由全面发展的教育”[②]。因此可以说，语言教学的人才综合素质培养与全面发展的目标，与思想政治教育殊途同归。

魏勤和黄智燕、文旭等从全人教育入手分析英语课程与思政教育的自然融合[③]。他们认为全人教育是以人为本的教育，同时也是博雅和通识教育，其目标是培养具有广博学识、崇高道德和心智的学生。从《大学英语教学指南》对英语课程的定位来看，大学英语课程应该采用全人教育理念。文旭提出，全人教育不仅是一种教育理念，而且是当代外语教育的育人模式，应重视在潜移默化中对学生进行“情感激发，价值引领和精神塑造”[④]。由此看来，当通过大学英语课程实施全人教育时，应于传授语言知识的同时，采取渗透式教育，启发学生心智，完善学生人格，而这正是课程思政所倡导的教学模式。思想政治教育有利于塑造学生人格，其效用不言自明，如与实施全人教育模式的英语课程目标结合，可达到事半功倍、润物无声的效果。

---

① 蔡基刚. 课程思政与立德树人内涵探索：以大学英语课程为例［J］. 外语研究，2021，38（3）：52－57，112.

② 蒋洪新. 新时代外语专业复合型人才培养的思考［J］. 中国外语，2019，16（1）：1，11－14.

③ 魏勤，黄智燕. 博雅教育与高校英语教师人文素养研究［J］. 西安外国语大学学报，2019，27（4）：66－70；文旭. 教单科，育全人：论专业外语教育中的全人教育［Z］. 中国外语教育，2014：12－19，94.

④ 文旭. 教单科，育全人：论专业外语教育中的全人教育［Z］. 中国外语教育，2014：12－19，94.

2.2 大学英语课程思政的研究进展

截至2021年10月5日，以“大学英语课程思政”为主题词，可在中国知网检索到期刊论文781篇，年发表数量从2017年的仅1篇，迅速上升到2021年的387篇。在这781篇文献中，核心期刊论文数量为33篇。笔者在本书中以核心期刊论文为主，总结了大学英语课程思政的研究进展。从文献可见，高校大学英语课程思政已受到高度重视，既有研究从总体教学模式改革、实施路径、教学内容、教材资源、思政元素挖掘、教师能力培养等多方面对课程思政进行了探索，可大致分为理论研究和实践研究两类。

2.2.1 理论研究

笔者研究发现，大多数有关英语课程思政的理论研究都分析了课程思政与大学英语相结合的可行性和有效策略，通常围绕“课程思政是什么”“为什么要实施课程思政”“如何实施课程思政”等问题进行探讨①，从宏观角度分析了大学英语课程思政教学的实施路径，如内容改革、教材改革、师资培育、效果评估等，旨在为教学实践提供理论指导。例如，肖琼和黄国文从思路、目标、师资、教材、课堂、评估六个方面讨论了外语课程思政建设的主要内容，强调外语课程思政价值引领的重要作用②。刘正光和岳曼曼提出了依据新版《大学英语教学指南》（以下简称《指南》）转变人才培养理念，重构大学英语教学内容的必要性、可行性，并建议灵活运用和有机整合《指南》提出的以任务式、合作式、项目式、探究式、混合式等教学方式服务课程思政的思路③。黄国文和肖琼从“为什么”“是什么”“谁来做”“何时做”“何处做”“怎样做”六个问题入手，探讨了外语课程思政建设过程中的要素及其之间的逻辑关系④。他们从教育的育人功能和提升思政教学效果的角度，回答了外语课程为什么要实施课程思政的问题；在分析众多学者对课程思政内涵的解释基础上，提出外语课程思政本质上是“一种教育教学理念”和一种“实践活

① 唐德海，李枭鹰，郭新伟．“课程思政”三问：本质、界域和实践［J］．现代教育管理，2020（10）：52－58.

② 肖琼，黄国文．关于外语课程思政建设的思考［J］．中国外语，2020，17（5）：1，10－14.

③ 刘正光，岳曼曼．转变理念、重构内容，落实外语课程思政［J］．外国语（上海外国语大学学报），2020，43（5）：21－29.

④ 黄国文，肖琼．外语课程思政建设六要素［J］．中国外语，2021，18（2）：1，10－16.

动"[1]。虽然不同教育阶段有不同的重点，但课程思政是我国不同层次的教育机构以及不同学科和领域的教育（如政治、历史、经济、物理、化学、外语等）都要开展的主要任务。黄国文和肖琼认为，在上述六个问题中，"怎样做"是最复杂的问题，基于对"课程思政"的不同认识，就可能有各种各样的做法，但无论怎样都要始终做到与思想政治理论课同向同行，形成协同效应。

除此之外，有关英语课程思政理论研究的另一个重点是英语课程思政的内涵分析以及依托何种思政元素来落实立德树人的根本任务[2]。学者们的视角不同，对外语课程思政内涵的理解就会有不同侧重[3]，或将课程思政理解为道德教育[4]，或将课程思政理解为意识形态教育和政治教育[5]，或将课程思政理解为价值观教育[6]，或将课程思政理解为一种政治和道德意识[7]。这些理论视角彼此互补，共同勾勒出思想政治教育的完整图景。在这其中，仍然欠缺的可能是对大学生群体需求的了解，欠缺对不同层次学习者思想政治教育内容需求的分析。

除了上述思辨性的理论分析之外，还有部分学者试图建立系统性框架用以指导大学英语教学实践。例如，刘建达提出构建一个课程思政背景下大学外语课程改革的 BIPA（background 课程背景，input 课程内容，process 教学过程，assessment 教学评价）模型[8]，从上述方面对外语课程如何实施课程思政提出了一些建议。

可见，相关理论研究已为开展外语课程思政实践提供了一定的认识论和

---

① 肖琼，黄国文．关于外语课程思政建设的思考［J］．中国外语，2020，17（5）：1，10－14.

② 岳曼曼，刘正光．混合式教学契合外语课程思政：理念与路径［J］．外语教学，2020，41（6）：15－19.

③ 刘晶，胡加圣．基于通识教育理念的大学英语课程思政元素需求分析调查研究［J］．外语电化教学，2021（3）：4，24－29.

④ 文秋芳．大学外语课程思政的内涵和实施框架［J］．中国外语，2021，18（2）：47－52.

⑤ 姜智彬．"多语种＋"：课程思政背景下外语人才培养的内涵、路径与成效［J］．外语电化教学，2020（4）：3，18－21.

⑥ 罗良功．外语专业课程思政的本、质、量［J］．中国外语，2021，18（2）：60－64.

⑦ 石坚，王欣．立德树人 润物细无声：课程思政的内涵建设［J］．外语电化教学，2020（6）：43－45.

⑧ 刘建达．课程思政背景下的大学外语课程改革［J］．外语电化教学，2020（6）：38－42.

方法论基础，但这些研究未能切实解决下列问题：①针对不同层次的学习者，大学英语课程如何实现思政元素的体系化，从而实现与思政课同向同行？②大学英语课程思政一线教学应采取何种教学模式，才能取得较好的成效？③在大学英语课程思政的实施过程中，教师可能面临的困难和困惑都有哪些？

2.2.2 实践研究

大学英语教学实践类研究通常以“实现路径”为关键词，探讨教学模式和教学方法改革。此类研究也可再分为两类：一类是基于经验，根据教学过程或教学构成要素探索开展大学英语课程思政的有效途径和方法；另一类是基于某种理论，探索如何将课程思政融入大学英语教学。

第一类基于经验的一线教学案例分析为数较多，或介绍某校的教学经验，或呈现某教材的单元教学设计。例如，梅强以江苏大学的大学英语教学为例，介绍了如何以习近平新时代中国特色社会主义思想为引领，以《大学英语教学指南》为指导，将社会主义核心价值观及中国优秀传统文化有效融入课程教学的具体措施①。何芳和都宁介绍了应用型高校的大学英语课程思政教学改革经验，提出大学英语教师要基于课程思政的目标要求，修订教学大纲和教材讲义，进行教学方法和教学内容改革②。大学英语教师在英语教学过程中应该采取多种教学方法，从爱国主义、人格品质、理想信念、中国文化等方面对学生进行思想政治教育，帮助他们树立社会主义核心价值观。时宇娇分析了政法类院校公共英语课课程思政的必要性，探讨了教师应如何挖掘思政元素，在提高学生英语语言表达能力的同时，引领人生观和价值观教育③。陈歆以《新视野英语教程读写教程》第三单元教学设计为例，呈现了从课堂导入、课文讲授、课后作业等环节中，教师不断有意识地融入中国优秀文化的教学内容，引导学生进行中西文化对比的一种课程思政课堂教学形式④。卢军坪以《全新版

---

① 梅强．以点引线 以线带面：高校两类全覆盖课程思政探索与实践［J］．中国大学教学，2018（9）：20－22，59.

② 何芳，都宁．思想政治教育融入城市型、应用型大学英语教学的有效路径探析［J］．北京联合大学学报，2018，32（2）：6－10.

③ 时宇娇．政法类院校公共英语课“课程思政”教学改革探索［J］．学校党建与思想教育，2019（8）：30－32.

④ 陈歆．大学英语课堂教学中思政教育的融合实践［J］．智库时代，2019（49）：62－63.

大学英语》（第四册）第一课为例，演示了如何从社会现实问题入手，对照社会主义核心价值观，设计问题清单，围绕现实问题组织教学内容，并补充包含相关思政元素的语言素材的教学方法①。他以分析问题、解决问题为目标，在语言教学中渗透德育教育，同时推进思辨式教学，鼓励学生在平等对话与交流中用英语表达自己的观点，将学生的语言应用能力、思辨能力和思想教育融为一体。另有部分研究聚焦混合式教学模式与课程思政理念的融合，介绍了基于教育技术和网络技术的教学模式和方法改革经验。例如，张诗雨等人提出构建“教师讲授 + 多媒体教学 + 超星网络平台教学 + 学生工作坊研讨 + Ismart（外语智能学习平台）自主学习”的教学模式，使用案例教学法，引导学生讨论含有中国传统文化、哲学思想和中国精神的案例，帮助学生树立正确的三观②。蒙岚基于学生访谈和相关文献，提出混合式教学模式下以学生为中心的大学英语课程思政路径，将 think-pair-share（独立思考—结对合作—相互交流）教学方法与故事教学法混合，形成 story-think-pair-share（STPS）路径策略，在课前、课中、课后将线上、线下教学混合，以学生为中心、教师为主导落实大学英语课程思政③。

第二类实证型研究以某种理论为指导，开展课堂教学实践改革的研究，例如陈雪贞在巴班斯教学过程最优化理论指导下，立足福建医科大学大学英语课程思政的教学实践，提出制订综合课程思政教学计划，兼顾教养、教育与发展④。此外，还有部分学者提出采取内容依托式主题教学模式可以有效地指导大学英语课程思政的线上与线下教学实践⑤。蒋莹以产出导向法（POA）为理论框架，借助课堂及智慧教学工具将思政元素融入英语教学⑥，开展类似研究

---

① 卢军坪．大学英语课程推进“课程思政”的可行性探索［J］．上海第二工业大学学报，2019，36（2）：129－133.

② 张诗雨，刘珮心，谢浩玲，等．“隐性思政教育”理念下的“沉浸式”课程思政教学改革：以“大学英语”为例［J］．改革与开放，2019（20）：105－107.

③ 蒙岚．混合式教学模式下大学英语课程思政路径［J］．社会科学家，2020（12）：136－141.

④ 陈雪贞．最优化理论视角下大学英语课程思政的教学实现［J］．中国大学教学，2019（10）：45－48.

⑤ 李华．基于 CBI 理念的大学英语课程思政研究［J］．哈尔滨职业技术学院学报，2021（3）：131－133；杨永刚．CBI 视域下涉外警务英语课程思政教学研究［J］．武警学院学报，2021，37（8）：83－86.

⑥ 蒋莹．POA 理论下思政融入大学英语混合教学模式［J］，2021，22（4）：76－82.

的还有贺彤[1]。

从上述研究可见，研究者大都从教师视角探讨大学英语课程思政教学改革，而较少站在学生视角了解、分析他们对思政内容元素的需求情况。基于教师个人经验的一线教学改革固然迈出了从理论到实践的可贵的一步，但是效果究竟如何很难判定，这些研究本身也并未提供实际证据。这些教学案例的实施效果只凭教师主观观察，缺乏数据支撑，难以量化其有效性[2]。此外，有关教学模式和方法改革的研究未能对大学英语教学中的思政元素进行系统、有效的探讨。研究者一致认同的是，大学英语课程思政并非思想政治教育课的翻版或其双语课模式，“同向同行”不等于重复思政课的内容。但是，大学英语课程中应该融入哪些思政元素？如何克服思政内容的碎片化问题？对于这些问题，研究者尚未达成明确一致的认识。

另外值得一提的是，有关教材编写的研究正在努力将理论与实践紧密结合起来。教材编写者的做法是先明确大学英语课程思政的内涵，确定核心思政元素，然后以此为纲组织内容和学习任务的编写。以《新时代明德大学英语》（以下简称《明德英语》）为例，这部教材的编写者先明确了立德树人的内涵，将“德”明确为课程思政的灵魂和核心，从大德、公德和私德三个层面进行分析[3]，然后提出了“元素大纲”，并将“元素”解析为社会主义核心价值观的 12 个词所表达的基本理念，整套教材均以此为参照框架，组织安排单元内容主题。在此基础上，教材编写者又设计了具体的语言学习活动，并将思政内涵及其践行方式有机融入具体的语言学习活动或语言知识点学习中；给教材使用者提供了教学方法指导，以“问题导入”和“思辨拓展”为路径，设计思辨型深度学习任务，将社会主义核心价值观有机融入学生英语能力的培养过程中，以实现大学英语课程育人育才相统一的目标[4]。

虽然有关《明德英语》的系列研究给一线教师提供了一个从抽象理论到

---

① 贺彤．POA 理论指导下大学英语“课程思政”的适用性探究与实践［J］．英语广场，2021（24）：116－118.

② 穆心慧，刘昕．基于认知度调查的大学英语课程思政教学研究［J］．戏剧之家，2020（11）：140－141.

③ 王守仁．主持人语［J］．中国外语，2021，18（2）：4.

④ 李秀英，寇金南，关晓薇，等．新时代大学英语课程思政：“明德”与“思辨”：以《新时代明德大学英语综合教程 3》为例［J］．中国外语，2021，18（2）：39－46.

教学实践的系统化、具象化的视角，然而正如笔者之前在对其他思政内涵相关研究的分析中所指出的那样，该教材将大学英语教学中的思想政治教育元素与社会主义核心价值观画等号，是否能够体现其与现阶段思想政治教育的协同作用？是否能满足不同层次大学生的教育需求？仍是值得思考和商榷的。

2.3 研究问题及方法

在前述研究的基础上，本书其余章节就下列问题进行了深入分析和讨论。

第一，大学英语课程思政的内涵是什么？

第二，影响大学英语课程思政有效实现的因素有哪些？

第三，如何评价大学英语课程思政的教学效果？

第四，大学英语教师在实施课程思政过程中有哪些困难和困惑？

第五，大学生对大学英语课程思政的感知与接受程度如何？

接下来，针对第一和第二个问题，笔者将采用文献分析与思辨的方法，论证大学英语课程思政的内涵，并在第 3 章和第 4 章中分别进行详细阐述。针对第三个问题，笔者将采用课堂观察和文本分析相结合的方法，探讨大学英语课程思政教学效果的评价方法，并从教学实践中管窥课程思政的实施效果，研究结果将在第 5 章中详述。针对第四和第五个问题，笔者将采用观察法、访谈法、问卷分析法和反思日志等形式，对教师和学生进行调查，获取第一手的资料。该部分内容将在第 6 章和第 7 章中详细呈现。

2.4 小结

首先，本章梳理了学界对英语学科开展课程思政必要性的相关研究，归纳了四种主要观点。学界的共识是，无论是英语专业还是大学英语课程，都是高等教育和高校课程的重要组成部分。因此，在面临日益复杂的国际形势，面对多元文化的碰撞和冲突时，都应该发挥其思想政治教育排头兵的作用，以立德树人为根本，与思想政治教育课同向同行。学生不仅应从英语课上学习语言知识和技能，而且应从中接触各种文化现象和意识形态，因此，大学英语课程不仅要传授知识，还要提升跨文化交际能力，培养文化自信，锤炼心智，促进学生全面发展。此外学界一致认为，英语课程思政是大势所趋，是课程的内在教育属性、工具属性和人文属性的必然要求。

其次，本章对英语课程思政的研究进展进行了综述。从知网的文献数量可以看出，高校大学英语课程思政已经受到了高度重视。不少教师和研究者已从总体英语教学融入课程思政的教学模式、实施路径、教学内容、教材资源、思政元素挖掘、教师能力培养等多方面进行了探索和研究，其中既有理论探索，也有实践研究。在理论研究方面，大多数研究者都以国家教育部门的方针政策为依据，围绕“为什么?”“是什么?”“谁来做?”“何时做?”“何处做?”“怎样做?”等问题，探讨了英语课程思政的重要元素及其之间的逻辑关系，为课程思政的教学实践提供了一定的认识论和方法论基础，但这些研究尚存有待解决的痛点问题。这就是俗话所说的，说起来容易，做起来难。例如，怎样才能在教学内容上体现对不同层次学习者的针对性？理论研究成果如何在教学实践中切实发挥作用？在回顾实践类研究时，笔者发现，不少实践类研究是基于教师个人经验的，教师根据自己对课程思政概念的理解，结合教学经验，探讨融入课程思政的有效途径和方法。尽管也有一些实践类研究试图基于已有的教学理论（如产出导向法），探索将课程思政融入大学英语教学的方式，目的是使教师摆脱纯主观经验的任意性，但仍然在一些关键问题上存在模糊点。例如，大学英语课中究竟应该融入哪些思政元素？如何克服思政内容的碎片化问题？

在对已有研究进行综述的基础上，笔者发现了一些值得深入分析和探讨的问题，例如，英语课程思政实施要想实现高质量发展，一定离不开对课程思政内涵的界定，也离不开对影响课程思政实施效果的因素分析。在将内涵和影响因素界定清楚后，还要对教学的主体进行调查和分析，以切实评估英语课程思政的实施效果。本书将围绕这些方面，在后续章节中进行详细探讨。

❸ 大学英语课程思政的内涵

大学英语课程思政的内涵是什么？如何将思政元素与语言能力的提升结合起来？这些是实施大学英语课程思政需要先回答的问题。回答清楚这些问题才能保证教学内容的恰当性和体系化。本章结合已有英语课程思政研究和语言能力框架，论证大学英语课程思政的教学框架，以指导后续的英语教学。

3.1 相关研究

3.1.1 英语课程思政内涵研究

在本书1.3.1部分，笔者分析了现有文献对课程思政内涵的界定，并提出研究者（包括从事英语课程思政教学研究的学者）尚未就此达成一致看法，而是从“课程观”“理念观”“方法观”等不同视角来解读课程思政。

首先，有研究者从解读“立德树人”入手探讨课程思政内涵，从解析“立什么德、树什么人”来定义英语课程思政的内涵，从而明确了英语教学中应当挖掘何种思政元素。如刘正光、岳曼曼认为，对于大学英语教学来说，立德树人的基本内涵包括三个方面的内容：中国优秀传统文化、世界优秀文化、时代精神与人类命运共同体思想①。他们提出，将“立德树人”从“人”的基本内涵来理解，教育的根本任务是培养实现中华民族伟大复兴的生力军、德智体美劳全面发展的社会主义建设者和接班人，着重培养：①具有良知、同情心、社会责任感、担当意识（也就是人的思想品德、行为操守与精神境界），即三观正确；②具有相应专业领域的合理知识结构，相关的能力与素养；③具有鲜明的个性与专长。徐锦芬也分析了“立德树人”的内涵②。她认为，“立

① 刘正光，岳曼曼．转变理念、重构内容，落实外语课程思政［J］．外国语（上海外国语大学学报），2020，43（5）：21－29.

② 徐锦芬．高校英语课程教学素材的思政内容建设研究［J］．外语界，2021（2）：18－24.

德”要求高校英语教学关注学生语言学习过程中的内在成长与发展，重视教学的思想、情感和价值观维度，并将德育贯穿教学目标设定、教学素材编写、教学活动设计与实施、教学评估等所有环节。“树人”要求英语教学创造机会帮助学生提高知识水平、能力与意识，以更好地认识自身和他者，更好地理解中国和世界的文明与思想，实现塑造、改变和发展学生的目标。在此基础上，应从两个角度设定具有英语学科特色的思政内容建设目标：其一，在知识建构和能力培养目标中增加道德维度。其二，在品格塑造和价值引领目标中凸显英语教学的特色。英语教师的职责是通过语言教学，培养学生对自身、国人、本民族的价值观及其他民族的价值观形成批判性视角和态度，进而引导学生深入理解“人类命运共同体”的理念，形成平等、包容的文化价值观。可见，对于“立德树人”这个概念，上述研究者有不同的解读，但也存在共性，如都强调价值观在英语教学中的重要性，并强调理解中国文化和世界文化、人类命运共同体理念的重要性。

其次，有研究者认为，外语课程思政就是把价值观引领同语言知识传授和语言应用能力培养有机结合起来①。文秋芳持类似看法，她从课堂教学的角度，将外语课程思政的内涵解读为“以外语教师为主导，通过外语教学内容、课堂管理、评价制度、教师言行等方面，将立德树人的理念有机融入外语课堂教学各个环节，致力于在塑造学生正确的世界观、人生观、价值观中发挥积极作用”②。另有研究者将价值观引领进行了较为细致的剖析，如刘昕指出，价值引领是指社会主义核心价值体系（即马克思主义的指导思想、中国特色社会主义的共同理想、以爱国主义为核心的民族精神和以改革创新为核心的时代精神、社会主义荣辱观）与社会主义核心价值观（富强、民主、文明、和谐，自由、平等、公正、法治，爱国、敬业、诚信、友善）的引领③。王成霞和袁俊娥则从社会主义核心价值观的三个层面入手分析英语课程思政的元素：①将国家层面的思政教育元素解析为传播先进的时代文化、优秀的传统文化，彰显中国在经济、政治、科技等方面开展社会主义建设的伟大成就，以提升民族自

① 肖琼，黄国文．关于外语课程思政建设的思考［J］．中国外语，2020，17（5）：1，10－14.

② 文秋芳．大学外语课程思政的内涵和实施框架［J］．中国外语，2021，18（2）：47－52.

③ 刘昕．价值引领融入大学英语教学探究［J］．语言教育，2019，7（3）：2－6，45

尊心、自豪感，传播社会正能量等；②将社会层面的思政教育元素解析为追求自由、平等、公正、法治的社会，建设和谐、文明、美丽的生存环境等；③将公民个人层面的价值准则解析为向学生宣导阳光心态、双赢思维、利他精神、与人为善思想，培育感恩心态等，也就是对学生进行“三观”教育[①]。

从上述研究可见，学者们从“立德树人”的宏观概念出发，结合英语学科特点，将其逐步具体化，并最终分解为思政元素，从而使思想政治教育得以在英语教学目标、教学内容、教学活动、教材编写等环节落地生根、有据可依。在本书2.2.2部分，笔者也曾提到过，《明德英语》的编写者正是先明确了立德树人的内涵，将“德”确立为课程思政的灵魂和核心，从大德、公德和私德三个层面分析具体的思政元素，并据此编写教材内容、任务及练习。这些研究表明，研究者和一线教师都在想方设法地将国家的教育方针、政策落到实处，正处于走出理论探讨的阶段，并向具有可操作性的教学实践研讨迈进。当然，目前有关英语课程思政内涵的研究尚缺乏对思想政治内容的体系性和层次性探讨，而如何避免英语课程思政内容的碎片化、无序化正是实施英语课程思政的一个难点。为解决这个难点，笔者认为应从国家大政方针出发来理解如何实施英语课程思政。正如本书第1章对课程思政顶层设计的分析，区分了课程思政和思政课程的不同，笔者认为这对确定大学英语课程思政教育内容具有重要意义。

3.1.2 英语课程思政内容的体系性和层次性

目前有关思想政治教育课程内容的体系性、层次性研究较多，也相对比较成熟。赵建平提出，德育内容主要分为政治教育、法律教育和伦理教育。他认为，对于大学生来讲，伦理是基础，解决怎么做人的问题；最重要的是法律教育，解决怎么做事的问题；最高层次是政治教育，解决人怎么到较高境界，成为高层次人才的问题。大学伦理教育的目标是使大学生具备社会主义伦理道德；法律教育的目的是培养大学生强烈的社会责任意识；而政治教育则是为了培养大学生坚定的政治立场，使他们能献身社会主义建设事业[②]。崔健提到，

---

① 王成霞，袁俊娥．大学英语“课程思政”动态系统化设计和实践研究［J］．教育教学论坛，2019（49）：30－31.

② 赵建平．德育内容的层次性［J］．思想·理论·教育，1995（6）：29－30.

当前的大学生思想政治教育内容是一个富有逻辑的结构体系，它包括政治教育、思想教育、道德教育、法纪教育和心理教育五大要素，涵盖政治、道德、法律和心理等不同领域①。王立仁和高畅根据习近平总书记在学校思想政治理论课教师座谈会上的讲话，特别提出学校思想政治教育课程内容要有效衔接，不同学段的教育内容要体现阶段性、连贯性、层次性，能够形成由浅入深、由易到难、前后相承、螺旋上升的科学内容体系。思想政治课程内容的衔接要体现不同学段学生的身心发展特征和生活经验，遵循学生的认知发展规律、品德形成规律以及思想政治教育规律。随着学生的成长，他们的交往关系和社会环境逐渐扩大，呈现出由单一、私人化向多样、公共化的扩展，因此，思想政治教育的课程内容要将学生变化的社会交往环境纳入不同阶段的学习中，思想政治课程内容也应相应呈现由简单到复杂，从具体形象、理性抽象再到辩证思维，从个体、社会再到国家、世界的发展逻辑。他们还特别分析了大学生的特点，认为大学阶段是世界观、人生观和价值观成熟发展的关键期，思维的独立性、批判性逐渐增强，抽象思维逐渐代替形象思维。这一阶段的课程内容要以思想性、理论性、辩证性为核心统整相关政治、道德、思想及法律教育内容，注重从抽象价值观和辩证思维的角度审视现实问题和现存秩序，从理论深度、思维张力及历史维度等层面对高中内容进行超越，并灵活地辅以适当的心理教育内容，适应学生实际需要②。

针对其他学科开展课程思政教育内容的研究尚不多见，且大部聚焦于课程思政内容的确立原则，即在各类学科课程与思想政治理论课之间形成协同合作的整体，相互滋养，相互支撑，形成育人合力，共同作用和服务于立德树人这一根本任务③。在这一原则下，各门课程在保有各自学科特质的同时，建立了具有本学科特点的价值教育内容和方法体系。思政课程与课程思政同向同行的内涵是坚持正确的政治方向，进行思想政治教育实践④，要围绕马克思主义中

① 崔健．改革开放以来大学生思想政治教育内容的历史发展［J］．北京教育学院学报，2010，24（1）：31－36，72.

② 王立仁，高畅．思想政治课程内容的有效衔接研究［J］．高校辅导员，2019（4）：18－23.

③ 闵辉．课程思政与高校哲学社会科学育人功能［J］．思想理论教育，2017（7）：21－25.

④ 和风．改革开放以来大学生思想政治教育目标的历史发展［J］．阴山学刊，2019，32（4）：101－106.

国化的最新理论成果，以政治认同、国家意识、文化自信、公民人格为重点内容，整体规划和分层设计高校课程思政教育教学内容体系①。

具体到英语学科上来，探讨英语课程思政内容体系和层次的研究则尤为罕见。有研究者认为外语课仅是高等教育阶段的一门基础课，需要与各门课程同向同行，从而覆盖思政教育的全部要点。换言之，英语一门课无法包含思想政治教育课的全部内容，英语课程思政要的是“量体裁衣”，落小、落细、落实②。每个教学单元所能挖掘的育人元素受教学材料所限，只能覆盖思政教育中的某些要点。教师要进行科学取舍，突出重点，在深度上下功夫③。另有研究者探讨了如何体现内容的层次性，认为可以在两学年四学期的大学英语教学中确定不同的价值引领重点和目标，以实现引领的系统性、连贯性。在目标设定时，应考虑不同学期、不同年龄学生的特点和认知水平，以及不同民族和不同专业学生的文化背景。例如，第一学期着重强化价值认知，第二学期着重强化价值思辨，第三学期着重强化价值认同，第四学期着重强化价值践行④。以《明德英语》为例，编写组围绕社会主义核心价值观的 12 个词组，在区分概念理解难易程度的基础上，组织教材单元内容。编写组认为，就概念理解的难易程度而言，公民层面的“爱国、敬业、诚信、友善”要比社会层面的“自由、平等、公正、法治”和国家层面的“富强、民主、文明、和谐”更容易理解⑤。这套教材每册都以社会主义核心价值观一个层面的元素为核心，同时融入少量其他层面的元素，意在循序渐进地开展大学英语课程思政。

上述研究给大学英语课程思政的实施带来了以下三点启发：首先，思想政治教育课内容的体系性和层次性可为英语课程思政的实施提供方向性、法理性的指引。两者协同的意义实际上体现为思想政治教育课所讲授的、所要求的（包括政治、道德、思想、法律、心理等方面的内容），也正是英语课所应弘

---

① 齐砚奎．全课程育人背景下高校课程思政建设的理论思考［J］．黑龙江高教研究，2020，38（1）：124－127.

② 高燕．课程思政建设的关键问题与解决路径［J］．中国高等教育，2017（Z3）：11－14.

③ 王敏，王滨．热观察与冷思考：新时期推进“课程思政”改革的必然选择［J］．教育探索，2019（1）：102－107.

④ 刘昕．价值引领融入大学英语教学探究［J］．语言教育，2019，7（3）：2－6，45.

⑤ 肖琼，黄国文．外语教材编写中的课程思政元素融入：以《新时代明德大学英语》为例［J］．外国语言文学，2021，38（4）：400－412，447.

扬和强化的。虽然英语课程思政不是思政课程的翻版，但英语课可以其专业教学方式来强化同一核心内容。对于那些直接通过思政课程讲授效果并不明显或并不理想的教育内容而言，亦可通过专业课程思政（如英语）另辟蹊径，补其所缺。其次，英语学科课程思政的目标和内容应充分考虑学科特点，根据英语课程的知识和能力发展目标，结合教学材料，选择合适的思政教育切入点，明确思政教育目标，确定内容的体现形式。最后，英语课程思政内容难易程度的设置不仅应充分考虑大学生的认知、情感和心理特点，而且应考虑学生的英语知识和能力特点，在不同学期的目标、内容和教学方法上都应体现不同的要求。

3.2 英语课程思政元素指标体系

对于一线英语教师而言，实施课程思政需要从理论过渡到实践，这中间还需要一个操作性的指导框架，在这个框架中要明确课程思政元素和语言能力的关系，并且设定明确的指标，这样才能将英语课程教学目标落到实处。

3.2.1 课程思政元素的确定依据

在本书的 1.3.5 部分，笔者曾提到结合学科特点挖掘思政元素成为课程思政实施以来的堵点、难点和痛点。研究者对此进行了多种探讨和尝试，大家主要的提议是应从习近平总书记的讲话、中央和国家发布的课程思政指导纲要和思想政治教育课大纲等出发，根据教学单元的教学材料特点，并结合教学经验进行挖掘、取舍，从而获得适宜的思政元素。

基于上述做法和理念，笔者对习近平总书记系列讲话、中央和国家颁布的系列思想政治教育工作指导文件进行了认真研究，从而确定了英语课程思政所应涵盖的内容体系。其中，习近平总书记的系列讲话包括：在全国高校思想政治工作会议上的重要讲话（2016）、在北京大学师生座谈会上的讲话（2018）、在全国教育大会上的重要讲话（2018）、在学校思想政治理论课教师座谈会上的讲话（2019）等。中央和国家有关文件包括《中共教育部党组关于学习贯彻落实全国高校思想政治工作会议精神的通知》、《中共教育部党组关于认真学习贯彻全国教育大会精神的通知》和《教育部关于加快建设高水平本科教育全面提高人才培养能力的意见》，以及中共中央办公厅、国务院办公厅印发的《关于深化新时代学校思想政治理论课改革创新的若干意见》、教育部关于印发《高等学校课程思政建设指导纲要》的通知等。

上述讲话和文件为我们指出了高等教育的人才培养目标。习近平总书记在全国教育大会的讲话上指出，“培养什么人，是教育的首要问题”。他强调“我们的教育必须把培养社会主义建设者和接班人作为根本任务，培养一代又一代拥护中国共产党领导和我国社会主义制度、立志为中国特色社会主义奋斗终身的有用人才”。我们培养的人才，是为建设社会主义现代化强国和实现中华民族伟大复兴中国梦提供强有力保障的人才，是德智体美劳全面发展的社会主义建设者和接班人。

要实现这个人才培养目标，高校思想政治教育工作有几个关键的着力点。笔者从上述讲话和文件中提取了关键词，从宏观到微观将各学科开展思想政治教育的着力点用三级指标体系表示出来，如表 3.1 所示。

表 3.1　习近平总书记的系列讲话与中央和国家相关文件中的课程思政元素指标体系

一级指标	二级指标	三级指标
政治认同	共产主义远大理想和中国特色社会主义理想	马克思主义信仰、社会主义和共产主义信念、科学世界观和方法论、爱党、爱社会主义、爱人民、中国梦、中国特色社会主义理论等
家国情怀	爱国主义情怀、国家意识、国家安全、社会责任意识、民族团结进步	认识历史规律、把握基本国情、爱国、爱集体、时代责任、爱国情、强国志、报国行等
道德修养	社会公德、家庭美德、职业道德、个人品德	崇德向善、诚实守信、热爱集体、关心社会、心理健康、遵纪守法、爱岗敬业、无私奉献、公道办事、开拓创新等
法治意识	法治意识；习近平依法治国新理念、新思想、新战略	法治理念、法治原则、重要法治概念等
文化素养	中华优秀传统文化、革命文化、社会主义先进文化、中国特色和国际比较	讲仁爱、重民本、守诚信、崇正义、尚和合、求大同；爱国主义的民族精神、改革创新的时代精神等

在这个体系的一级指标中，大家可以清晰地看到，政治认同、家国情怀、道德修养、法治意识、文化素养是大学阶段思想政治教育的五个宏观着力点，

与之相应，理想信念教育是核心，社会主义核心价值观教育是引领。

从二级指标上我们可以进一步确认各学科的思想政治教育的内容，也就是在坚定理想信念上下功夫，坚持用习近平新时代中国特色社会主义思想铸魂育人，以爱党、爱国、爱社会主义、爱人民、爱集体为主线，坚持爱国和爱党爱社会主义相统一，系统开展马克思主义理论教育，系统进行中国特色社会主义和中国梦教育，增强学生的使命担当，引导学生矢志不渝听党话跟党走，争做社会主义合格建设者和可靠接班人，肩负起民族复兴的时代重任。大学思想政治教育还要在加强品德修养上下功夫，教育引导学生培育和践行社会主义核心价值观，从私德、公德、大德、职业道德等方面引导学生成为有大爱大德大情怀的人。培养大学生的法治意识，掌握习近平依法治国的新理念、新思想和新战略。此外，大学生还应传承中华民族深厚的文化传统、富有特色的思想体系，能够正确认识世界和中国发展大势，正确认识中国特色和国际比较，正确认识时代责任和历史使命。

三级指标比二级指标更加具体，可以作为学科教学目标的构成要素，成为教师构建课程教学目标的参照。教师在实施课程思政教学时，可结合教材挖掘思政元素，在三级指标之下再设置更为具体的四级指标，以便在设定教学目标时更有可操作性。

3.2.2 课程思政元素与语言能力的关系

《高等学校课程思政建设指导纲要》指出，“落实立德树人根本任务，必须将价值塑造、知识传授和能力培养三者融为一体、不可割裂。全面推进课程思政建设，就是要寓价值观引导于知识传授和能力培养之中”。英语学科是国民素质教育的重要组成部分，是促进学生全面发展的重要学科之一。如何将思想政治教育元素与英语语言知识传授和语言能力培养融为一体，有效落实立德树人的根本任务，就必须回归到语言能力培养目标上来，厘清课程思政元素与语言能力的关系。

英语作为一门语言，既是交际工具，也是思想的载体，具有理解意义和表达意义的功能。学习者通过说、写、做等交际渠道表达自己的想法，而这些想法往往以口头或者书面文本为载体。因此语言的使用既是社会交际的过程，也是个体思维的过程。在论及语言能力的构成要素时，人们通常会借鉴交际语言能力模型[①]。在该语言能力模型中，以学习者 A 为例，当其在阅读或倾听语言材料时，会调动语言知识、话题知识、思维能力对语言材料进行解码、思考，获取语言材料的意义，并展现一定的语言理解能力。当其阅读或倾听语言材料后并与他人进行互动交流时，既需要一定的语言理解能力，又需要一定的语言表达能力。如图 3.1 所示。

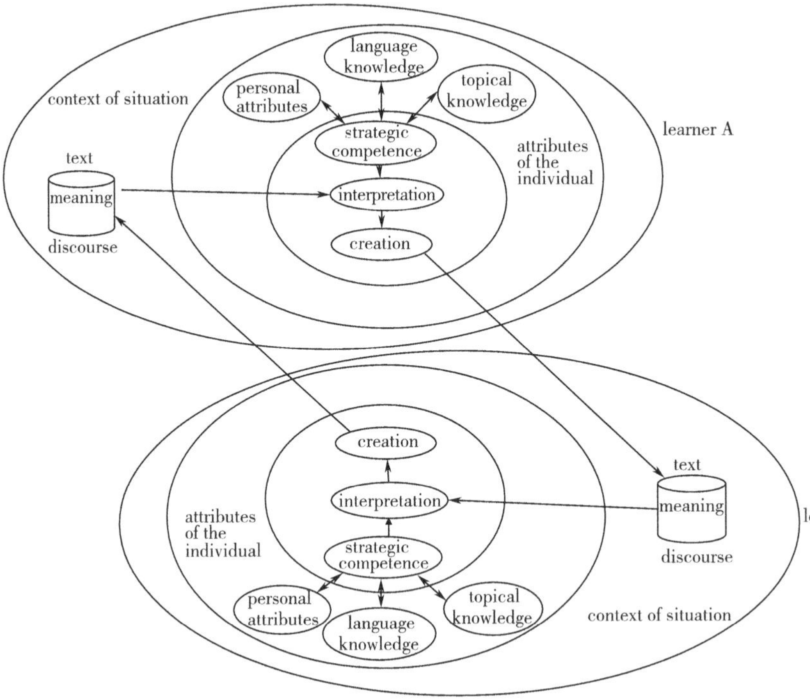

图 3.1　语言能力各要素示意图

基于这个理论框架，我们可以将语言能力定义为："语言学习者或使用者在各种情境下的语言活动中，运用各种知识和策略围绕某一话题内容所体现出来的理解能力和表达能力。"[②] 其中，"情境"指语言运用的场合，"语言活动"是以口头或书面方式完成某件事情时所呈现的各种语言实践活动，"知

① BAEHMAN L, PALMER A. Language assessment in practice [M]. Oxford: Oxford University Press, 2010.

② 王淑花. 中国学生英语理解能力量表的构建及验证研究 [M]. 北京: 知识产权出版社, 2012.

识”包括各种语言知识和非语言知识，“策略”指运用语言的经验、技巧和情感，“话题内容”指口头话语、书面材料，“理解能力”即领会语言材料中的话题内容的能力，“表达能力”即表述自己意思的能力。由于“话题内容”的外在表现形式有书面和口头两种，因此“理解能力”又可再分为“口头理解能力”和“书面理解能力”，表达能力又可再分为“口头表达能力”和“书面表达能力”。

根据这一语言能力的定义，可以确定英语课程思政的内容属于话题内容，是口头或书面材料中承载的意义，是语言学习者或使用者语言交际的内容。语言学习者或使用者已经掌握的思想政治教育内容，也会内化为他们的话题知识，与语言知识一起，构成语言使用者已有的背景知识。

鉴于语言与思维能力的密切关系，笔者结合交际语言能力模型与认知目标分类学的研究，对语言理解能力和表达能力进行了更为具体的界定和划分，区分了语言理解能力和表达能力的层次，体现了学习者或语言使用者在语言能力提高的同时思维能力的提升和心智的成熟。

笔者将语言理解能力进一步定义为：学习者在围绕某一话题内容建构意义的过程中，了解大意，领会主要思想，结合已有知识和体验进行分析与推断、评价与赏析的能力。话题内容（或意义）由书面或口头材料承载，语言理解能力因此可分为书面理解能力和口头理解能力，两类理解能力各自可再分为识别与提取、领会与概括、分析与推断、评价与赏析能力四类①，如图 3.2 所示。

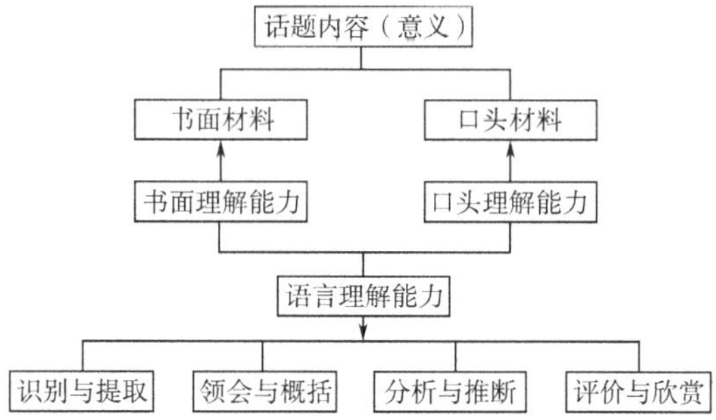

图 3.2　语言理解能力

① 王淑花. 中外英语学科思维能力培育的比较研究［M］. 北京：知识产权出版社，2015.

认知目标分类学及阅读和听力理解能力等相关研究认为，语言理解能力具有层级性，即学习者先具有低层次认知能力（如识别与提取），再发展高层次思维能力（如评价与欣赏）。语言理解能力的高低与认知过程的复杂程度相关，也与学习者所需要理解的语言材料的内容复杂程度和他们对内容的熟悉程度相关。

同样，语言表达能力被定义为学习者围绕某一话题内容，复述、概括、评析或创造新的意义的能力。其中，复现与复述能力是对语言理解能力依赖性较强的表达能力，学习者往往会通过回忆、提取等手段，复现所读或所听的材料。总结与概述能力则是基于对意义的领会，通过归纳、解释、比较等手段，用自己的语言概括原信息的能力。分析与评述能力是基于理解能力和先前知识、自身体验的一种能力，指学习者能结合已有的知识和体验，对所接触材料进行分析、判断、评价和赏析。创作与表述能力是指学习者不拘泥于现有的材料，利用自己先前的知识和体验、想象力以及综合能力，创作新作品、表达新思想的能力。这四种能力具有一定的层级性，随着学习者知识和体验的累积，可从基于材料内容的表达，逐步获得更多的自由来表达自己的思想和观点。语言使用者的思维品质（如思维的深刻性、灵活性、独创性、批判性和敏捷性等）与语言能力的高低紧密相关，如图 3.3 所示。

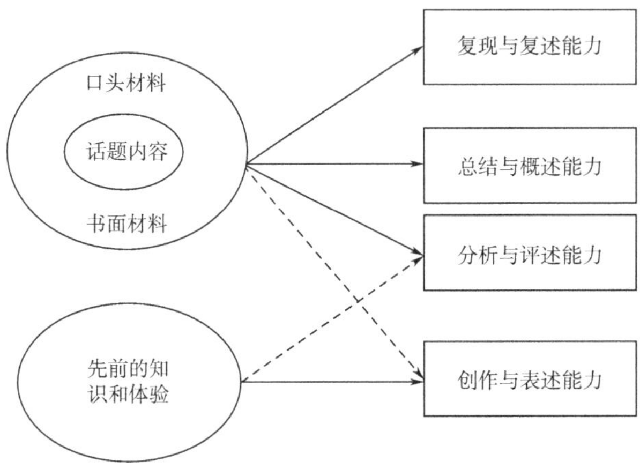

图 3.3　语言表达能力

由于思想政治教育内容是学生在英语学习材料中所理解和表达的话题内

容，因此，针对语言材料话题内容层次性的相关研究也对笔者确定思想政治教育内容的层次性很有启发。研究表明，话题的熟悉程度比语法结构知识、词汇知识更能影响读者的阅读理解水平。学习者从小学到大学，理解和表达的内容慢慢从自我世界、眼前世界延伸到更广阔的世界，话题内容也变得越来越抽象和复杂。语言学研究领域与思想政治教育研究领域的结论趋向一致：在确定学习内容的层次时，学习者的生活经验和身心发展特征是关键因素，随着学生交往关系和社会环境逐渐扩大，从个体、社会再到国家、世界，他们所接触的内容由熟悉到陌生，由简单到复杂，由具体到抽象，逐步递进，难度加深。

此外，在英语课程学习中，学生需要通过一门外语来理解和表达核心内容，他们对语言材料的理解受到诸多因素影响，如材料中英语词汇的深度和广度、句法复杂度、材料的组织结构、话语语速、语音标准与否、材料长度等；理解能力的高低也体现在学生对语言材料的认知处理复杂程度上，如分析与概括比识别与提取的认知复杂度更高。学生表达能力的高低，既体现在口头或书面的语言表达方面，如英语词汇的深度和广度、句法复杂度、材料的组织结构等，也表现在说话者或写作者所呈现的思维品质（如清晰性、逻辑性、批判性、独创性等）方面。因此，在确定大学生英语课程思政的内容体系时，不仅要考虑话题的熟悉度、抽象度，而且要考虑学习材料的语言难度和对学习者思维技能的要求等，如图 3.4 所示。

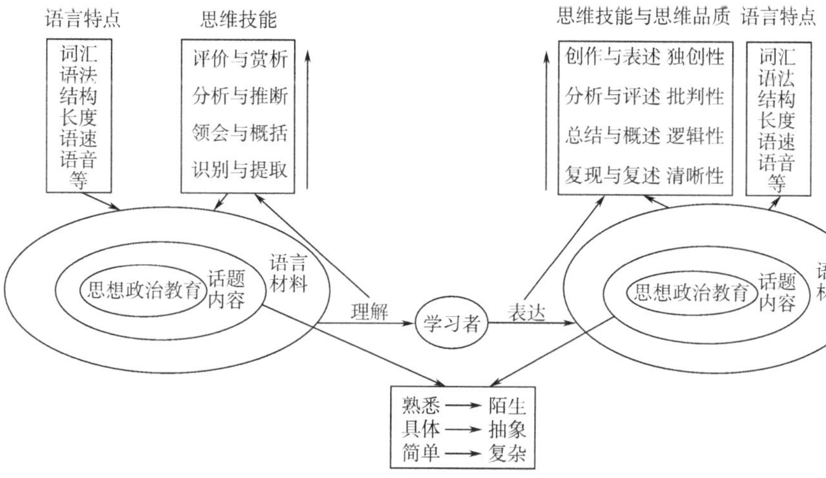

图 3.4 思政内容与语言能力的关系

基于上述认识，在实施课程思政时可以确定以下原则：①核心的思想政治教育主题可以反复出现，进行必要的交叉重叠，但这并不意味着对同一内容、知识点的简单重复，而是要结合学生现有语言能力水平和语言能力的提高目标，在语言材料难度上、内容深度与广度上、学生认知负荷度上体现不同的进阶性要求，由此体现不同学期或者不同学年的要求。②学生在语言学习过程中所接触的语言材料可以体现为故事、讲话、新闻、评论、案例、事迹等多种多样的体裁，这些材料既是思想政治教育的素材，又是适合学生提升语言技能的材料。③将本书 3. 2. 1 部分所提到的思想政治教育元素与语言理解能力和表达能力相结合，可以生成更为具体的教学目标，促使思想政治教育融入语言教学，避免“两张皮”的情况发生。

3. 3 小结

首先，本章回顾了既有研究对英语课程思政内涵的理论探讨。现有文献一般从解析“立德树人”的宏观概念入手，试图结合英语学科特点，将其逐步具体化，并最终在课程教学或教材中落实具体的思政元素。不过，目前针对英语课程思政内容的体系性和层次性研究很少，英语课程思政内容的碎片化和无序化已成为英语课程思政的一个难点。

由于思想政治理论课领域对内容体系和层次的研究较多，因此，本章对这部分研究进行了综述，并从中形成了对英语课程思政的三点启发：①思想政治理论课内容的体系性和层次性可为英语课程思政的实施提供方向性、法理性的指引。思想政治理论课的适宜内容同样可以在英语课堂上再次呈现，以强化教育效果。②英语课程思政的实施应充分考虑英语知识的传授、能力的培养和发展目标，选择合适的思政教育切入点，在教学目标中明确思政教育目标，并确定内容的体现形式。③英语课程思政内容的设置应充分考虑学习者的特点，不仅要考虑学生的认知、情感和心理特点，而且要充分考虑他们的英语知识和语言能力水平。

其次，为在英语课程教学目标中明确思想政治教育目标，本章还做了两项分析：一是对习近平总书记系列讲话、中央和国家发布的思想政治教育工作系列指导文件进行认真研究并提取了关键词，将各学科开展思想政治教育的着力点从宏观到微观，用三级指标体系表示出来，从而确定了英语课程思政所应涵盖的内容，为构建英语课程思政内容体系提供了纲领性框架。二是对思想政治教育元素和语言能力的关系进行了分析，明确了思政元素在语言能力框架及其内容中的核心地位，同时提出，思政元素蕴藏于故事、讲话、新闻、评论、案例、事迹等各种体裁的语言材料中，处于语言交际内容的核心地位。在此基础上，笔者探讨了影响英语课程思政内容层次性的因素：除了思想政治教育内容的熟悉度、抽象度等因素外，语言材料本身的难度（如材料本身的词汇、语法、内容组织）、语言学习任务与学生认知负荷度的交互作用等，共同体现了英语课程思政内容的梯度。笔者认为，只有将思政元素与语言理解能力和表达能力有机结合起来，才能生成更为具体的融合性教学目标，避免出现思政教育和语言教学“两张皮”的情况。

当然，为实现课程思政目标，实现全员、全方位、全过程育人，也需要有与之相配套的教学模式，本书第 4 章将探讨英语课程思政实施过程中的不同影响因素，并提出新的教学模式。

❹ 英语课程思政实施中的影响因素

从课程角度来看，课程思政是一个系统的体系，它基于教育对象的身心特征，通过科学规划和系统设计，使思想政治教育与专业课程设计及实施紧密结合。因此，探讨这一体系中各因素的作用、面临的问题及其相互协作，对英语教学落实育人要求非常重要。本章基于文献分析影响大学英语课程思政实施的主要因素，并结合现实教学中面临的问题和挑战，提出解决问题的方法。

4.1 教师

习近平总书记在主持召开学校思政课教师座谈会上强调："办好思想政治理论课关键在教师。"教师在教学中发挥主体作用，任何教育改革，没有教师的积极参与和支持是不可能取得成功的。研究者也普遍认为，在众多影响高校课程思政效果的因素中，教师是关键因素，课程思政的效果取决于教师的育人意识和育人能力[①]。但是目前来看，在课程思政实施中，教师还面临很多问题和挑战。

4.1.1 问题和挑战

很多研究者指出了目前课程思政实施过程中教师方面存在的问题和挑战。这些问题和挑战大致可以分为四类：教师自身的思想政治理论水平、教改动力和意愿、认知困境以及课程思政能力。

关于教师自身的思想政治理论水平这一类问题，研究者提到，一些高校英语教师自身的思想政治理论水平不高。很多教师没有自觉、主动地进行思想政治理论学习，在育人知识和经验上都有不足。杜刚跃和孙瑞娟指出，造成这一

① 张良，徐卫国，华敏．产教融合背景下高职专业课"课程思政"的实践与探索［J］．太原城市职业技术学院学报，2021（4）：137－139.

问题的部分原因在于英语教师队伍里中共党员覆盖率不高，对党的理论、路线、方针、政策等缺乏了解，思想政治理论水平普遍偏低；部分英语教师政治信仰迷茫、理想信念模糊、职业情感与职业道德淡化、服务意识不强，个别教师言行失范、不能为人师表①。

上述问题（尽管并非全部原因）会导致第二类问题的出现，即一些教师进行课程思政教学改革的动力和意愿不强，缺乏开展课程思政的教育情怀。有的英语教师对思想政治教育不够重视，认为思政教育是思想政治理论课教师的专属责任②。齐砚奎指出，就主观意愿不强而言，因为课程思政改革涉及教学目标、教学内容、教学评价等各个方面，必然会对教师原有的教学模式产生影响，对教师形成一定程度上的挑战，部分教师会因此选择回避甚至逃避③。在当今时代，学生身上出现的很多价值迷茫现象，在教师尤其是年轻教师身上也都有所体现。因此他认为，课程思政建设的当务之急是要想方设法对教师进行思想政治教育，加强对教师课程思政素养的培训工作。

教师做好课程思政既要有“愿教”的动力，也要有“会教”的能力。目前，在制约课程思政发展的因素中，相比“愿不愿”的动力问题，“会不会”“能不能”的能力问题更为突出，因此第三类和第四类问题，即教师的认知困境和课程思政能力问题也是研究者讨论最多的话题。

关于专业教师对课程思政的认知困境即“会不会”这一点④，目前主要体现出来的问题是教师对课程育人理念认识不足，不能准确把握课程思政的内涵和外延，因而无法准确、全面地将思政育人融入专业教学目标之中，在语言教学中遗漏重要的思政元素，从而错失思政育人良机。教师在上述理念方面的欠缺，造成教学实践中的诸多问题，例如轻视思政教育或为了思政而思政，思政任务设置欠科学，教学内容与考评脱节，等等。

关于研究者指出的第四类突出问题，即大学英语教师在课堂上实施课程思

---

① 杜刚跃，孙瑞娟. 高校英语教学“课程思政”有效策略研究［J］. 延安大学学报（社会科学版），2019，41（4）：122－126.

② 韦金凤. 高校商务英语专业推行“课程思政”探析［J］. 高教论坛，2020（2）：60－62，74.

③ 齐砚奎. 全课程育人背景下高校课程思政建设的理论思考［J］. 黑龙江高教研究，2020，38（1）：124－127.

④ 张彧凤，孟晓萍. 大学英语教师课程思政教学能力研究［J］. 教育理论与实践，2021，41（21）：33－35.

政的能力不足这一点[①]，研究者普遍认为，大学英语教师大多具有较强的专业功底，但同时也明显欠缺课程思政的教学能力，突出表现在对教学内容的把控和教学方法的运用上。在教学内容上，许多大学英语教师多将重心放在语言知识、英语文化的教育上，将西方文化风俗、价值理念等在课堂上进行延伸讲解；有的甚至一味推崇西方文化，很少补充中国文化知识，更不用说通过深挖教材内容背后的爱国主义、人格品质、理想信念、中国文化等思政元素来因材施教。这种做法忽视了中国文化在跨文化交际中的重要性，容易造成“中国文化失语”现象，导致学生欠缺中国文化知识，用英语表述中国文化的能力明显低下[②]，这在一定程度上会弱化学生的中国文化意识，产生偏离社会主义事业建设者和接班人培养方向的倾向[③]。

从教学方法上看，不少大学英语教师仍以知识点的讲授为备课重点，基于教材内容进行填鸭式灌输，淡化学生主体地位，而这种单向灌输是无法充分发挥育人功能的。实际上，无论是思想政治工作还是专业教育教学，其基本规律都是要根据不同学生的差异化知识背景、学习能力、思想困惑和成长需要，有针对性地进行教育。大学英语教师可采用思辨式讨论（以理性消除意见分歧为目的的论辩互动）等方式组织课堂教学，在培养学生语言应用能力和思辨能力的同时，润物无声地实现思政教育目标[④]。

4.1.2 课程思政能力的构成要素及提升路径

要实施英语课程思政，大学英语教师应该发展什么样的能力？不少研究者针对上文中提到的问题和挑战提出了自己的看法并强调，大学英语教师要全面加强思想政治教育知识储备，夯实理论基础。柯璇和卢军坪认为，大学英语教师除了要拥有学科知识、英语教学法知识、英语语言知识等之外，还要掌握广博的人文知识、心理学知识，熟悉“马克思主义基本原理”“思想道德修养和法律基础”，了解“形势与政策”，吃透社会主义核心价值观的内涵，真正做到“认真看书学习，弄通马克思主义”[⑤]。还有研究者认为，只有教师自己达

---

① 廖菲．应用型高校大学英语实施“课程思政”的路径探析［J］．职大学报，2019（4）：91－93.

② 张建昌．翻译教学与文化自信教育［J］．教育教学论坛，2018（32）：79－81.

③ 梁惠梅．中国文化融入：英语专业课程思政的基点［J］．文化与传播，2019，8（2）：44－47.

④ 梅强．以点引线　以线带面：高校两类全覆盖课程思政探索与实践［J］．中国大学教学，2018（9）：20－22，59.

⑤ 柯璇，卢军坪．“课程思政”背景下大学英语教师职业发展路径［J］．科教文汇（下旬刊），2018（12）：19－21.

到了一定的思想境界，才能让学生在思想境界方面有所感悟与升华。张宏持类似观点，他认为教师要率先在思想上以“四有好老师”“四个引路人”“四个相统一”为要求，自觉践行社会主义核心价值观，增强教书育人的使命感和责任感，用规范言行和高尚品德去影响和感染学生，引导学生树立“四个正确认识”，坚定“四个自信”①。关于这一点，习近平总书记在全国高校思想政治工作会议上就已强调过，他指出：“教师是人类灵魂的工程师，承担着神圣使命。传道者自己首先要明道、信道。高校教师要坚持教育者先受教育，努力成为先进思想文化的传播者、党执政的坚定支持者，更好担起学生健康成长指导者和引路人的责任。”

还有不少研究探讨了教师课程思政能力的构成。如有研究者从宏观视角提出，课程思政应成为外语类教师的另一个能力向度，该能力向度与职业道德、教学能力、研究能力和学科知识同向而行，并成为勾连这四个能力向度的核心②。张敬源和王娜持类似观点，他们认为外语课程思政是与外语教学能力相融相嵌的育人能力，是外语教师教育教学能力不可或缺的重要组成部分③。有研究者甚至认为，与专业知识和技能相比，在专业课中嵌入思想政治教育内容的相关理论和技巧是专业课教师更为重要的能力。更多的研究者则从微观层面分析了课程思政能力的具体构成及其表现。例如，张彧凤和孟晓萍认为，大学英语教师对课程育人价值的认知能力、思政元素的分析挖掘能力和课程思政实践的教学能力，共同构成其课程思政的教学能力④。文秋芳则从英语教学全过程中教师应担负的责任入手，分析在教师发挥主导作用的前提下，通过教学内容、课堂管理、评价制度、教师言行等方面，将立德树人的理念有机融入课堂教学各个环节所需要的能力之中，这些能力包括挖掘教学内容、科学合理评价

① 张宏．高校课程思政协同育人效应的困境、要素与路径［J］．国家教育行政学院学报，2020（10）：31－36.

② 王卓．课程思政对外语专业课程建设的导向性与媒介性［J］．山东外语教学，2021，42（1）：59－68.

③ 张敬源，王娜．外语“课程思政”建设：内涵、原则与路径探析［J］．中国外语，2020，17（5）：15－20，29.

④ 张彧凤，孟晓萍．大学英语教师课程思政教学能力研究［J］．教育理论与实践，2021，41（21）：33－35.

学生、以身为范协助学生树立正确的三观等①。

也有研究者从把控教学内容和改革教学方法等方面探讨教师课程思政能力的必备要素。安秀梅认为，对于大学英语教师而言，最重要的是不断提高自己的中国文化素养和用英语传播中国文化的能力，在教学中应有意识地将目的语文化与中国文化有机结合，努力培养大学生的“文化自信”意识②。也就是说，教师不能简单地从国外拿来或移植文化，而是要先对其进行价值判断和意识形态甄别，同时教师应有能力仔细研究、分析教材，对课程内含的思政元素予以提炼、整合、加工③。此外，不少研究者强调教师应具备课程思政元素挖掘能力，例如，黄国文提出，要做好课程思政，教师应该“从思政视角思考，采用问题导向方法，探究语言所传递的价值观，挖掘话语的思政元素”④。徐锦芬认为教师应能依据“以学生发展为中心、以学科属性为引导、以学校特色为依托”的原则，对素材从内容、呈现形式、练习及活动设计等方面进行筛选和必要的增补；素材筛选应选用契合社会文化情境、反映正向价值观、引导学生批判性分析的优秀素材⑤。同时，研究者也指出，专业课必须应用思想政治理论教育的学科思维处理教材、组织教学内容，充分挖掘蕴藏于相关知识中的教育因素，助力学生的全面发展。在课堂组织能力方面，研究者也提出了“基于问题导向”“采用鲜活的案例”等方式，训练学生的思维方法和思维能力⑥，切实推动思想政治教育内容深入学生头脑。

虽然对于教师课程思政能力的构成要素尚未形成统一的看法，但目前的研究已显示出各方对课程思政改革的重视，也意识到英语教师在这方面存在的能力缺憾，并已从教师在教学全过程中所发挥的作用入手思考其所应具备的能力和素养。由此可见，从课前思政元素的挖掘、课堂思政元素的融入再到课后学习效果评价，英语教师都需要加强知识储备和能力建设。英语教师课程思政能力构成要素，如图 4.1 所示。

---

① 文秋芳．大学外语课程思政的内涵和实施框架［J］．中国外语，2021，18（2）：47－52.
② 安秀梅．《大学英语》“课程思政”功能研究［J］．文化创新比较研究，2018，2（11）：84－85.
③ 成矫林．以深度教学促进外语课程思政［J］．中国外语，2020，17（5）：30－36
④ 黄国文．思政视角下的英语教材分析［J］．中国外语，2020，17（5）：21－29.
⑤ 徐锦芬．高校英语课程教学素材的思政内容建设研究［J］．外语界，2021（2）：18－24.
⑥ 张大良．课程思政：新时期立德树人的根本遵循［J］．中国高教研究，2021（1）：5－9.

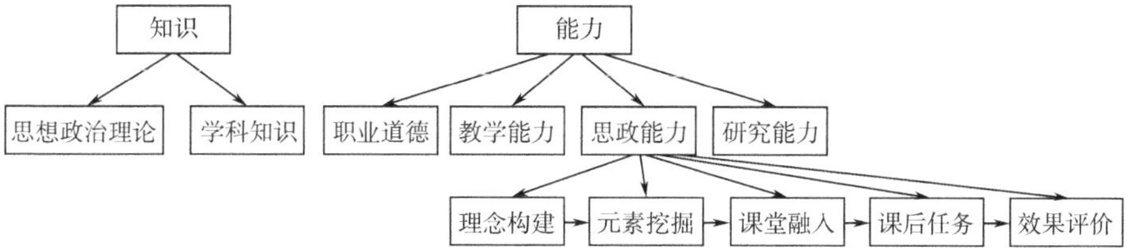

图 4.1　英语教师课程思政能力构成要素

明确了英语教师的课程思政教学能力构成及他们面临的问题和挑战之后，就要明确其课程思政能力的提升路径。教育部颁布的《高等学校课程思政建设指导纲要》对此进行了较为明确的要求，提出“依托高校教师网络培训中心、教师教学发展中心等，深入开展马克思主义政治经济学、马克思主义新闻观、中国特色社会主义法治理论、法律职业伦理、工程伦理、医学人文教育等专题培训”；同时提倡“充分发挥教研室、教学团队、课程组等基层教学组织作用，建立课程思政集体教研制度。鼓励支持思政课教师与专业课教师合作教学教研”。

研究者则从学校（集体）和教师（个人）两方面提出了教师思政能力提升路径。例如，学校应该通过“请进来”和“送出去”的方式给教师提供更多的学习机会，以厘清课程思政的内涵和教学方式[①]。学校对教师的培养内容包括加强学科、专业本身的使命和责任意识教育，加强育人意识培养，强化其内在价值认同以及加强师德师风建设，提高教师自身的思想政治与道德素养。同时，激发专业课教师教学主动性，明确以“乐教”的态度开展课程思政的重要性[②]。此外，学校和教学单位有条件的也应创建跨学科的教研团队，让大学英语教师能够定期同思政课程教师进行教学研究和科学研究，共同开发更有效的教学模式[③]。

很多研究者本身也是教师，因此也从教师角度提出了很多能力和素养提升的建议。这些建议包括：不断参与政治学习，学习党的方针政策和国家的发展

① 孔标．“大思政”格局下大学英语“课程思政”的落实研究［J］．长春师范大学学报，2020，39（3）：179－182.

② 陆道坤．课程思政推行中若干核心问题及解决思路：基于专业课程思政的探讨［J］．思想理论教育，2018（3）：64－69.

③ 马力怡．大学英语课程思政师资队伍建设研究［J］．智库时代，2019（10）：294－295.

形势，以提高自身的思想觉悟和大局观念；关注国家教育形势，深入了解社会主义核心价值观的内涵；积极参加大学英语课程思政教育系列教学研究，通过自学、进修、教研、培训不断提高大学英语教师自身的课程思政教育和教学能力①。

4.2 育人目标的设置方式

影响英语课程思政有效性的因素是多方面的，不仅需要教师在教学中做到热情、有组织、有条理，而且需要教学内容和教学目标不断走向科学化。教学目标是教学内容的指引和方向，也是衡量教学是否有效的依据。思想政治教育融入英语教学，在课程教学目标上应如何体现？这是实施英语课程思政必须考虑的问题。

首先，人们在这方面谈论最多的是英语课程思政目标的“同向性”，即英语课程思政要与思想政治理论课同向同行。研究者多认为课程思政与思政课程是在办学理念和育人目标上的同向同行，充分发挥四门思想政治理论课对英语课程思政的引领作用，而不是将英语课变成思想政治理论课。换言之，英语课程思政是大思政的一部分。此类研究重在论述关系，尚未界定英语课程思政目标如何在教学目标中进行体现。因此在现实中，目标要求不具体、不明确，经常以“高素质”“健全人格”等较为笼统、定性的方式来代替，而没有细化、量化为培养规格的具体要求，教学的育人效果也就在一定程度上失去了评价的准绳②。

其次，研究者探讨了思政目标的“潜隐性”和“显性”。如张敬源和王娜认为，外语课程思政的隐性教育原则特别强调课程思政目标的潜隐性③。他们提出，虽然需要明确课程总目标及每个教学单元的具体目标，但基于“语言形式”与“思想内容”之间密不可分的关系，应将“思政育人”目标有机融入课程总目标及每个教学单元具体目标中，而非单独设置思政目标。但不少研究者还是倡导在教学目标中单独设置一个维度，用以表述思想政治教育目标。

① 傅荣琳.《大学英语》课程思政实践途径探究［J］. 才智，2018（36）：18，20.

② 邱伟光. 课程思政的价值意蕴与生成路径［J］. 思想理论教育，2017（7）：10－14.

③ 张敬源，王娜. 外语“课程思政”建设：内涵、原则与路径探析［J］. 中国外语，2020，17（5）：15－20，29.

例如，崔永光和韩春侠提出，在英语精读课教学中设置语言目标、知识目标和文化育人目标，其中文化育人目标是指通过对比赏鉴中外经典名篇去激发学生对中华民族自身的文化认同和文化自信，以培养学生的开放思维和比较视野，从而达到课程思政的育人目的①。成矫林建议将课程目标分为知识目标（如语音、语法、词汇、修辞等），能力目标（如认知能力、合作能力、创新能力、职业能力等）和价值目标（如敬业、诚信、友善等）②。其中，价值目标的设置建立在对课程蕴含的思政元素进行提炼、整合和加工的基础上。持类似观点的还有谢幼如、张宏等人。徐锦芬提出在知识建构和能力培养目标中增加道德维度，并通过品格塑造和价值引领目标凸显英语教学的特色，形成独特的英语思政德育目标③。王卓认为，外语学科应根据《高等学校课程思政建设指导纲要》（以下简称《纲要》）设置目标，课程目标的描述要从课程思政和学科教育所设定的双重目标出发，而课程内容的选择也应该体现双重的课程目标④。岳莉则认为课程思政属于素养类目标，应充分体现外语课程的人文性，致力于培养自信创新，积极向善的社会主义建设者和接班人，兼具语言素养和人格品质⑤。

此外，还有研究者谈及育人目标的层次性。例如，文秋芳认为育人目标大致可分为国家、学校、院系的育人目标，大学英语课程总目标，不同英语课程的目标，某门课程的单元教学目标四个层次。在这四个层次的目标中，上一个层次的目标包含下一个层次的目标，具体的课堂教学目标一定要符合上位目标。目标是隐性的，不需要在学习新单元时明确地告知学生，但教师设计的教学活动要能够实现隐性目标。

从上述研究可见，大多数研究者认同单独设置育人目标，并在课程教学中具体表述培养规格。对此笔者也认为育人目标应该在英语教学目标中予以明确

---

① 崔永光，韩春侠．英语专业实施“课程思政”教学改革的可行性分析与实践研究：以专业核心课程“英语精读Ⅲ”为例［J］．外语教育研究，2019，7（2）：19－24.

② 成矫林．以深度教学促进外语课程思政［J］．中国外语，2020，17（5）：30－36.

③ 徐锦芬．高校英语课程教学素材的思政内容建设研究［J］．外语界，2021（2）：18－24.

④ 王卓．课程思政对外语专业课程建设的导向性与媒介性［J］．山东外语教学，2021，42（1）：59－68.

⑤ 岳莉．大学英语课程思政供给侧改革路径探析［J］．华北理工大学学报（社会科学版），2021，21（4）：85－90.

体现，这样教师在明确目标的基础上能够更加合理地设置教学内容和教学方法。本书第3章曾述及思想政治教育内容在语言能力框架中的位置，基于其处在语言交际内容的核心地位，笔者认为可以将育人目标融入英语课程目标的“知识”、“能力”和“素质”表述中，以体现育人与语言能力提升的融合。以某节大学英语课的课程目标为例，可以将其表述为：使学生掌握中国端午节历史文化知识（知识）、能够使用恰当英语词句介绍端午节（能力）；通过文化展示活动建立文化自信（素养），如图4.2所示。在第6章中笔者将就此提供更多的实例展示。

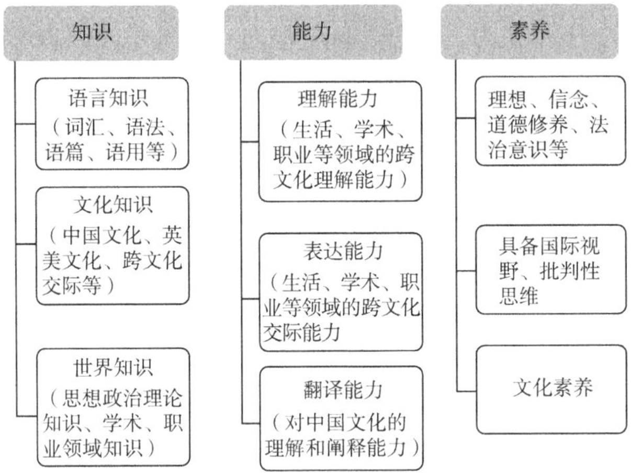

图4.2　育人目标在大学英语教学目标中的体现

4.3　课堂教学

习近平总书记指出，要用好课堂教学这个主渠道。教师是课堂的主导者，教法则是实施课程思政的途径，是涉及课程思政“怎么做”的问题，要想提升教学效果，必须在教学方法上下功夫。在众多文献之中，实施英语课程思政时应该采用何种教学方法、教学模式已成为一个热议主题。

4.3.1　显性教育和隐性教育

课堂教学是实施显性还是隐性思想政治教育？这是针对英语课程思政的一个突出论题。通常人们认为，思想政治理论教育课应与专业课程双管齐下，发挥育人作用。其中，“显性思政”是指高校思想政治理论课（四门必修课+形势政策课）在大学生思想政治教育中发挥价值引领作用；其他课程（通识教育课、公共基础课、专业教育课程等）则通过课程思政发挥“隐性思政”功用，共同构建全课程育人格局[①]。这种“隐性”通常指的是内容上的潜隐性，而不是指教学方法。也就是说，与思政课程相比，专业课和通识课的思想政治教育元素是隐性的，是通过其所蕴含的思想道德追求、科学精神、爱国情怀、优秀传统文化、人格培养等内容，发挥对大学生进行思想政治教育的渗透性作用[②]。

在教学活动组织上，研究者多认为，思政课程更多强调一种显性的社会意识形态灌输，通过系统化的课程体系，由具有专业知识背景的教师将各种社会主流价值观及道德规范通过讲授法等方式直接传授给学生，而外语课程思政则需要精细的浸润式隐性教育，使之渗透于专业课的教学过程当中，令学生于潜移默化中接受主流价值观念的熏陶，而不是粗放的漫灌式显性教育[③]。由于专业课有其自身的教材体系和教学体系，思想政治教育元素不是以显性、系统的知识体系存在的，而是需要从中挖掘，在课堂中以箴言、理念等隐蔽形态加以呈现。此外，不同的专业课有不同的学科背景和知识架构，其内含的思想政治教育资源存量也有所区别，不能以灌输模式展开，以免造成对专业课知识体系的破坏[④]。张诗雨等人认为，专业课、通识课属于专业教育和知识教育，若是承担课程思政功能，应该以浸润、隐性的方式确认、验证和支撑思政课程灌输的内容[⑤]。

那么怎么才是隐性、渗透、浸润的方式呢？研究者认为，专业课教师要不露痕迹、潜移默化地进行思想政治教育；课程思政要“如盐在水，润物无声”；在实施过程中一定要去掉“人为设计”的干预痕迹，还原为自然状态，使外语课程思政的实施过程顺畅自然，自然融入、自然呈现、自然发展、自然

① 高德毅，宗爱东．从思政课程到课程思政：从战略高度构建高校思想政治教育课程体系［J］．中国高等教育，2017（1）：43－46.

② 邱开金．从思政课程到课程思政，路该怎样走［N］．中国教育报．2017－03－21（10）．

③ 丁义浩．“课程思政”建设须打破三个误区［N］．光明日报．2020－01－13（2）．

④ 胡洪彬．课程思政：从理论基础到制度构建［J］．重庆高教研究，2019（1）：1－8.

⑤ 张诗雨，刘珮心，谢浩玲，等．“隐性思政教育”理念下的“沉浸式”课程思政教学改革：以“大学英语”为例［J］．改革与开放，2019（20）：105－107.

渗透与浸润，不现其形、不发其声、不露其痕[①]。问题的关键是，在英语教学中究竟怎么做才能避免“贴标签”“两张皮”式的生搬硬套，自然融入思政元素？

有关英语隐性育人教学实践的研究不多。刘正光等人提出，将英语语言能力、主题内容建构、思维能力培养有机融合，将课前预习、课堂教学、课后作业、课程考核等环节融为一体；通过核心价值观聚焦与探讨、单元主题研讨、核心问题辩论、主题翻译、论辩写作、项目研究等方式，使学生体验深度学习过程，从而把外语学习活动置于有意义的、真实的交流中，实现隐性导入、显性提升的教学目标[②]。

综上所述，笔者认为，与思想政治教育的主渠道相比，大学英语课程中的思想政治教育元素是隐性的，有待教师将课程中隐含的政治认同、家国情怀、道德修养、文化素养、法治意识等方面的元素显性化。由于大学英语课程的主要教学活动是围绕语言材料的理解和表达进行的，而非进行系统的思想政治理论讲授，因此从这一点来说，英语课上的思想政治教育是隐性的。但毕竟，课程的育人目标是明确的，是显性的。当英语教师把某个文化现象、价值观念当作语言交际的核心内容，组织课堂的讨论、辩论、分析和评价活动时，由于要培养学生正确的世界观、人生观和价值观，需要面对思想碰撞，亮明观点，因此课堂教育活动也应该是显性的。对此笔者认为，所谓隐性教育，更多是指思想政治教育元素用于语言交际场景和任务时的自然性，避免刻意插入和硬广告式的教育，使学习者通过完成语言交际任务，内化知识、观念，自觉自愿地使思政元素成为自己知识、能力和素养的一部分。

4.3.2 教学方法

明确了目标之后，要采用恰当的教学方法才能达成目标，开展好英语课程思政需要教师进行教学方法创新。研究者推崇的教学方法大致可以分为五类：比较式、思辨式、问题导向式、案例式、混合式。

---

① 张敬源，王娜．外语“课程思政”建设：内涵、原则与路径探析［J］．中国外语，2020，17（5）：15－20，29.

② 刘正光，钟玲俐，任远．落实新《指南》，对接“立德树人”新需求：“新目标大学英语”《综合教程》修订的理念与特色［J］．外语界，2021（2）：25－30.

倡导比较式教学的人认为，外语教学经常面临文化多样性、信息复杂性等问题，文化的比较与探究是大学英语学习与课程思政的契合点，英语教学中要使学生不盲从西方文化，使目的语文化同母语文化平等对话，既培养学生在比较的基础上批判地看待西方文化，又培养学生从更广大的视域审视、理解和认同母语文化①。通过为学生详细讲解我国与别国文化的区别和联系，训练学生面对不同文化时的思辨能力，培养学生秉持尊重的态度看待多元文化，以宽广的胸襟面对不同理念②。此外，在外语专业讲授外国历史、文化、国情知识的同时，应引入同一时期我国思想文化精髓的介绍，使学生既能感受文化之间的内在联系，又能感受中华文化的独特魅力，从而增强民族文化自信，深化思想认知③，同时要培养学生使用外语介绍中国文化、讲好中国故事的能力。

另有研究者根据大学生的思维特点，认为思辨式英语教学更适合大学生群体。例如，孙有中认为大学生具备更多的知识和更独立的判断，不容易受外部说教的影响，这决定了大学生的思政教育应该更多寓教于理，也就是通过知识学习和理性思辨进行融入式熏陶，而这也正是课程思政的要义④。在具体实施方法上，梅强建议在设计大学英语课程思政的教学课堂时，从社会现实问题着手，锁定社会主义核心价值观的12个主题词“富强、民主、文明、和谐、自由、平等、公正、法治、爱国、敬业、诚信、友善”和4项中国核心文化价值观“责任先于自由、义务先于权利、群体高于个人、和谐高于冲突”来设定现实问题清单，并围绕这些现实问题组织主干教材内容、补充语言素材，按照“发现问题—分析问题—解决问题”模式协调安排语言教学、文化教学和思维教学⑤。其目的是改变大学英语以灌输式为主的传统教学方法，鼓励、敦促教

① 叶俊，盘华．“四个自信”视域下大学英语课程思政功能的实现路径［J］．学校党建与思想教育，2020（20）：45－46，49.

② 崔国鑫．高校外语专业课程思政建设思考与探索［J］．国家教育行政学院学报，2020（10）：37－42，77.

③ 刘坤，徐常兰．课程思政视角下大学英语教学的问题与改进［J］．中学政治教学参考，2021（23）：99.

④ 孙有中．课程思政视角下的高校外语教材设计［J］．外语电化教学，2020（6）：46－51.

⑤ 梅强．以点引线　以线带面：高校两类全覆盖课程思政探索与实践［J］．中国大学教学，2018（9）：20－22，59.

师采用思辨式讨论（以理性消除意见分歧为目的的论辩互动）的方式组织课堂英语教学，引导学生以口头和书面的形式使用英语描述问题、分析问题、表达立场、陈述理由，在培养学生语言应用能力和思辨能力的同时，润物无声地实现思政教育目标。

实施问题导向式教学与思辨式教学有异曲同工之效。黄国文认为，要使学生提高判断力和批判思维能力，教会他们采用“问题导向”视角，学会发现问题、分析问题、研究问题和解决问题；教会学生从语言的角度考虑问题，引领学生从意识形态、价值观视角去处理所听到和看到的内容，帮助他们学会正面地、正能量地表达观点和陈述事情；采用问题驱动式的教与学，提倡深入讨论，提升思维品质；通过问题，培育求真精神①。

案例式教学的倡导者认为，高校教师要以问题为导向，用鲜活的案例回应学生在学习生活中的现实困惑，训练学生的思维方法和思维能力，这就要求大学英语教师要从研究的角度来提升教学水平，在教学与研究相结合的过程中，不断增强创新意识②。除了案例之外，也有人提出“讲故事”是一种有效融入价值观交流和语言使用互动的良好形式。蒙岚认为，与课文主题内容相关的，能拓宽视野、打开思路的真人真事最能提起学生的兴趣，引起情感共鸣，从而加深学生对教学内容的理解③。学生愿意与同伴分享故事，希望被倾听，也愿意倾听他人的故事。无论是采用案例分析还是讲故事的教学方式，都应以学生为中心，采用易被学生接受的方式，从而达到良好的育人效果。

混合式教学法主要是指“线上”和“线下”结合，充分利用教育技术开展英语课程思政。例如，蒋婷婷、陈红美详细描述了混合式课程思政教学方法：课前教师深入分析、挖掘单元课文中蕴含的思政教育元素，并与网络主题相关思政教育资源整合，在网络教学平台上创建包括文本、ppt、音频、视频等多种形式在内的思政教育资料库，供学生课前自主学习；搭建大学英语教学微信群、QQ 群和自主学习平台等，引导学生完成课前自主学习、开展学习讨论交流，激发学生的学习热情。课上，教师借助自主学习平台的评论和反馈功

---

① 黄国文．思政视角下的英语教材分析［J］．中国外语，2020，17（5）：21－29.

② 柯璇，卢军坪．“课程思政”背景下大学英语教师职业发展路径［J］．科教文汇（下旬刊），2018（12）：19－21.

③ 蒙岚．混合式教学模式下大学英语课程思政路径［J］．社会科学家，2020（12）：136－141.

能，进一步了解学生的思想动态，将说教式的思政教育转变为朋友式的沟通；同时开展有效的线下课堂互动，通过课堂讨论、项目开展、小组汇报、角色扮演等多种教学活动，使学生扩展知识面，更新观念，既鼓励学生独立思考，又鼓励他们参与小组协同合作，培养团队精神。课后，教师可以在网上发布学习任务，促进思政内容的迁移，从而促使学生对思政内容进行反思、巩固、内化和拓展，最终全面提升自身的思想政治素养①。

综上所述，不同的教学方法各有所长，服务于不同的教学目标和教学内容。在英语课程思政教学中，应根据学生特点设立教学目标，选取合适的思政元素，灵活采用多种教学方法。正如《大学英语教学指南》（2020 版）指出，大学英语课程教学可以采用任务式、合作式、项目式、探究式等教学方法，贯彻“以学生为中心”的教育理念，使教学活动实现由“教”向“学”的转变；引导和帮助学生掌握学习策略，学会学习、学会反思；鼓励学生参与和体验英语学习团队活动；鼓励学生结合英语学习内容关注社会热点问题、社会发展趋势以及国家发展战略。

笔者认为，虽然英语课程思政是新事物，但经典语言教学方法仍然适用，如交际法、任务型教学法等。在信息技术广泛应用的时代，还应充分利用多媒体，利用先进的教学设施，开展以学生为中心的翻转课堂教学，实施“主题驱动 + 问题导向 + 学生产出”的三位一体创新教学模式，实现全过程育人，包括：课前通过翻转课堂实现主题驱动下的语言和案例输入，通过网络平台提供领导人最新讲话、热点时事、中国故事、中国文化案例素材等，建立知识储备。课堂教学则可以实施问题导向下的合作探究式教学。灵活运用网络技术支持下的智慧教室软硬件设备，以小组为单位，围绕挑战性问题，采用 demo（演示）、presentation（陈述）、role play（角色扮演）、drama（戏剧）、debate（辩论）等多种互动方式，分析问题，解决问题，陈述观点，碰撞思维，从而锤炼高阶思维能力，内化价值观培养。

① 陈红美．大学英语“课程思政”教学模式探索与实践［J］．智库时代，2018（51）：17，19；蒋婷婷．基于混合式教学的大学英语“课程思政”模式建构［J］．丽水学院学报，2019（6）：121 – 124.

4.4 课外任务与活动

党中央明确提出要将思想政治工作贯穿高校教育教学全过程，将思想价值引领贯穿高校教育教学各环节。众多研究者也认为，课程思政要重视人、环境、教育的相互影响，实现三者的协调配合，实现课堂内外、校园内外的协同。这些协同需要有效构建育人同心圆，在校内做好第一课堂、第二课堂的联动，有效发挥文化育人、实践育人、管理育人的力量，做好师生互动，实现全员育人、齐抓共管。同时，将课堂向校外拓展，打通课内课外、校内校外和线上线下的“立交桥”，实现思想引领在校内外全域贯穿①。

一些研究者基于欧美国家的隐性思想政治教育实践，提出了一些值得学习借鉴的经验。英美的价值观教育突出强调其实践化和社会化②，不仅将价值观渗透到各门学科中，而且将其融入学生校内校外生活的各个方面。例如，美国大学在长期的价值观教育实践中，逐步探索并形成了课程教学、课外实践、校园文化三种价值观教育路径③。研究者认为，思想政治问题的思辨和讨论能唤起学生参与政治生活的意愿，使道德认识生根落地，真实的体验则会推动价值观念根深蒂固于学生意识中④。

大学英语教学研究领域对此话题也有呼应。刘建达认为，大学英语课程思政应以学生为中心，让学生不仅在课堂上学会有关的知识，而且在课后付诸实践，注重学思结合，知行统一⑤。张敬源和王娜在探讨课程思政教学任务设计时，把教学任务分为理解、信奉和践行三个层次，由易到难，逐级递进，互为支撑⑥。他们认为，“理解”是基础，强调教学任务设计应促使学生通过语言学习与任务活动掌握核心价值观的要义，能够就核心价值观进行正确的言说表

---

① 邱伟光．课程思政的价值意蕴与生成路径［J］．思想理论教育，2017（7）：10－14.

② 宁莹莹．现实指向的英国价值观教育：背景、内容和实施［J］．福建教育学院学报，2019，20（2）：1－4，11，129.

③ 任志锋．21世纪以来美国价值观教育变革论析［J］．社会主义核心价值观研究，2018，4（2）：72－82.

④ 陈冲，汪海涵．我国高校推进“课程思政”的着力点研究：兼论美国高校隐性政治教育的启示［J］．当代教育科学，2019（9）：88－92.

⑤ 刘建达．课程思政背景下的大学外语课程改革［J］．外语电化教学，2020（6）：38－42.

⑥ 张敬源，王娜．基于价值塑造的外语课程思政教学任务设计：以《新时代明德大学英语综合教程2》为例［J］．中国外语，2021，18（2）：33－38.

达；“信奉”是高阶目标，强调任务设计应激发学生在理解价值观核心要义的基础上开展价值思辨、判断与选择，使核心价值观内化于心，成为学生价值体系的核心；“践行”则是更高层阶的目标，注重通过任务设计创设真实的交际情境，引导学生以言成事，使价值观内化于心，外化于行，通过改变自身行为积极影响他人，自觉践行社会主义核心价值观。在笔者看来，践行社会主义核心价值观不可能仅仅通过课堂教学任务就得以实现，而是需要课内外联动甚至校内外联动才能实现。大学英语教师也可以借助第二课堂，把语言学习、学生的兴趣爱好和思想政治教育结合起来，通过开展丰富多彩的校园文化活动，推动学生践行思想道德、价值观念和行为规范，正如谢幼如等人提出的，要深化学校和社会的协同育人作用①。大学英语教师应结合课程思政实施要求，积极利用育廉馆、博物馆、科技馆、人文馆和生态园等实践基地，组织学生参加各种有意义的社会实践，通过加强各类实践基地的应用，以深化育人效果。

综上所述，从课程教学来讲，大学英语教师可以在课外的三个方面发挥作用：①课程的延伸教学。将网络课堂和社会实践作为课堂教学的有力延伸，提高综合语言运用能力，以实践夯实课堂育人效果。课后组织线上（如微信、超星慕课平台和腾讯会议等）讨论，对讨论发言进行点评并予以积极正面的鼓励和支持，促使学生内化价值观。②组织学科竞赛。组织线上、线下的翻译、演讲比赛，如“我的中国故事”竞赛等，给学生提供一个用英语传播中国声音、中国文化的舞台，在激励语言应用、创造良好校园文化氛围的同时，推动学生践行社会主义核心价值观。③通过校企合作，实现实践育全人。大学英语教师可以通过亲身参与社会服务，推动实践基地建设，引导学生参与企事业单位的语言和文化服务活动，为他们提供创造社会价值的机会，使价值观外化于形。这样，通过课堂课外、线上线下、过程结果统筹兼顾，协同作用，切实落实德才兼备的全人培养目标。

结合本书 4.3 部分和本部分的讨论，笔者建议采取的英语课程思政教学模式如图 4.3 所示。

---

① 谢幼如，邱艺，黄瑜玲，等. 智能时代高校课程思政的设计理论与方法［J］. 电化教育研究，2021，42（4）：76－84.

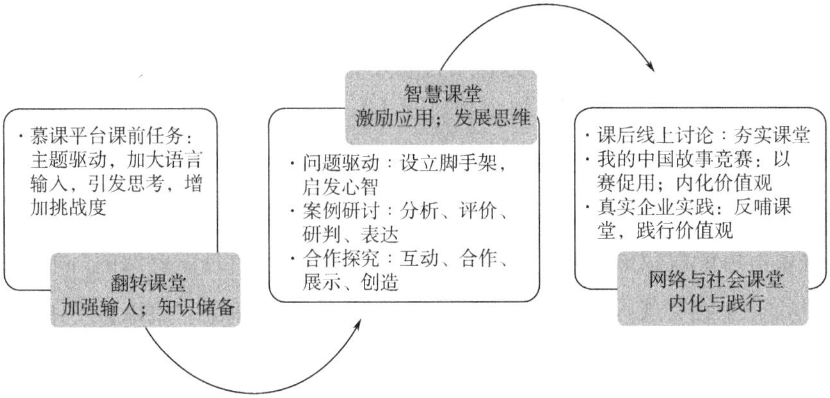

图 4.3　英语课程思政教学模式

4.5　小结

本章中，笔者在已有文献的基础上，分析了影响大学英语课程思政实施效果的主要因素。先从教师入手，分析英语教师在课程思政改革中面临的问题和挑战。这些问题包括教师自身的思想政治理论水平不高、教改动力和意愿不足、对课程思政内涵认识不到位以及课程思政能力不足等。在此基础上，从课程思政教学过程入手，探讨了教师课程思政能力的构成要素，并提出教师不仅需要具备学科知识和思想政治理论知识，而且要具备思政元素挖掘能力、课堂思政元素融入能力、课后学习效果评价能力等。本章还分析了教师能力提升的途径。这些途径既包括教师自我理论修养和思想觉悟的提升，也包括从学校和集体层面推动教师参加课程思政系列的进修、教研和培训，以不断提高大学英语教师课程思政能力。

随后，笔者分析了研究者对课程思政教学目标的论述后发现，大多数研究者认同在英语教学目标表述中单独设置具体的“价值观”或“文化育人”目标。基于思想政治教育在语言交际能力框架中的“交际意义”地位，笔者认为可不单独设置价值观目标，而是可以将思想政治教育目标融入“知识”、“能力”和“素养”的表述中，从而体现育人与语言能力提升的融合。

接下来，笔者对课程思政教学方法进行了分析，并提出采用混合式教学模式的设想。从文献中可见，研究者普遍推崇的教学方法大致可以分为比较式、思辨式、问题导向式、案例式、混合式五类，这些教学方法都是服务于一定的教学目标和内容的，不能脱离具体场景来评价其优劣。教学方法的采用离不开对学习者特点的分析，因此基于学习者中心的理念，采取适合他们的多种教学方法，构建能保证课程思政实施效果的教学模式是当务之急。为此，笔者提出了混合式教学模式的设想，包括充分利用信息技术，实施线上线下混合式教学，实施翻转课堂教学；丰富课外延伸活动，深化产教融合模式和校企合作，实现实践育全人；建立多元评价体系，提升课程思政育人效果。关于如何实施多元评价，笔者将在第5章中予以具体阐述。这一混合式教学模式倡导三点：一是在课前要把握时代脉搏，根据教材系统深入挖掘课程思政元素，优化教学内容；以习近平中国特色社会主义思想为蓝本，设置显性育人目标；结合学情，以典型人物、典型事件和典型案例等为素材，以真实问题引导学生进行中西对比，分析问题和解决问题；注重培养学生的爱国主义情怀、时代责任和专业使命，强化英语沟通能力和讲好中国故事的对外文化传播能力。二是“主题驱动 + 问题导向 + 学生产出”三位一体，主题驱动可使“知识传授”和“价值引领”有效连接，将政治认同、家国情怀、传统文化、法治意识、道德修养等融入学生语言能力提升过程；从身边的事、新闻时事、社会热点等出发，以问题为导向，引导学生思考、思辨；指导学生分组围绕主题开展研究、调查和课堂展示，以培养其应用能力，塑造正确的“三观”。三是校企合作贯穿育才全过程。发挥合作企事业单位在学生语言服务、“我的中国故事”学科竞赛等方面的作用。以“我的中国故事”竞赛为例，这类活动既能检测课程思政教学效果，又能促使学生增强英语应用，增强价值观的践行度。

❺ 大学英语课程思政教学效果评价

自教育部倡导实施课程思政以来，全国高校都在就如何有效实施课程思政进行理论和实践探索。学界已发表了大量有关课程思政的著述，但涉及课程思政实施效果、课程思政建设质量评价体系方面的研究相对较少①，尚未形成系统的评价指标。教育教学质量评价是整个教育流程和运行系统中构成闭环的重要环节，很多学者认可课程思政质量评价的重要性，但也认为课程思政教学效果评价的难度较大。

正确评价课程思政教学效果，是课程思政实施成功与否的重要保证②。建立课程思政评价体系，能够使课程思政教学工作有章可循③，推动课程思政的规范化教学，推动建立有效可靠的教学反馈方式与渠道，推动形成课程思政教学过程闭环，推动激发课程思政的内生性改革，从而提升课程思政教学质量与成效。本章基于教学质量评价、大学英语教学评测相关文献，探讨大学英语课程思政教学效果评价的原则和方法。

5.1 课程思政效果评价的原则与内容

在中国知网以“课程思政”“评估”“评价”等主题词查询，仅有文献90余篇，大多研究或仅做学理讨论，或专注于某门课程实践，可推广、可实际操作、成体系的评价研究相对较少。

5.1.1 评价原则

有关评价原则的探讨较为充分。陆道坤认为，课程思政评价应注重定性评

---

① 宋素娟．课程思政教学有效性评价文献述评［J］．科学咨询（科技·管理），2021（7）：91－92.

② 王慧，张芸香，郭晋平．形成性考核在“课程思政”教学效果评价中的应用研究：以高校《城市生态学》课程为例［J］．高教学刊，2020（29）：178－180.

③ 王岳喜．论高校课程思政评价体系的构建［J］．思想理论教育导刊，2020（10）：125－130.

价、过程性档案搜集，用好评价结果①。他提出，课程思政评价既要充分汲取课程评价、教学评价、大学生德育评价、学业评价的有益因子，又要兼顾课程思政（包括存在形式、实施方式、成果表达等方面）的特殊性。课程思政评价设计必须“坚持学生中心、产出导向”，评价结果必须运用于提升学生的课程学习体验、学习效果。沈丽巍从教育生态学的视角提出，高校课程思政效果的评价是综合性的，应遵循整体共生、客观平衡和复杂多样的原则，把影响课程思政教学效果和目标的客观要素视为一个整体，并且注意它们之间的相互影响和作用；既要注意各要素之间始终处在动态平衡之中，也要注意教育教学活动所处的背景等带来的诸多影响②。

李爱华和孙晓艳认为，新时代我国高校课程思政标准化评价体系建设正面临三大重要转型：一是从单一化的评价体系转向“多元评价”体系；二是从结果评价转向“过程评价”制度；三是从行政化的评价转向现代“系统评价”模式③。王岳喜认为，课程思政评价体系的构建应遵循量化评价和质性评价相结合、形成性和总结性评价相结合、诊断性评价和发展性评价相结合这三项原则④。谭红岩等人也提出，评价指标体系应充分考虑教师的主体性、学生的体验性、贯穿全过程和发展性四个原则⑤。上述研究涉及评价主体、评价方式和评价功能。笔者认为，评价主体和评价方式可以是多元的，评价不只是单纯为了衡量课程思政的实施情况，而是还要看其对学习主体是否具有正向促进作用。

5.1.2 评价内容

基于不同的目的，课程思政评价的内容和对象也不同。有学者认为课程思政已经超出课程层面，是教学体系、课堂教学、教师队伍建设、质量评价、组织保障的系统性工程。与之相应，评估指标体系也要对应不同建设内容，体现

① 陆道坤．课程思政评价的设计与实施［J］．思想理论教育，2021（3）：25－31.

② 沈丽巍．教育生态学视角下高校“课程思政”教学评价体系的构建［J］．佳木斯大学社会科学学报，2020，38（4）：205－207.

③ 李爱华，孙晓艳．高校“课程思政”标准化评价体系建设的问题与对策［J］．科教导刊（下旬刊），2020（33）：81－82.

④ 王岳喜．论高校课程思政评价体系的构建［J］．思想理论教育导刊，2020（10）：125－130.

⑤ 谭红岩，郭源源，王娟娟．高校课程思政评估指标体系的构建与改进［J］．教师教育研究，2020，32（5）：11－15.

差异性要求，并针对这些内容建立具体指标，从而形成指标体系。这里所说的评价，是针对课程思政整体实施情况进行的，是对课程思政是否开展，如何开展，开展过程中效果如何而进行的评估①，因此是多部门、多环节、全过程的评价，实施起来也比较复杂。

陆道坤提出了指向专业（学科）课程思政群和具体课程的评价②。他认为，前者是站在学科或专业的角度，评价课程群的内在逻辑、层次和关联性，评价课程思政与思政课程的协同程度；后者以课程为单元进行课程思政评价，主要从课程的设计、组织、实施、资源、效果等方面入手，其参照系是课程思政建设相关要求，包括课程思政教学目标设计、思想政治教育元素挖掘与呈现（内容供给）、教学组织形式、教学材料与资源开发、围绕课程思政进行的教师素质提升（教学团队建设）及教学研究等。这种观点主要侧重观测教育教学实施者及其组织的教学活动是否科学合理、符合学情，以及教育教学目标可否、能否达成，并对教师素养及能力发展提供反馈。

在谈及课程思政教学效果评价时，众多学者认为教学效果的评价难度之所以较高，主要原因在于课程思政的教育成效主要体现为学生价值观念的转变程度，而这缺乏比较有效的衡量标准和方式③。譬如学生的学习满意度、获得感、学生成长成人成才的成效、专业知识掌握情况以及“四个自信”是否有所增强等，这些衡量课程是否成功的指标都应该纳入课程思政评估体系，综合运用定量及定性的方法进行“有图有真相”的评价，以此检验课程思政的育人成效④。

研究者认为，学生是教育的主体，是知识、技能、素质的习得者，基于对学生评价的分析，可以从教学方法、材料使用、情境创设、学生主动性的调动等方面对教学进行反思，以形成相应的改进措施和方案，提升教学效能⑤。因

① 许耀元．高校课程思政教学评价体系构建［J］．智库时代，2020（3）：209－211.

② 陆道坤．课程思政评价的设计与实施［J］．思想理论教育，2021（3）：25－31.

③ 齐砚奎．全课程育人背景下高校课程思政建设的理论思考［J］．黑龙江高教研究，2020，38（1）：124－127.

④ 鄢显俊．论高校“课程思政”的“思政元素”、实践误区及教育评估［J］．思想教育研究，2020（2）：88－92.

⑤ 陆道坤．课程思政推行中若干核心问题及解决思路：基于专业课程思政的探讨［J］．思想理论教育，2018（3）：64－69.

此研究者提出从观察学生的状态和表现来评价课程思政的效果。例如，陈磊等人提出，可以通过三个方面来评价课程思政效果是否达成：一是观察学生上课状态，如果学生在课堂上不乐学、不愿学，则课程思政的实施效果必然也不尽如人意。二是检查学生作业质量，从中观察学生的态度、情感、价值观等。三是开展问卷调查，紧密围绕大学生对社会主义核心价值观的认知、对社会主义核心价值观的个人态度、对践行社会主义核心价值观的价值与意义的理解，动态监测大学生对社会主义核心价值观认同态度的发展倾向[①]。这些建议既涉及评价内容也涉及评价方法，具有一定的可操作性。

5.2 评价方法

5.2.1 他人视角的教师与教学评价

由于评价目的、评价原则和评价内容不同，研究者提出的评价方法也不尽相同。雷晶晶提到一个宏观的全程性的评价方式——CIPP 评价模式，主要包括背景评价（context evaluation）、输入评价（input evaluation）、过程评价（process evaluation）和成果评价（product Evaluation）四种评价[②]。其中，背景评价是指在特定环境下评定其需求、问题、资源和机会，也可称之为诊断性评价。输入评价是在背景评价的基础上，对达到目标所需的条件、资源以及各备选方案的相对优点所进行的评价，是对方案的可行性和效用性进行评价。过程评价是在方案实施过程中进行连续不断的监督、检查和反馈，是高效性的评价。结果评价是对目标达到程度所开展的评价，包括：测量、判断、解释方案的成就，确证需要满足的程度等。

具体到课程思政教学的评价，陆道坤提出自评和他评两种模式：自评既可基于单次课堂教学，又可基于课程教学全过程；他评则可分为组织层面评价（可委托第三方）、同行评价、学生评价，具体方法有课程思政教学档案查阅法、问卷调查法、（教师、学生）座谈会、教学观察法等[③]。他评采取第三方

① 陈磊，沈扬，黄波．课程思政建设的价值方向、现实困境及其实践超越［J］．学校党建与思想教育，2020（14）：51－53．

② 雷晶晶．基于 CIPP 的行业院校研究生课程思政评价指标体系研究［J］．创新创业理论研究与实践，2020，3（23）：147－149．

③ 陆道坤．课程思政评价的设计与实施［J］．思想理论教育，2021（3）：25－31．

视角，可采取“文本评价 + 教学观察 + 客户评价”模式。其中文本评价是对教师的课堂教学设计（教案）、材料与思想政治教育问题的开发（深度和难度）、成果（如学生作业或课堂记录）、教学反思等在内的系统评价，凸显了对教学内在逻辑尤其是教学目标实现程度以及影响因素的关注。教学观察对文本评价进行补足，主要关注教学过程动态。主要观察点包括思想政治教育元素的融入方式与程度、师生互动、学生表现（如兴趣激发与主体调动程度）、参与度、课堂教学管理（如教师的评价与反馈）、教学方法的适切性及创新性、教师的课程思政教学素养等。客户评价则从学生的体验感和获得感角度，对课程思政教学进行评价。主要观察点为学生思想政治素养各维度发展（获得感）、思想政治教育元素设置的挑战度、对课堂教学中兴趣激发及主体性调动程度（体验感）、教学材料与资源支持、教师教学素养、材料与教学资源支持等。文本评价、教学观察、客户评价三者有机结合，实现了对课程思政教学过程全貌的科学评价。虽然这两个研究提出的评价模式不同，但都属于全过程性评价，包含了对教学主体和客体的全方位审视，尤其是对评价要素和方法的论述，对实施英语课程思政效果评价具有很好的借鉴意义。

不少研究者试图用具体的指标和量表对教师的课程思政教学实施过程进行评价。例如，雷晶晶探讨了课堂教学评价的具体指标，她把该指标分为课程建设、课程设计两个二级指标，并以教学内容、教学目标与教学方法为三级指标①。沈丽巍则认为，评价教师的课堂教学设计，要关注课程思政的知识点的设置、授课效果的自我总结，成败得失的反思等②。陆道坤认为，无论是对单次课程的评价，还是对整体课程进行评价，都可以遵循下列评价标准：课程思政目标可实现和可评价程度，是否以及多大程度上符合学情，是否符合专业课程思政群的要求（逻辑），课程思政元素挖掘与提炼的科学程度，课程思政内容供给是否合理（是否符合学生需求），课程思政教学组织形式的适切性，课程思政实施方法与模式的科学性，等等。如果从指标体系的角度来看，他至少

① 雷晶晶．基于 CIPP 的行业院校研究生课程思政评价指标体系研究［J］．创新创业理论研究与实践，2020，3（23）：147－149.

② 沈丽巍．教育生态学视角下高校“课程思政”教学评价体系的构建［J］．佳木斯大学社会科学学报，2020，38（4）：205－207.

提出了教学目标、思政元素挖掘、教学内容、教学方法等几个具体评价指标。另外，还有研究者设计了同行评价量表，例如，李文忠和赵博文设计的同行评价表由四个评价指标内容构成，分别是教学态度与教学准备、教学内容与教学表述、教学方法与教学手段、课堂管理与教学效果①。从这些研究可见，从他人视角对教师和教学过程进行的评价，应以教学全过程、各环节为观察点，设置具体的客观指标，这样才能对教学效果进行客观评价。如果有些指标容易出现解读不同的情况，也就是主观判断性较强，那就需要进一步细化观测点。

5.2.2 对学习者的评价

有不少研究从学生角度探索课程思政的评价方法，当然很多研究者都认为课程思政的效果很难考量。这些研究也可再分为两类：一是从学生视角评价教师实施课程思政的适切性；二是观测学生在课程思政实施后的成长情况。

第一类研究认为，可以采用主观性评价和量化问卷的形式，获取学生对教师和课程的评价。由于课程思政教学对不同思想觉悟、认知水平、性格习惯、生活背景的学生影响不同，因此可收集学生对课程的描述性评价和反馈并从中获取对教师在课程思政教学中的优缺点和效果评价。问卷调查则是常用的量化教学评价方式，可以针对学生感受、理解、认可和接受课程思政内容等方面进行匿名调查，对教师教学效果进行分析②。

第二类研究提出，可从学生身上选择课程思政实效的众多观测点，例如学生对思政元素的认知、学生思想发展、学生行为、学生对思政元素的运用能力、学生的政治素质和思想道德素质的提高、学生对专业学习的态度和成绩变化等。针对这些观测点，研究者也提出了不同的评价方法，包括定性评价与定量（态度测量）评价③，即刚性指标与柔性指标的结合。定性方法主要有学生思想政治素养发展档案袋评价法，内容包括与课程思政有关的轶事记录、小论文、课堂（观察）记录、个别交流记录、访谈等。定量方法通常有纸笔测试、问卷调查法等。研究者认为，教师可以在专业课程的过程性考核（如课堂汇

---

① 李文忠，赵博文．课程思政课程同行教师评价表设计研究［J］．才智，2019（36）：66.

② 杜震宇，张美玲，乔芳．理工科课程思政的教学评价原则、标准与操作策略［J］．思想理论教育，2020（7）：70－74.

③ 朱平．高校课程思政的动力激励与质量评价［J］．思想理论教育，2020（10）：23－27.

报、课后作业、教学讨论等）和终结性考核（期中、期末测试）中，将思政元素巧妙融入作业或考题，提问要具体、明确，尽量提出情境性、选择性问题，从而评价课程思政教学的有效性①。陈雪贞还提议，在课程开展前通过测验和问卷调查评定学生的学习成绩、品格修养和心理发展起始水平；课程结束后再次进行测验和问卷调查，以评定学生在这三个方面所达到的水平，并将二者进行对比，从而评价课程思政教学效果②。

5.2.3 教学主体的反思性评价

教师和学生作为课程思政教学的两大主体，是整个教育过程的亲历者，他们对教学过程的反思是一种新的评价方式。虽然目前有关课程思政评价的研究并未提出“反思性评价”这一概念和方法，但我们可以从教育心理学领域的研究成果中了解其重要性。美国教育心理学家波斯纳提出了教师成长的公式：经验 + 反思 = 成长。教师的发展离不开反思能力的提升③。通常教师可以通过对教学过程和教学理念的反思，不断改善教学。教师可以撰写教学日志、教学随笔、反思性日记等，撰写授课心得体会，表达自己对问题的看法，通过对自我的教学实践进行批判性分析，淘汰不良行为，从而实现教育行为的优化④。

在专业课程思政的教学实施过程中，有研究者建议可以通过教师自查来评价思政效果。例如，谭红岩等人提出了教师自查指标体系，包括课程思政目标在教学大纲中的适切性、课程思政与专业教学内容融合的自然性、教学方法与教学内容的匹配度以及教师的评估意识和教学反思意识等⑤。

近年来，学生的反思性评价成为一种新的评价方式，对它的研究致力于将“计划—监控—反思”这一元认知过程和策略引入学生的创造性实践活动，关

---

① 张晓荣．英语教师开展反思性教学的几点思考［J］．英语广场，2021（36）：97－99.

② 陈雪贞．最优化理论视角下大学英语课程思政的教学实现［J］．中国大学教学，2019（10）：45－48.

③ 陈雪贞．最优化理论视角下大学英语课程思政的教学实现［J］．中国大学教学，2019（10）：45－48.

④ 张润玲，王晓辉．多元化反思性评价促进教师行为有效性的研究［J］．天津市教科院学报，2016（6）：88－90.

⑤ 谭红岩，郭源源，王娟娟．高校课程思政评估指标体系的构建与改进［J］．教师教育研究，2020，32（5）：11－15.

注学生在评价过程中的主体地位与主动性的发挥，对学生的学习过程和结果进行持续不断的协同监控与反思①。在课程思政效果评价方面，研究者也指出了学生的主体地位，认为受教育者不是被动的受众，而是与教育者具有平等人格且有主观意愿的个体，没有他们的主动参与和反馈评价，也就没有思想政治教育的进步和发展，因此以平等的态度去对待受教育者，尊重他们的个性，关注他们的需要，这些都应该成为思想政治教育的必然要求②。尽管目前针对学生如何实施反思性评价的研究很少，但仍有一些有益的建议。例如，陈雪贞建议在每个单元的读书报告中，要求学生从语言和思想两个方面记录在本单元学到了什么，由此评价学生在思想培养方面的进步③。丁凤等人提出，让学生写下自己作为一个社会人、大学生及英语专业学生三个方面的成长目标，然后定期写反思报告④。

5.3 英语课程思政效果评价

应如何对大学英语课程思政的实施效果进行评价？如何对学生的学习效果进行评价？从知网的文献数量来看，目前这方面的研究很少。正如刘建达所言，现在尚未有一个体系较为完整的外语课程思政评价标准，全面、客观、准确测评外语课程思政效果的方法有待探索⑤。下文对这方面的研究现状进行简要分析。

5.3.1 英语课程思政教学评价研究现状

现有研究大多针对学生学习效果评价进行讨论，而非宏观的英语课程思政实施效果。许多研究者认为，英语课程思政的评价方式和内容与以往的外语课程有所不同，甚至是一种具有很强创新要求的评价方式。外语学习评价涉及评

① 杨玉芹. 反思性评价在协同知识创新能力培养中的应用研究［J］. 中国电化教育，2018（1）：42－49.

② 王立仁，钟建峰，张小秋. 学生思想政治教育体系的规划与构建［J］. 长春工业大学学报（社会科学版），2013，25（1）：147－150.

③ 陈雪贞. 最优化理论视角下大学英语课程思政的教学实现［J］. 中国大学教学，2019（10）：45－48.

④ 丁凤，王蕴峰，欧阳护华，等. 全人教育理念下的课程思政：以“交际英语”课程为例［J］. 中国外语，2021，18（2）：91－96.

⑤ 刘建达. 课程思政背景下的大学外语课程改革［J］. 外语电化教学，2020（6）：38－42.

价内容（评什么）、评价方式（怎样评）和评价主体（谁来评）三个方面[①]。

在评价内容方面，研究者认为应突破语言能力这个单一评价维度，不仅要注重学生语言交际和运用能力的发展，而且要向人文素养、社会责任感等多维度延伸，增加对语言形式所蕴含的思想性、内容性、价值观、态度等评价维度，以检验思政育人的成效[②]。对此文秋芳提供了具体操作方法[③]，如在测试中设计有价值导向的测试题，充分发挥测试内容的思政功能；命题人要对考试或评价内容进行深入分析，精准捕捉育人元素，然后巧妙地设计考题，让学生对阅读材料和听力材料的价值导向进行解读，以帮助学生提高政治意识和道德意识（如在阅读理解题中，要求学生对作者观点进行分析评价）。韩玲则提出，应在考试中增加体现中华文化内容和跨文化语用能力的考查，以发挥测试的反拨作用，有效调动师生在英语教学中传授和学习母语文化的积极性[④]。

就评价方式而言，研究者引用《教育部关于深化本科教育教学改革全面提高人才培养质量的意见》，倡导过程性考核与结果性考核有机结合，兼顾学生的学习态度、进步速度和学习结果[⑤]。伍醒、顾建民认为，学生的精神成长以及价值观培育具有主观性和内隐性的特点，片面推崇“唯量化”评价，可能会使那些难以量化的内容无法进入评价范围，应综合运用客观量化评价与主观效度检验，以及过程性评价与终结性评价等多样的评价方式，细化学生学习效果的测量[⑥]。傅荣琳提出了在大学英语课程中实施过程性评价的建议，即对学生在英语学习过程中的“德、能、勤、绩”等多方面表现进行考察，并着重考查学生在掌握英语知识等过程中是否树立了正确人生观、世界观和价值观；改变传统的英语考试中只注重对英语语言知识的考核，在笔试中增加对文化理解的考核；不再将笔试作为唯一的评价方式，而是还可以通过演讲、讨

① 文秋芳. 大学外语课程思政的内涵和实施框架［J］. 中国外语，2021，18（2）：47－52.

② 伍醒，顾建民. “课程思政”理念的历史逻辑、制度诉求与行动路向［J］. 大学教育科学，2019（3）：54－60.

③ 文秋芳. 大学外语课程思政的内涵和实施框架［J］. 中国外语，2021，18（2）：47－52.

④ 韩玲. 文化自信视阈下高职英语课程思政的四维路径［J］. 中国职业技术教育，2020（35）：65－69.

⑤ 刘建达. 课程思政背景下的大学外语课程改革［J］. 外语电化教学，2020（6）：38－42；文秋芳. 大学外语课程思政的内涵和实施框架［J］. 中国外语，2021，18（2）：47－52.

⑥ 伍醒，顾建民. “课程思政”理念的历史逻辑、制度诉求与行动路向［J］. 大学教育科学，2019（3）：54－60.

论、课本剧表演等活动来考查学生①。叶俊和盘华也提出了一些过程性考核的方式，例如，结合思政素材进行随堂测试，或书面或口头、或正式或随意，引导学生批判地看待西方文化及其政治体制，全面客观地认识当代中国，正确认识中国特色和国际比较②。

在评价主体方面，研究者认为评价主体应该多元化，实现教师评价、学生自我评价、生生交互评价等相结合，全面反映学生的学习效果，确保全方位、全过程培养有效实施。蒙岚就同伴互评方式进行了阐释，认为在故事教学活动中的同伴评价可以促成学生的行为参与、情感参与和认知参与。评价指标的设定可以实现将思政元素与课程专业内容结合，如要求学生从思辨角度对听到的故事提出问题或对同伴的故事进行讨论，从而引导学生进行深入思考③。杨华提议，从学生作品（“讲述中国”）的字里行间、学生的反思互评、活动参与程度等间接观察大学生的品德素养④。教师作为评价主体，对学生采用观察、问卷调查、访谈等形式，并通过分析学生作品的内容、用词、语气等了解学生的思想状态，从而在后续教学中予以反馈和指导。学生撰写反思日志和学习日志，采用自评和互评方式，提升文化意识和核心素养，促进文化身份认同和反思。

综合本书5.2部分和本节所述，笔者梳理了大学英语课程思政的教学评价体系，如图5.1所示。与其他专业的课程思政教学评价类似，大学英语课程思政的教学效果评价既遵循过程性和结果性评价相结合的方式，也可以采取量化评价和质性评价相结合的原则，评价既是为了发现问题，也是为了解决问题。从评价内容上看，大学英语课程思政的教学效果评价应属于教学全过程的评价，可采用多主体、多形式的多元评价方法。对教师教学的评价可采用质性方法，例如分析教学大纲、教案、教学反思等材料；观察课堂，进行访谈等。在对学生的过程性评价中可以加入学生自评、生生互评，以角色扮演、讲述故

① 傅荣琳.《大学英语》课程思政实践途径探究［J］. 才智，2018（36）：18，20.

② 叶俊，盘华.“四个自信”视域下大学英语课程思政功能的实现路径［J］. 学校党建与思想教育，2020（20）：45－46，49.

③ 蒙岚. 混合式教学模式下大学英语课程思政路径［J］. 社会科学家，2020（12）：136－141.

④ 杨华. 我国高校外语课程思政实践的探索研究：以大学生“外语讲述中国”为例［J］. 外语界，2021（2）：10－17.

事、分析案例、项目实践等多种方式，对学生的思想表现和价值观外化行为进行评价。终结性评价可以纸笔测试、口语测试等形式进行，但在试题设计时应充分注意思政元素的融入。

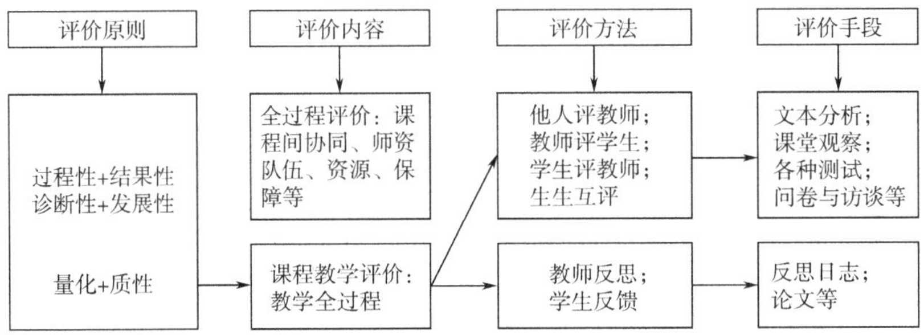

图 5.1　大学英语课程思政教学评价体系

5.3.2　大学英语课程思政教师教学评价指标

如5.3.1部分所述，由于教师是教学实施的主体，是推动课程思政实施的关键，因此制定具体的观测指标和量表，有利于科学合理地评价教学过程，预估教学效果。同时，英语课程思政是否起到了价值引领的作用，实现了铸魂育人的效果，还要看学生对教学内容和过程是否满意和接受，因此对学生层面的课程思政效果评价也是重中之重。本节着重探讨大学英语课程思政教师教学评价指标和观测量表的构建。

英语课程思政育人要贯穿教育教学全过程，因此从大学英语课程的教学目标设定、教学方法选择、教学过程实施、教学效果评价和教学后的反思等都应体现课程思政的要求。为此，将英语教师课程思政教学评价的一级指标设定为课前教学设计、课堂教学实施、课后任务组织及反思、课程测试四项；在此之下再分别设定二级指标和三级指标，如表5.1所示。

表 5.1　英语教师教学评价指标、内涵及评价手段

一级指标	二级指标	三级指标及内涵	评价手段
课前教学设计	教学目标	明确性：育人目标清晰，符合学情。 高阶性：培养学生解决复杂问题的综合能力和高级思维。 融入度：思政元素挖掘科学合理，与语言和文化知识点关联度好	文本分析：大纲、教案、课件等

续表

一级指标	二级指标	三级指标及内涵	评价手段
课前教学设计	教学内容	比例：合理设置课程思政内容所占比例。 广度：使用丰富教学案例支撑思政教学目标。 深度：思政教学素材具有一定挑战性。 先进性：把最新的政策精神或时事要闻融入教学。 可接受度：充分考虑学生语言能力和认知水平	文本分析：大纲、教案、课件等
课堂教学实施	教学方法	教学表述：讲课投入、精神饱满，有亲和力和感染力。 教学手段：充分利用现代信息化手段体现教学内容。 课堂管理：结合现实引发思考，设问有挑战性；围绕思政案例组织汇报、讨论、辩论等课堂活动；进行多次有效的师生互动；根据学情调整教学策略；调动良好的课堂氛围，引发学生思想共鸣和情感触动。 反馈评价：对学生的汇报、发言等表现进行适切评价和反馈；组织学生对课堂汇报、发言等表现进行互评	课堂观察
课后任务组织及反思	辅导	巩固内化：延伸课堂思政教学，设置巩固性和拓展性任务。 有效沟通：聆听学生观点，为学生答疑解惑；改善学生学习态度。 激励应用：引导学生学以致用，如撰写“中国故事”，参加学科竞赛和语言服务等	文本分析：课后作业、活动组织
	反思	反思行为：围绕思政教学内容、方法和效果撰写日志或心得体会，发表相关论文	文本分析：日志、总结、论文等
课程测试	命题	命题内容：将思政元素融入试题内容；题型多样，考核高阶思维能力	文本分析：试卷、作业分析
		命题方式：课堂内外、线上线下评价相结合；非标准化试题占比合理	

根据《教育部关于一流本科课程建设的实施意见》中课程建设的基本原则，在设定三级指标时，体现“两性一度”的要求。教学目标下设明确性、高阶性和融入度三个三级指标，并可以文本分析的方法，对大纲、教案和课件中的目标表述进行评价，以确定教学目标的科学性。同理，在教学内容指标下，设立广度、深度、先进性等三级指标来体现“金课”标准，同时也考虑学情，设置“可接受度”作为三级指标。此外，将思政内容所占比例作为一个指标进行观测，以避免出现思政内容过少或为思政而思政的问题。在“教学方法”二级指标下，通过教学手段、课堂管理两个三级指标体现“金课”在教学内容先进性、互动性方面的要求，对教师能否利用现代信息技术体现教学内容，能否积极引导学生进行探究式学习以及课堂的互动性等进行评价。此外，教师的言传身教对学生来说非常重要，教师讲课投入、精神饱满，有亲和力和感染力，会使学生“亲其师、信其道”，因此，设立“教学表述”指标。在课程思政过程中，教师对学生思想的启迪和价值引领是一个过程，因此应根据学生的言论掌握学生的思想动态，进行恰当的反馈和评价，从而引领学生互相分享观点，进行思想碰撞，进行合作探究式学习，为此笔者设置了“反馈评价”这个三级指标。

对于大学生而言，他们拥有较多的课外学习时间，因此相比有限的课堂教学时间，教师在第二课堂的活动中大有所为。尤其是在实施翻转课堂教学的情况下，教师可通过在课前学习任务的设置和课后学习活动的组织中，增加研究性、创新性、综合性任务，体现挑战度。因此，笔者在“辅导”这个二级指标下设立“巩固内化”这个三级指标，旨在评价教师是否能延伸课堂思政教学，设置拓展性任务，夯实课堂思政教育效果，内化价值观教育成果。在课后任务和活动中，教师仍可察言观行，关注学生的态度、情感和思想变化，并进行有效沟通，聆听学生观点，为学生答疑解惑。此外，英语教师在课外仍应坚持以学生为中心和产出导向，通过“激励应用”，引导学生使用语言表达思想，培养他们对外传播中国文化的能力，树立使用英语服务社会的职业理想和践行社会主义核心价值观的信念。这也是为什么笔者在三级指标中设置了“有效沟通”和“激励应用”两个评价指标。

教师的教学反思能力是教师职业能力中不可缺少的一环，尤其是当教师把课程思政视作新事物进行教学改革时，反思意识和反思能力更是必不可少的。因此，笔者站在可观测、可操作的角度，设立了“反思行为”这个三级评价指标，通过教师围绕思政教学内容、方法和效果撰写的日志或心得体会、发表的相关论文等，来评价教师对课程思政教学的投入程度和教学效果。

大学英语课程的教学测试也是教师通过评价进行育人的关键渠道。根据《教育部关于一流本科课程建设的实施意见》，教师要科学评价学生学习，“加强对学生课堂内外、线上线下学习的评价，强化阅读量和阅读能力考查，提升课程学习的广度。加强研究型、项目式学习，丰富探究式、论文式、报告答辩式等作业评价方式，提升课程学习的深度。加强非标准化、综合性等评价，提升课程学习的挑战性”。为此，笔者主要设置了“命题内容”和“命题方式”两个三级指标，前者评价思政育人元素是否融入试题内容，是否得以测试高阶思维能力；后者评价命题方式是否多样，是否体现了科学评价的广度、深度和挑战性要求。三级指标作为具体的观测点，可通过试卷和作业分析等对教师测评能力和素养进行相应评价。

5.3.3 大学英语课程思政学生评价指标

如 5.2.2 和 5.2.3 部分所述，课程思政教学的成效主要体现在学生身上，同时学生也是教学活动的直接参与者和受影响者，因此学生既是课程思政教学效果评价的对象，也是教师课程思政教学评价的主体。

从学生作为学习成效的评价对象角度，笔者将学生“成长成人成才”的成效以知识、能力、素质作为一级指标。正如本书第 3 章所论述的，学生英语能力是围绕话题内容体现出来的理解能力和表达能力。学生运用思维能力和策略能力，调动、调用语言知识和世界知识，把语言知识、世界知识和语言使用的场景特征结合起来，创造并解释意义。学生的个人特征、语言知识、世界知识和认知能力之间相互影响，其中情感因素影响着认知和认知过程。在语言能力的发展过程中，学生已经获得的文化知识、思想政治理论知识属于世界知识范畴，同时这些知识也是语言学习材料中的话题内容，是语言交际的核心内容。在这个基础上，学生在英语课程思政教学中的收获是多维度的，既有知识的积累，也有能力和素质的提升。英语课程思政中的学生学习效果评价指标及手段，如表 5.2 所示。

表 5.2 英语课程思政中的学生学习效果评价指标及手段

一级指标	二级指标及其内涵	评价手段
知识	思想政治理论知识：掌握中国特色社会主义理论、科学的世界观和方法论等	测试、问卷
	语言和文化知识：掌握中西文化知识和中西比较的方法	
能力	英语成绩：学习态度端正，专业成绩提高	测试
	学习行为：听课专注、积极参与互动（乐学）；善用批判性思维和创新思维理解问题，表述观点	课堂观察
	语言实践：使用英语讲述中国故事或参与社会服务	活动参与程度
素质	思想觉悟：政治认同、思想认同、树立社会主义核心价值观	作文、发言、所参加的实践活动及其成果
	精神面貌：积极向上的人生态度、社会责任感、法治意识、敬业与合作精神等	
	文化素养：具有国际视野，具备进行跨文化交际、服务中国文化对外传播的素养	
态度	课程反馈：对英语课程思政教学的满意度和获得感	问卷调查、访谈等

根据英语作为语言教学的特点以及语言与思政元素的融合要求，笔者在“知识”指标下设“思想政治理论知识”和“语言文化知识”两个二级指标。理想信念教育是所有课程思政的核心，社会主义核心价值观教育则在其中起着引领作用。由于在英语教学中不可避免地要接触异域文化、价值观和意识形态，因此学生还应掌握中西文化的比较和分析方法，在进行国际比较的同时，把握中国文化的特色。

笔者在“能力”指标下设置了“英语成绩”“学习行为”“语言实践”三个二级指标。设置“英语成绩”指标是因为课程思政教学引导并影响青年学子的思想品性，学生对英语学习的态度和成绩变化可能是课程思政效果明显的外在表现之一，如英语学习的主动性增强、喜爱度增加、成绩提升等。之所以设置“学习行为”指标，一是从学生参与课堂的专注度和积极性入手评价学生是否实现了价值观内化，具有主动掌握知识和技能、报效祖国的意识。二是从语言和思维的紧密关系角度来看，学生批判性思维和创新思维能力的提升，既是语言能力提升的途径，也是语言能力提升的表现。设置“语言实践”指标，目的是从学生在真实生活场景中的语言运用来观察学生的学习收获。此外，在“素质”指标下设置了“思想觉悟”、“精神面貌”和“文化素养”三个二级指标，目的是从学生的书面语言和口头语言产出以及各种语言实践活动中，观察他们的政治认同、家国情怀、法治意识、道德修养和文化素养的内化情况。

一级指标“态度”与其他三个指标的角度不同，主要是从学生视角进行课程反馈，以了解学生在英语课程思政教学过程中的满意度和获得感。这部分可通过针对学生的访谈、调查问卷或反思性日志、总结等方式获得一手的信息，与教师的教学反思进行相互比较，从而为教学改进提供有价值的参考。

5.4 小结

笔者在本章一开始即提出了对课程思政实施效果和课程思政建设质量进行评价的重要性，并在文献梳理时发现目前这方面的研究相对较少，且缺乏系统的评价指标，其主要原因在于大家公认课程思政教学效果评价的难度较大。准确评价课程思政教育教学效果，既是课程思政实施成功与否的重要保证，也是提升课程思政教学质量与成效的必要手段。为此，本章在分析现有研究文献的基础上，结合《教育部关于一流本科课程建设的实施意见》《大学英语教学指南》等指导性文件对大学英语课程的要求，提出了大学英语教师教学评价和学生学习成效评价的指标体系。

首先，本章回顾了课程思政效果评价的原则和内容方面的研究。已有研究中提出的原则主要包括过程性和结果性相结合、诊断性和发展性相结合、质性和量化相结合等。从评价内容上来说，有研究者提出了宏观的校际层面全过程评价和课程层面的微观教学评价。笔者认为，评价主体和评价方式都可以是多元的，评价不只是为衡量课程思政的实施情况，还要看其对学习主体是否具有正向促进作用。

其次，本章回顾了课程思政之评价方法方面的研究。从该部分的文献可见，由于评价目的、评价原则和评价内容不同，研究者提出的评价方法也不尽相同，大致可以分为三类：他人评价教师、他人评价学生以及教师和学生的反思性评价。其中用到的基本评价手段包括质性和量化分析两大类，它们各自又包括若干具体方法，如质性分析中的文本分析（包括教学大纲、教案、教学课件、反思日志、试卷等）和访谈、课堂观察等；量化分析可采用问卷分析、考试等手段。

最后，本章在回顾上述研究现状的基础上，构建了大学英语课程思政教师教学评价指标和学生评价指标，为大学英语课程思政教学评价提供了一个可操作的框架。尽管现有的英语课程教学评价研究很少，但已有部分研究从评价内容、评价方式和评价主体等方面入手探讨了具体的实施路径和方法。同时，这些研究也倡导实施多主体的评价方式，但在评价内容上更多探讨的却是如何在评价学生能力时将思政元素融入试题，而非对教学全过程的效果评价。

基于已有关于课程思政教学的效果评价和大学英语课程思政教学效果评价的研究文献，笔者提出“全过程、多主体、多元化”这一大学英语课程思政评价体系，即针对英语教学全过程，遵循过程性和结果性评价相结合、定量和定性相结合的理念，对教师教学和学生学习效果进行评价，从而达到反馈实施效果和改进教学的双重目的。围绕这一评价体系，笔者还根据《教育部关于一流本科课程建设的实施意见》对一流课程的要求和《大学英语教学指南》中提出的教学目标，结合第 3 章的论述，设置了大学英语教师教学评价和学生学习效果评价指标，并对指标内涵进行了解释。

在教师教学评价指标方面，笔者根据教学过程将其分为课前教学设计、课堂教学实施、课后任务组织及反思、课程测试四个一级指标，在一级指标下又各自再分为两到三个二级指标。同时，基于任何一门课程都应以一流课程建设为目标这一点，又在三级指标中融入“两性一度”的要求。在学生学习效果评价指标方面，由于开展课程思政的目的是培养全面发展的社会主义事业接班人，因此在设置学生学习效果评价指标时，笔者尝试先从知识、能力、素质三个方面设置一级指标，并结合语言课程的培养目标提出了具体的二级评价指标。

在上述指标的设置中均考虑了可观测性和可操作性。实际上，无论是针对教师还是学生的评价，都是一个全过程的评价，这两个框架可作为制定具体观测量表的参考依据。在本书第 6 章中，将使用本章提出的教师教学评价框架制定量表，对教师课堂教学进行评价和分析。

❻ 大学英语读写课程思政实践与反思

本章依据第 3 章确立的课程思政内涵和实施框架，进行大学英语读写课课程思政的教学案例设计；并借助第 5 章提出的英语教师课程思政教学评价指标，设计观察量表，对大学英语课堂教学进行观察和评价。同时，对大学英语教师和学生进行反思性评价，从而发现教师在实施课程思政过程中的困难和困惑，以及大学生在英语课程思政教学中的体验与收获。

6.1　大学英语读写课程思政教学案例设计

根据本书第 3 章对课程思政内涵和框架体系的论证，结合《新视野大学英语（第三版）读写教程（思政智慧版)》，笔者挖掘思政元素并将其进行归类、细化和层次化，构建了英语课程思政教学设计案例库。在这一部分，笔者将就此给出具体例子。

大学英语读写课程面向非英语专业一年级和二年级学生开设，连续开设四个学期，即大学英语读写（1—4）。每册教材讲授六个单元，每个单元的主题各不相同，从人们熟悉的日常话题逐渐过渡到较为陌生和抽象的话题，篇章的语言难度也逐步加深。下文将呈现北京物资学院大学英语教研部教师的部分教学设计。这些设计根据不同阶段学生的特点、语言材料的话题熟悉程度、语言难易度等因素，融入思政元素，体现了全过程育人的理念。

6.1.1　大学英语读写 1 课程思政教学案例

6.1.1.1　读写教学设计案例 1

（1）背景介绍。案例背景如表 6.1 所示。

表 6.1 背景介绍

授课教师	裴姝娟
授课对象	非英语专业本科一年级普通班学生，他们正面临从高中生到大学生的角色过渡。本课主题贴合学生当前生活实际，是他们非常熟悉的话题
授课时长	90 分钟
教材	《新视野大学英语（第三版）读写教程 1（思政智慧版）》
单元	Unit 1 Toward a brighter future for all
思政融入点	青年人的使命感；中华优秀传统文化
思政素材	习近平总书记讲话节选（双语版）、党的十九大报告、梁启超《少年中国说》（双语版）

（2）教学目标。

第一，知识目标。

- 掌握和大学生活、学习、自我培养相关的英语表达方式。
- 了解中美高校人文学科的设置与差异。
- 了解中国国家领导人对青年人的期望。

第二，能力目标。

- 使用英语表达中美高校人文学科存在差异的原因。
- 掌握并运用英文信件写作的基本方法。

第三，素质目标。

- 培育和塑造学生正面积极的人生观和进取心。
- 内化对中国教育制度的自信。
- 以实际行动践行青年学生的学习使命和责任。
- 强化为祖国繁荣富强而努力的愿望和积极进取的精神。

（3）教学方法。

第一，运用学习通慕课平台，实施线上线下混合式教学。

第二，以学生为中心，通过小组活动，鼓励合作学习。

第三，以问题为导向，激励语言产出。

（4）教学环节。

第一，课前环节：课前布置线上视听和阅读任务，设置讨论话题，增加语言输入，激励思想碰撞。

• 线上讨论任务题目：

What role do you think college education will play in your life? Will it change or even shape your life? Have you ever thought about how your own growth will relate to the development of society and also to the future of our country and even the world?

要求学生就上述主题在课前给出个人见解，同时鼓励学生相互评论留言。教师查阅学生的留言，对精彩的留言予以积分奖励，激发学生的学习兴趣。

• 文化翻译练习：把对孔子的简短介绍翻译成英文。

第二，课上环节（90 分钟）。

• 以问题为导向，激发学生思考，培养对熟悉话题的表述能力（10 分钟）。要求学生思考并回答对“fresh start”的理解和对大学生活的规划。

• 赏析与大学学习相关的名言，学习中国传统思想文化的英文表达（15 分钟）。引导学生阅读一些中国传统文化中与学习、大学相关的名言名句的英文版本，提高学生的表达能力。例如：

大学之道，在明明德，在亲民，在止于至善。

——《礼记·大学》

其英译为：

Great learning aims to foster moral integrity, forge close ties with the people and attain consummate virtue in both words and deeds.

又如：

君子曰：学不可以已。青，取之于蓝，而青于蓝；冰，水为之，而寒于水。木直中绳，輮以为轮，其曲中规，虽有槁暴，不复挺者，輮使之然也。故木受绳则直，金就砺则利，君子博学而日参省乎己，则知明而行无过矣。

——《荀子·劝学》

其英译为：

The gentleman says: Learning should never cease. The color blue comes from the indigo plant but is bluer than the plant itself. Ice is made of water but is colder than water ever is... If the gentleman studies widely and each day examines himself, his wisdom will become clear and his conduct be without fault.

• 听写训练，提升学生获取关键信息的能力（15 分钟）。通过听《习近平总书记给北京大学援鄂医疗队全体“90 后”党员的回信》（英文新闻），完成听写练习，并引导学生理解习近平总书记对青年人责任使命的要求和召唤。接着引用党的十九大报告中对青年及其发展和责任的表述，以加深学生对青年人使命的认识，并由此提高学生的英语理解和表达能力。中文原文为：

青年兴则国家兴，青年强则国家强。青年一代有理想、有本领、有担当，国家就有前途，民族就有希望。中国梦是历史的、现实的，也是未来的；是我们这一代的，更是青年一代的。中华民族伟大复兴的中国梦终将在一代代青年的接力奋斗中变为现实。

——《中国共产党第十九次全国代表大会报告》

其英译为：

A nation will prosper only when its young people thrive; a country will be full of hope and have a great tomorrow only when its younger generations have ideals, ability, and a strong sense of responsibility. The Chinese Dream is a dream about history, the present, and the future. It is a dream of our generation, but even more so, a dream of the younger generations. The Chinese Dream of national rejuvenation will be realized ultimately through the endeavors of young people, generation by generation.

• 拓展阅读，深化主题，提升评述和表述能力（20 分钟）。首先，由学生阅读一段习近平总书记在五四运动 95 周年纪念大会上的讲话节选（英译版），并围绕这篇文章完成相应的阅读理解和字词练习，做到既理解讲话的精神，又将其作为语言学习文本，提炼语言点的相关知识。其次，通过翻译练习，并结合文章中的价值观念进一步巩固和提升从读到译的语言运用，同时加深对文章精神的挖掘。最后，教师提出爱因斯坦的名言“Try not to become a man of success, but rather try to become a man of value”，请学生讲述自己的理解，并讨论社会主义核心价值观可否帮助一个人成为“a man of value”，进而挖掘有价值的人生应该是什么样的，以及和大学生活有什么联系。教师对学生的讨论加以总结和点评，使学生深入思考大学生活的意义和自身的责任与使命。

• 写作练习（30 分钟）：通过写作方法的学习和训练，培养学生的逻辑思维能力，并强化他们的语言输出能力。包括：

练习一，撰写计划（15 分钟）。请学生结合自身情况和对大学生活的感悟，以小组为单位，完成一个一周的大学学习计划，并在小组内分享讨论。教师挑选部分同学的计划进行点评，并给出相应的意见和建议。

练习二，信件写作（15 分钟）。在这一部分，教师简要介绍英文信件的书写格式和要点，并通过信件范文帮助学生掌握英文信件的基本写作方法，常用句式及问候语句。写作练习部分的作用，一是强化学生英文应用写作的能力，二是帮助学生完成本课的写作作业。

第三，课后环节。内化价值观念、强化语言应用。

- 结合本课学习的英文信件写作格式要点，以及在本课学习中获得的价值观、人生感悟和自己的大学生活规划，以“*A Letter to My Mum*”为题，完成一篇不少于 120 字的英文信件，并上传至慕课平台。
- 阅读梁启超的《少年中国说》。

6.1.1.2　读写教学设计案例 2

（1）背景介绍。案例背景如表 6.2 所示。

表 6.2　背景介绍

授课教师	樊娅楠
授课对象	非英语专业本科一年级普通班学生。学生能较好地接受线上教学手段，积极参与在线互动。学生对家庭生活话题非常熟悉，具备一定的英语词汇基础
授课时长	90 分钟
教材	《新视野大学英语（第三版）读写教程 1（思政智慧版）》
单元	Unit 2 Loving parents，loving children
思政融入点	中华民族传统美德（尊老爱幼、孝道等）、中西文化比较
思政素材	中国诗歌、朱自清散文（双语版）、汉语谚语等

（2）教学目标。

第一，知识目标。

- 了解并掌握与亲情、孝道相关的词语和表达方式。
- 了解中西文化中父母与子女表达爱的方式的异同。
- 了解中国传统美德“孝道”含义的演化。

第二，能力目标。

- 能够使用有关亲情和孝顺的相关英语表达个人观点。
- 能够用“提出问题—解决问题”的结构就亲情关系话题书写英语短文。
- 能够使用英语分析评价中西方父母与子女关系。
- 能够将表达父母子女亲情关系的汉语谚语准确翻译成英语。

第三，素质目标。

- 培育和塑造学生正面积极的亲情观和人生观。
- 学会更好地处理与父母及其他长辈的关系。
- 提高对中华传统美德的认识，培养文化自信。

（3）教学方法。

第一，运用学习通慕课平台，实施线上线下混合式教学。

第二，以学生为中心，通过小组活动，鼓励合作学习。

第三，以问题为导向，激励语言产出。

（4）教学环节。

第一，课前：布置线上视听和阅读任务，设置讨论话题，增加语言输入，激励思想碰撞。

- 视听材料“*Simple Ways to Show Your Child Your Love*”。
- 阅读材料：朱自清《背影》节选（双语版）。
- 讨论话题“How should parents love their children in the right way? How should young people love their parents in return?”要求学生就上述主题在课前给出个人见解，同时鼓励学生相互评论留言。教师查阅学生的留言，对精彩的留言予以积分奖励，激发学生的学习兴趣。

第二，课上（90 分钟）。

- 结合课前视听材料，进行热身讨论，对比中西方父母对孩子表示爱的方式异同，鼓励学生表达自己观点（10 分钟）。
- 欣赏中国古诗《游子吟》（英译），掌握与亲情、孝道相关的英语表达方式（10 分钟）。
- 以亲情、孝道相关的谚语为例（如：首孝悌，次谨信；老吾老，以及人之老；父母在，不远游，游必有方；在家敬父母，何用烧远香），训练学生的翻译能力，并激励学生对现代社会中的亲情关系进行思考，表达看法（15 分钟)。讨论话题：在古代，人们常说“父母在，不远游，游必有方”；现在，人们常常选择去不同的城市学习、工作、生活，于是我们说“常回家看看”；在古代，孝顺可能更多是“无条件服从父母”“父为子纲”，但是现在我们更提倡父母和子女是平等且互相尊重的关系。思考题：“In modern era，what does it mean to love and respect your parents?”

- 听说读写综合训练，提高学生归纳总结和创作表述能力。

——观看视频“*My father and mother*”，了解当代中国社会中父母与子女关系的现状与困境，总结概述视频中的孩子如何表达自己对患病父亲至深的爱(15 分钟)。

——语言点分析（5 分钟)。本环节旨在通过对视频中出现的重点单词和短语进行解释，加深学生对表达亲情、孝道的单词的记忆和熟练使用，如“sacrifice to do，filial”等。

——阅读文章“*A child's clutter awaits an adult's return*”，分析文章的“提出问题—解决问题”结构，同时加深学生对亲情观的反思，引发更深入的人生思考（15 分钟)。

——结合阅读和视频内容，撰写作文提纲，训练创作与表述能力，然后进行小组分享，学生相互评价（20 分钟)。题目：我们最想对父母说的话或者最想为父母做的事情是什么?

第三，课后环节。线上写作任务，激励语言应用，增强解决生活中实际问题的能力。

- 任务要求：以第一人称的叙事者角度，记录自己与父母之间曾经或可能出现的分歧以及对事情的不同态度，并提出解决问题的方法。

6.1.1.3　读写教学设计案例 3

（1）背景介绍。案例背景如表 6.3 所示。

表 6.3　背景介绍

授课教师	田丽
授课对象	非英语专业本科一年级普通班。学生能接受线上教学手段，大多能积极参与线上互动。通过学习通所发布讨论题目的回复情况，发现学生的计算机使用率为 100%，对网络运用比较熟练。该主题属于校园生活类，学生对此比较熟悉且很有兴趣，希望能了解新技术的发展趋势

续表

授课时长	90 分钟
教材	《新视野大学英语（第三版）读写教程 1（思政智慧版）》
单元	Unit 3 Digital campus
思政融入点	辩证看待现代科技的应用、个人品德修养、爱国情等
思政素材	中国的“新四大发明”、网瘾、疫情时期的教育技术应用

（2）教学目标。

第一，知识目标。

- 掌握常见的互联网、数字化等相关科技词语和英语表达方式。
- 掌握英语说明文的结构和文章特征。
- 了解中国的“新四大发明”及其英语表达方式。
- 了解后疫情时代中国在线教育的发展情况。

第二，能力目标。

- 能够用英语表述中国的“新四大发明”。
- 能够使用英语就科技的应用、发展和利弊阐述个人观点。
- 能够比较同一主题下不同篇章的观点，并进行分析和评述。
- 能够结合校园的教育技术问题，给出合理化建议。

第三，素质目标。

- 树立正确的科技观，合理运用科学技术。
- 知晓网瘾问题的危害，提高自身修养。
- 树立对我国科技飞速发展的自豪感。
- 具备分析问题的全局视野。

（3）教学方法。

第一，运用学习通慕课平台，实施线上线下混合式教学。

第二，以学生为中心，通过小组活动，鼓励合作学习。

第三，以问题为导向，激励语言产出。

（4）教学环节。

第一，课前环节：设置课前线上任务，利用学习通慕课平台提供阅读材料，设置讨论话题，促进学生对互联网时代教学方式这一背景知识的了解和掌握，并通过听、读、写等活动，提高语言能力。课前教师布置讨论题目，要求学生在阅读课前给出个人见解，同时鼓励学生相互评论留言。讨论题目如下：

Q1：Do you think the Internet is indispensable in teaching and learning nowadays? Why or why not?

Q2：Some people predict that in the future students will learn only at home by attending online courses. How do you like this idea?

Q3：Do the Internet and smartphones affect the way we communicate with each other positively or negatively? Why do you think so?

Q4：What kind of people do you think are likely to become Internet addicts?

Q5：If you have friends who have Internet addiction disorder, how would you help them?

教师查阅学生的留言，给学生点赞鼓励，并对精彩的留言予以积分奖励，以激发学生的学习兴趣，为课堂教学做好准备。

第二，课上环节（90 分钟）。

• 以问题为导向，组织翻译活动，学会用英语表述中国的“新四大发明”，感受科技为生活带来的改变，增强民族自信心和自豪感（10 分钟）。由中国“新四大发明”（mobile payment，移动支付；high-speed railway，高铁；shared bicycles ，共享单车；e-commerce，电子商务）引入主题，翻译如下句子（汉译英）。

——中国的“新四大发明”（移动支付、高铁、共享单车和电子商务）改变了中国的社会发展。

——中国的移动支付，如支付宝和微信支付已经成为人们生活中不可或缺的一部分。

——新冠肺炎疫情的暴发，加速了中国数字化发展的进程。

• 组织观看视频，进行讨论，培养提取关键信息能力、总结概括能力和分析评述能力（40 分钟）。

——提取关键信息（15 分钟）：学生通过短视频（*Ed-Tech firms seek new opportunities as pandemic eases*），了解在线教育在“后疫情”时代的发展，同时完成下列练习：

Please fill in the blanks with missing words based on your notes.

Giving ___________, ___________ and ___________ homework, ___________ between students and teachers, parents and teachers, doing all of these tasks ___________ has now become the ___________ in China.

For Ed-Tech companies, now is also a beginning of their ___________ to smart education. For instance, smart education functions that ___________ in grading homework and school-home ___________ will remain ___________ even after students return.

——培养总结概括能力：根据视频，提炼教育改革的原因（10 分钟）。

According to the video clip, smart education has become a new norm during the pandemic and will remain popular even after the students return to school. Please list a few reasons based on the video clip.

a. Smart education brings convenience to both teachers and students.

b. Smart education will raise efficiency in grading homework.

c. Smart education provides a platform that promotes efficient communications among teachers, students and parents.

——培养分析与评述能力：结合视听材料，根据个人体验，表述看法（15 分钟）。

Please answer the following questions based on the video clip.

Q1: Have you ever used the Internet for educational purposes before? If you have, please share some of your experiences with your classmates.

Q2: What do you think are the upsides and downsides of online learning?

• 拓展阅读，树立分析问题的全局观念（15 分钟）。网瘾——互联网时代的弊端：随着科技的发展，网络上的丰富信息吸引着对新鲜事物极具好奇心和探索精神的青年群体，但也使一些人染上了“网瘾”。文章梳理了网络成瘾综合征（Internet Addiction Disorder, IAD）相关研究，安排学生阅读，找出 IAD 概念、分析网瘾产生原因、症状检测及戒断方法，从科学的角度更全面地了解“网瘾”现象。

• 对比阅读和写作训练：培养比较、综合与评价能力（25 分钟）。

——比较阅读与分析：本单元的两篇文章，一篇侧重互联网的利好，另一篇侧重其弊端，启发学生深入思考互联网、数字化和人工智能等高科技为我们带来的利与弊。引导学生意识到应当合理使用新技术，既要适应现代化的网络环境，熟练使用社交网络，也要珍惜现实生活的友情、亲情，亲近大自然，热爱运动，要注意在二者之间保持平衡。

——写作分享：设定话题“Some people advocate that we should have a ‘No Computer Day’ every month. Do you think it is a good idea? Why or why not? ”学生在比较阅读的基础上，就该话题列出主要观点，形成写作提纲，进行分享。

第三，课后环节。设置线上论坛任务，激励语言的应用和发展批判性思维，辩证地分析和解决身边的问题。

- 任务要求：观看视频“*Can technology really solve all our problems*?”思考并回答教材 p67 中的问题“Do you think the university should provide Internet access anywhere and anytime on campus? Why or why not?”将自己的观点发布在慕课平台的论坛中，相互分享，相互评价。

6.1.1.4　读写教学设计案例 4

（1）背景介绍。案例背景如表 6.4 所示。

表 6.4　背景介绍

授课教师	杨倩倩
授课对象	非英语专业本科一年级普通班。班级人数较多，大多数学生学习态度认真，课上积极思考，课下主动完成任务。本次课选择的是大学生较为熟悉的社会话题——英雄
授课时长	90 分钟
教材	《新视野大学英语（第三版）读写教程 1（思政智慧版）》
单元	Unit 4 Heroes among us
思政融入点	时代精神、中西文化对比
思政素材	习近平总书记讲话、中国英雄机长事例

（2）教学目标。

第一，知识目标。

- 了解中华民族传统文化中对英雄品质的定义。
- 了解中西方在英雄概念上的不同之处。
- 掌握相关英语词汇和表达方式。

第二，能力目标。

• 能够使用恰当的英语表达方式谈论英雄品质。
• 能够使用恰当的英语表达方式叙述英雄事迹。
• 能够分析中西文化不同，并进行合理评述。

第三，素质目标。

• 引导学生崇尚英雄。
• 培养学生树立为人民奋斗，做人民英雄的崇高理想。

（3）教学方法。

第一，本次课采用任务型教学，鼓励合作学习。

第二，运用学习通慕课平台等数字资源，实施翻转课堂教学。

（4）教学环节。

第一，课前环节。线上布置讨论话题“The hero in my heart”，引导学生思考单元主题。学生给出具体人物并阐述列举原因。

第二，课上环节（90 分钟）。

• 热身活动（10 分钟）：激活背景知识，使用英语表达观点。

——引导学生说出他们知道的英雄（List the heroes you know）。

——思考：Why do we need heroes and respect them?

• 引入视听案例，训练学生的概述和评述能力（30 分钟）。

——观看视频 *Captain Sully*（节选），中文译名为《萨利机长》。通过视频片段向学生提出以下 2 个问题，希望学生通过小组视频讨论，用尽量多的形容词来定义英雄，并发表见解。

Q1：What story does it tell?（学生进行概括）。

Q2：Do you think Captain Sully（萨利机长）in this video is a hero? Why or why not?（学生进行分析、评述）。

——继续以问题为导向，引入课程思政点，即中国的英雄事迹。通过提问“Have you ever heard the story of ‘China’s Captain Sully’? What is his story?” 自然过渡到有“中国版萨利机长”之称的中国机长刘传建，以及英雄机组和四川航空 3U8633 航班事件，继而对英雄机组展开详细介绍。如下文所示：

On May 14, 2018, while he was piloting Flight 3U8633 from Chongqing to Lhasa, the right front windshield of the cockpit（驾驶舱）suddenly cracked.

Liu Chuanjian and his crew manually operated the aircraft and made an emergency landing in Chengdu.

通过实例，引入习近平总书记在会见四川航空“中国民航英雄机组”全体成员时讲话中的如下金句：

伟大出自平凡，英雄来自人民。

Greatness comes out of the ordinary; heroes come from the people.

通过习近平总书记对英雄的描述，学生更加深刻地理解了这句话的内涵。由此，教师进一步强调中华民族和中国人民的英雄情怀。

- 组织如下话题进行深入讨论，分析英雄品格的构成（15 分钟）。

Q：Who is the greatest hero in your mind? And why?

对学生就心目中英雄的回答予以鼓励，并总结英雄品格（heroic spirit）。

a. Sacrifice themselves for others

b. Put themselves in danger or on the front line

c. Be heroes in harm's way（最美逆行者）

d. Be brave and show great courage when others hesitate or fear

e. Never regretting their own losses

- 阅读课文，组织中西文化比较：找出课文中有关英雄的描述，与中国的英雄概念相比较并分析其异同，进行小组分享（15 分钟）。

教师可补充如下材料：

——维基百科（Wikipedia）。A hero（heroine）is a real person or a main fictional character who, in the face of danger, combats adversity through feats of ingenuity, courage, or strength.

——汉语字典。英雄是指：才能勇武过人的人；具有英勇品质的人；无私忘我，不辞艰险，为人民利益而英勇奋斗，令人敬佩的人。

——中国优秀古诗词中有关英雄主题的作品（中英文赏析）。

例 1：

黄沙百战穿金甲，不破楼兰终不还。

——王昌龄《从军行（其四）》

Our golden armor pierced by sand, we fight the foe; we won't come back till we destroy the hostile state.

例 2：

但使龙城飞将在，不教胡马度阴山。

——王昌龄《出塞》

If the flying general were still there in command, no hostile steeds would have dared to invade our land.

总结：中西文化对于英雄的定义有所不同，并且只有中国把“为人民利益而英勇奋斗”这一崇高精神放在对英雄的定义中。

• 写作训练（20 分钟）：培养学生的逻辑思维能力，使之对英雄的品质有更深的感悟。此处给学生提供的例文，是关于新冠肺炎疫情暴发后涌现出的英雄人物及其事迹（以钟南山为例），目的是让学生对中国的当代英雄及其事迹进行深入思考并有所感悟。

Topic: *What makes a hero?*

In the year of 2020, the sudden outbreak of the infectious diseases—novel coronavirus has made its way around China and threatened people's lives. When the going get tough, the tough get going. Who are the heroes these days?

Subsequent to the outbreak of the disease, Doctor Zhong Nanshan has been on closely watching the development of the epidemic. He not only led but also took active part in the battle against novel coronavirus. Dangerous as it was, Zhong Nanshan and many medical workers worked day and night treating the patients. Through their hard work for several months, the epidemic was successfully controlled.

Today heroes are ordinary people of distinguished courage, or ability, and admired for their brave deeds and noble qualities.

第三，课后环节。线上综合训练任务，以激励语言应用，深化思想领悟。

• 任务要求：观看视频 *We Are All Fighters*（全网首个抗击新冠肺炎英文励志演讲），并完成写作表达任务，提交慕课平台。视频网址：

http://language.chinadaily.com.cn/a/202002/24/WS5e5340e0a310128217-279c8c.html.

• 写作要求：记叙你身边的英雄及其事迹。

6.1.1.5 读写教学设计案例 5

（1）背景介绍。案例背景如表 6.5 所示。

表6.5　背景介绍

授课教师	马卓
授课对象	非英语专业本科一年级普通班学生。近年来，学校在推动学生体育运动方面投入较大，学生不仅享有良好的体育设施，而且频频在各类比赛中获奖。不少学生对体育运动和赛事感兴趣，并对此类话题比较熟悉，但对体育英语的一些专门用语或许并不太熟悉
授课时长	90 分钟
教材	《新视野大学英语（第三版）读写教程1（思政智慧版）》
单元	Unit 5 Winning is not everything
思政融入点	体育精神、体育道德观念、团结协作
思政素材	中国女排奋斗历史、奥运冠军事例

（2）教学目标。

第一，知识目标。

- 掌握与体育运动、运动员相关的英语词汇和表达方式。
- 了解体育精神的精髓。
- 了解中国女排的奋斗历史。

第二，能力目标。

- 掌握用英语以时间为序记叙事件的能力。
- 能够使用英语体育用语和表达方式谈论体育精神。
- 能够用英语表述中国女排精神。

第三，素质目标。

- 培养学生树立正确的体育道德观念。
- 塑造健康积极的协作精神。
- 树立为集体、为国家奋斗的理想和信念。

（3）教学方法。

第一，本次课采用任务型教学，鼓励合作学习。

第二，运用学习通慕课平台等数字资源，实施翻转课堂教学。

（4）教学环节。

第一，课前环节：设置课前线上任务，提供丰富的视听和阅读材料，使学生掌握体育赛事、体育冠军及体育精神的相关背景知识，并通过听、读、写活动，提高英语语言能力。

• 阅读：关于 Standard marathon、Sydney-to-Melbourne Ultramarathon（超级马拉松），以及“the difference between standard marathon and Sydney-to-Melbourne Ultramarathon”等的背景知识介绍。

• 听材料 1，完成填空题 *The legend of Cliff Young: The 61 year old farmer who won the world's toughest race*（关于马拉松比赛、奥运会和某几位冠军的介绍）。

• 听材料 2，回答以下关于 London marathon 的问题：

Why did many athletes want to perform well in the elite race of London marathon? What can you learn from the runners the speaker mentioned?

要求：学生在阅读课前给出个人见解，同时鼓励学生相互评论留言。

教师评阅：教师查阅学生的留言，给学生点赞鼓励，并对精彩的留言予以积分奖励，以达到激发学生的学习兴趣，为课堂教学作准备的目标。

第二，课上环节（90 分钟）。

• 以问题为导向，组织同伴活动，培养对熟悉话题的表述能力：2 人一组回答问题（10 分钟），问题涉及个人对运动的喜爱、运动时间、运动的重要性等。如：

What sports do you like doing? How much time do you spend on sports every day? Do you think playing sports is important to students? Why?

• 组织观看视频，培养归纳概述能力：观看视频“马拉松精神”，写出人们喜欢马拉松比赛的各自原因（10 分钟）。

Watch the video clip entitled “Spirit of the Marathon”, and note down the reasons why common people join it.

• 概念分析与概述：与课前问题呼应，引导学生说出包括如下短语的体育精神概念（5 分钟）。

a. To be humble in victory

b. To be generous in defeat

c. To be helpful when being needed

d. To keep going when facing the difficulties and challenges

• 分析与评述能力培养：通过问答的方式，师生一起分析课文，了解文章中主人公的比赛经历和他所秉承的体育精神（15 分钟）。

• 培养分析、表述等综合能力：围绕“人们应该在体育比赛中培养什么精神？”“胜利是不是最重要的？”“哪些品质最能体现体育精神？”等话题，组织小组讨论，激励语言产出（15 分钟）。

What values do you think people can cultivate by playing sports? Do you think winning is the most important thing in sports? Why or why not? Which of the qualities can best characterize the spirits of sports? Courage, teamwork, fun and joy, commitment, fair play and honesty, character development, and excellence in performance?

• 培养识别提取关键信息并加以应用的能力：引导学生找出课文中描述体育比赛和运动员的英语表达方式并巩固练习（15 分钟）。

• 培养识别与提取信息能力：引导学生找出文章中关于时间描述的表达方式（10 分钟）。

• 分析与评述能力培养：提供关于中国女排精神的拓展阅读材料，使学生深刻领会中国女排精神，学会用英语表述女排精神（10 分钟）。以下为关于中国女排的双语文章《夺冠》（节选）：

人生不是一定会赢，而是要努力去赢。有人问郎平：“女排精神是什么？”郎平说：“女排精神不是赢得冠军，而是有时候知道不会赢，也竭尽全力。是你一路虽走得摇摇晃晃，但站起来抖抖身上的尘土，依旧眼中坚定。人生不是一定会赢，而是要努力去赢。”

第三，课后环节。激励语言应用，用英语讲述中国故事，培养学生对中国文化的理解和阐释能力。

• 任务要求：制作一个关于中国女排精神的视频，其中要有个人的感悟。要求在观看电影的基础上，运用学过的描述运动和运动员的英语词汇、描述事件的时间指示词，可结合拓展阅读材料中的相关信息。

6.1.1.6　读写教学设计案例 6

（1）背景介绍。案例背景如表 6.6 所示。

表 6.6 背景介绍

授课教师	谢桂梅
授课对象	非英语专业本科一年级普通班学生。学生能较好地接受混合式在线教学手段，积极参与互动。授课前期通过线上问题的讨论，发现学生对大学阶段兼职有需求和愿望，也有担忧和期待，但是对学业和兼职的平衡还没有多少实践经验
授课时长	90 分钟
教材	《新视野大学英语（第三版）读写教程 1（思政智慧版）》
单元	Unit 6 Earn as you learn
思政融入点	比较和思辨的方法；个人理想、家国情怀
思政素材	习近平总书记讲话

（2）教学目标。

第一，知识目标。

- 掌握有关学习、兼职的英文表达。
- 掌握有关职业选择、人生方向的英文词汇和表达方式。
- 了解大学生在学习和兼职方面的考虑因素。

第二，能力目标。

- 能够使用听力渠道学习并使用有关学习、兼职的英文词句来表达观点。
- 能够在阅读中分析文章结构，提出问题、分析问题并报告问题。
- 能够对听力和阅读材料作比较，进行思辨能力的训练。
- 能够综合不同信息来源，结合自己和国家的需求，用英文写出层次分明的职业规划。

第三，素质目标。

- 正确认识工作和学习的关系。
- 有志于为国家建设而不断积累知识，提高能力。
- 把个人能力、理想同时代相结合，坚定为国家建设服务的理想和信念，做对社会有用的人。

（3）教学方法。

第一，采用混合式在线教学方法，利用学习通慕课平台、微信群等信息化手段和各类数字资源，实施翻转教学。

第二，通过组织小组活动、结对子活动等方式，鼓励合作式学习。

（4）教学环节。

第一，课前环节：布置基于现实生活的调查研究任务，鼓励语言应用。

- 课文学习任务：通读课文，学习相关词汇。
- 小组活动任务：观看视频“*How to decide on a career*?”每个小组设计问卷，进行调查。问卷内容包括：大学生是否需要兼职，兼职原因，兼职时间，合适的兼职工作，本校不同年级学生的兼职现状、收入等，并在此基础上提出结论、解释和建议。

把小组调查的结论和课文结论的异同进行比较，借用课文中的词、句进行报告展示，培养学生完成调查报告的能力。教师予以指导，如查阅学生留言，给学生鼓励，并进行积分奖励等，为课堂教学做好准备。

第二，课上环节（90分钟）。

- 课前学习任务检查（little quiz）（10分钟），探知学生对课文知识的领会和应用。练习形式包括：通过成语匹配题（idioms matching）检查学生的短语掌握情况，通过判断对错、句子理解、英汉互译等检查学生的阅读理解情况。以学习通为工具，发布各项练习。
- 课文讲练，培养学生分析能力、总结和概述能力（20分钟）。引导学生分析文章中呈现的要点，原因的陈述和分析、举例，文章层次的排列，以及最后的总结建议和观点阐明方式等。目的是使学生能够通过课文讲练归纳学术报告的步骤，包括问卷、结果、原因、建议等。
- 组织小组汇报，培养学生用英语展示研究发现的能力（20分钟）。

——就课前调查研究进行小组分享展示；要求学生使用课文中出现的词语和收集的词句，展示研究发现并做出评价。

——同伴互评（5分钟），目的是培养学生的批判思维能力，使之能够兼容并蓄，吸收他人观点，平衡学习和兼职，具备正确的学习和生活态度。

- 观看视频，引导学生进行中西比较（15分钟）。简单回顾课前视频（*How to decide on a career*?），列出作者所给的择业建议，让学生结合个人实际情况分析哪些建议对自己有启发性，哪些则不太适合自己。如：择业时如何“eliminate the impossible choices”，自己应当舍弃什么领域，自己的专长是什么，如何把专长和职业结合起来，等等。在分析比较中应结合时代特点，结合国情，综合考虑国内、国外，当前和今后不同的情况，结合自身实际作出合理选择。与此同时，借鉴他人经验，提升自己的大学生活品质，并围绕未来的职业发展进行初步探讨和实践。

• 读写活动，培养评述和表述能力（25 分钟）。学生阅读文章（*starting your own business*），思考自己的创业能力和储备，决定毕业后“Work for others or start my own career?”并以此为题进行短文写作（课上列提纲分享）。教师结合习近平总书记指出的“当代大学生要以国家、民族的振兴发展为己任，树立远大的理想，在时代的奋进中实现自己的人生价值”，引导学生认识到要将专业兴趣、个人理想与社会需求、国家的发展结合起来，这样才能使自己的人生更有意义。

第三，课后环节：激励语言应用，培养综合能力。

• 任务要求：围绕“*The job that I want to do after graduating*”这一主题撰写职业规划，表达个人对将来就业方向和所需能力的设想与理解，可借用各种来源的学术报告、实际案例、研究成果和结论，强化自己的观点。

6.1.2 大学英语读写 2 课程思政教学案例

6.1.2.1 读写教学设计案例 1

（1）背景介绍。案例背景如表 6.7 所示。

表 6.7 背景介绍

授课教师	邱林林
授课对象	非英语专业本科一年级普通班学生。大部分学生对英语学习较重视，能够积极参与线上互动。通过课前线上讨论可见，学生对本单元 *Language Learning* 主题有一定的认知，但同时又存在疑惑和迷茫。大多数学生已经认识到语言学习和使用（包括汉语和英语）对个人在大学阶段以及未来进入社会具有重要作用，但对学好母语和外语对国家和社会带来的积极影响认识不足
授课时长	90 分钟
教材	《新视野大学英语（第三版）读写教程 2（思政智慧版）》
单元	Unit 1 Language in mission
思政融入点	中西文学比较、中华传统文化、政治认同、文化自信
思政素材	习近平总书记讲话、“一带一路”倡议、崔护的《过故人庄》和莎士比亚（Shakespeare）的 *Shall I Compare Thee to a Summer's Day* 等作品

（2）教学目标。

第一，知识目标。

- 掌握同语言学习、语言习得相关的英语词语和表达方式。
- 了解语法在语言交际中的地位。
- 了解汉英语言结构差异，品味汉语的简洁之美。
- 了解中国有关“一带一路”倡议的内容。

第二，能力目标。

- 能写结构完整的英语小短文，提出建议。
- 能分析英语文章结构，并概括要点。
- 能用英语就语言学习及语言习得表述个人观点。
- 能就“一带一路”“中华文化对外传播”等话题用英语发表观点。

第三，素质目标。

- 全面客观地认识语言学习中存在的问题。
- 具有文化自信，认识、传播中华文化，让世界了解中国的重要性。
- 对国家战略有认同感。

（3）教学方法。

第一，恰当地运用学习通慕课平台、腾讯会议等信息化手段和各类数字资源，实现课堂翻转。

第二，以学生为中心，采用任务型教学，激励合作学习。

（4）教学环节。

第一，课前环节。提供一篇同汉语学习相关的新闻报道，设置讨论话题，激活背景知识，激励语言运用。篇章题目为“400，000 *American students learning Mandarin*”。

课前教师在慕课平台布置如下问题。

Q1：Can you tell me something about the initiative “1 Million Strong”?

Q2：Why does learning Chinese get so popular in the US according to the report?

Q3：Why is it important to learn a foreign language?

要求学生在课前发表见解，并鼓励学生相互评论留言。教师查阅学生留言，对精彩的留言予以积分奖励。

第二，课上环节（90 分钟）。

• 听说训练，培养识别与提取、领会与概括关键信息的能力（20 分钟）。

观看视频（*Does Grammar Matter*?）要求学生回答问题（What is grammar?）并提示学生注意根据关键结构（Grammar is...）做好要点笔记。第二遍观看时可在不同观点间进行相应的停顿，便于学生记录。视频结束后，学生通过学习小组互助补全答案，从而更好地理解视频内容。然后，随机请同学回答上述问题。

教师总结：语法规则的正确使用固然重要，但更重要的是交际者可以彼此理解。

• 课文理解及讨论，培养分析与评价能力、评述和表述能力（25 分钟）。

——概括和分析课文内容：学生阅读课文并回答“作者对年轻一代的语言学习和运用有什么样的想法?”

——欣赏汉语语言魅力：汉语的简洁和语言魅力在中国古典文学中得到很好的体现。展示习近平总书记讲话中引用的古文名句，完成汉英语义配对练习。引导学生体会汉英语言的结构差异，领略汉语的简洁之美。

习近平总书记讲话中引用的古文名句及其英译文举例如下。

例 1：

艰难困苦，玉汝于成（出自北宋哲学家张载的《正蒙·乾称篇》）。40 年来，我们解放思想、实事求是，大胆地试、勇敢地改，干出了一片新天地。

Success only comes through hard work.

例 2：

只有顺应历史潮流，积极应变，主动求变，才能与时代同行。“行之力则知愈进，知之深则行愈达”（出自宋代理学家张栻的《论语解·序》）。

Practice enriches knowledge. More knowledge leads to better practice.

例 3：

几千年前，中华民族的先民们就秉持“周虽旧邦，其命维新（出自《诗经·大雅·文王》）”的精神，开启了缔造中华文明的伟大实践。

Even an established nation like Zhou still regards self-renewal as its mission.

例 4：

自古以来，中国大地上发生了无数变法变革图强运动，留下了“治世不一道，便国不法古（出自《史记·商君列传》）”等豪迈宣言。

There is more than one way of governance and the ancient way is not the only way to develop a nation.

例 5：

自古以来，中华民族就以“天下大同（出自《礼记·礼运》）”、“协和万邦（出自《尚书·尧典》）”的宽广胸怀，自信而又大度地开展同域外民族交往和文化交流，曾经谱写了万里驼铃万里波的浩浩丝路长歌，也曾经创造了万国衣冠会长安的盛唐气象。

All people under the heaven are of one family and all nations should live in harmony.

例 6：

正是这种“天行健，君子以自强不息”和“地势坤，君子以厚德载物”（出自《周易》）的变革和开放精神，使中华文明成为人类历史上唯一一个绵延 5 000 多年至今未曾中断的灿烂文明。

Our ancestors told us that as heaven maintains vigor through movement, a gentleman should constantly strive for self perfection.

例 7：

古人说：“事者，生于虑，成于务，失于傲（出自《管子·乘马》）。”伟大梦想不是等得来、喊得来的，而是拼出来、干出来的。

Careful planning and concrete actions lead to success, while complacency results in failure.

• 中西文学作品欣赏，培养评价与欣赏能力（20 分钟）。

展示崔护的《过故人庄》和莎士比亚（Shakespeare）的“*Shall I Compare Thee to a Summer's Day*”，比较题材相似的汉英诗篇在表情达意方面的区别。学生分组讨论，讨论后各组汇报讨论结果。由此，引导学生体悟中英文化的各自特点，以及同样的情感在不同文化里的表达特点。

• 以语言学习与国际关系为题，进行听说读写综合训练，培养英语综合应用能力（25 分钟）。

——给学生发放阅读材料（习近平主席给意大利罗马国立住读学校师生

回信全文），采用跳读的方法，找出并摘录以下信息。

习近平主席是怎么鼓励罗马的高中生的？

习近平主席的意大利之行有着怎样的重要意义？

习近平主席对罗马的高中生发出了怎样的邀请？

——观看视频“*One Belt and One Road*”，回答问题：“一带一路”举措有什么重要意义？

第三，课后环节：线上写作任务，激励语言应用，培养综合能力。

- 任务要求：如果有机会去“一带一路”沿线国家教授汉语、传播中华文化，你会选择去哪个国家？你认为怎样才能帮助外国朋友学好汉语？要提出明确的建议。

6.1.2.2　读写教学设计案例 2

（1）背景介绍。案例背景如表 6.8 所示。

表 6.8　背景介绍

授课教师	邱林林
授课对象	非英语专业本科一年级普通班学生。大部分学生对英语学习较重视，能够积极参与线上互动。通过课前线上讨论可见，对本单元 *College Education* 的主题，同学们比较感兴趣，也对大学生活充满了期待。但是，也有很多同学对大学教育在自己未来生活中，特别是职业生涯中扮演的角色还没有清晰的认识，也缺乏在大学教育阶段具体而明确的目标
授课时长	90 分钟
教材	《新视野大学英语（第三版）读写教程 2（思政智慧版）》
单元	Unit 2 College——the ladder to success?
思政融入点	人文教育内涵、中华民族优秀传统文化
思政素材	习近平总书记讲话（英语新闻）、孔子教育理念（双语）

（2）教学目标。

第一，知识目标。

- 掌握同大学教育、人文教育相关的英语词语和表达方式。
- 了解人文学科的内涵及其意义。
- 掌握中国传统教育观点的英文表达方式。

第二，能力目标。

- 能够使用有关大学教育和人文教育的英语表达方式表述个人观点。
- 能写作教育主题的英语短文。
- 能分析英语文章结构，找出事物的优势/劣势。
- 能使用英语讲述儒家教育观点。

第三，素质目标。

- 全面客观地认识大学教育。
- 树立明确而合理的大学生活目标。

（3）教学方法。

第一，本次课综合采用任务型教学、合作学习等教与学的方法。

第二，运用学习通慕课平台、腾讯会议等信息化手段，实施混合式教学。

（4）教学环节。

第一，课前环节。

• 讨论：课前教师在慕课平台布置贴近生活的讨论，激励学生使用英语表达观点。

Q1：What are the main factors that affect students' decision on choosing their majors?

Q2：Why are there more science majors than liberal arts majors in college today?

要求学生在阅读课前给出答案，同时鼓励学生间相互评论留言。教师查阅学生的留言，给学生点赞鼓励，并对精彩的留言予以积分奖励。

• 阅读：课前教师在慕课平台布置阅读文章（*Young college graduate dedicated to poverty alleviation work*），激发学生对大学教育和职业选择的思考。

第二，课上环节（90 分钟）。

• 通过视频材料引发思考，培养总结和概括能力（15 分钟）。观看视频（*Think of it this way*）两遍，并准备回答以下两个问题。

Q1：According to Roland，what are humanities?

Q2：According to Rebecca，Tysen and J'Nese，why are humanities important?

提前将问题展示给学生，提示学生注意根据关键词（所涉及的人名）做好要点笔记。在第二遍观看时，教师可根据问题相应进行停顿，便于学生记录。视频结束后，学生通过学习小组互助补全问题的答案，从而更好地理解视频内容。然后，随机请同学回答上述的两个问题。

教师总结：人文学科的学习不仅对学生的个人发展，而且对整个社会的进步都有积极的意义。

• 课文讲练，培养分析与评述能力（30 分钟）。

——问题驱动，引导学生分析课文内容：例如，作者对人文学科及人文教育有什么样的想法？作者以什么方式开始对学习人文学科优势的探讨？这种探讨对同学们撰写有关优势/劣势分析类文章有什么借鉴意义？

——引导学生分析课文结构：优势/劣势分析类文章结构。

文章开篇部分应清楚表明本文探讨优势/劣势的主旨。文章主体部分可采取三种模式：或只写优势、或只写劣势、或优劣结合。文章结论部分要总结此前所谈到的优势/劣势，并点明作者观点，因为事物的两面性，看问题要一分为二。这篇课文谈到了学习人文学科的优势，教师应引导学生思考仅重视人文学科会有什么不足。

• 依据课文中的思想点，进行拓展阅读，引发深入思考和思想碰撞，加强表述能力培养（25 分钟）。

向学生提供一篇英文新闻，内容为习近平总书记关于在高校加强思想道德建设的要求。学生阅读并举例证明自己的观点，包括大学生的思想道德素养为什么这么重要？大学教育只关注学生学术水平的培养而忽视学生思想道德品质的塑造行不行？在当今的中国社会，人文教育（包括意识形态的教育）还有必要吗？

分组讨论，讨论后各组汇报讨论结果。

教师总结：大学教育以育德为先，人文教育不能忽视。

• 主题深化阅读，熟悉教育家孔子的教育观，培养概述能力（20 分钟）。

——给学生发放有关孔子（Confucius）的阅读材料，采用跳读的方法，找出以下关键信息，并摘要记录：孔子认为教育的目的是什么？孔子提出了怎样的教育原则？孔子为什么强调美育？

——对阅读篇章中出现的和教育有关的专有名词进行汉英匹配练习，进一步熟悉中国的传统儒家文化，如六艺、弟子、爱人、有教无类、仁、德等。

第三，课后环节：扎根生活实际，使用英语记叙个人成长经历。

写作任务：以“20××年的我”为题，描述经过三到四年的大学学习之后，“我”会变成什么样子，有什么样的成长变化，特别要写清楚什么样的经历造就了“我”的成长变化。

6.1.2.3 读写教学设计案例 3

（1）背景介绍。案例背景如表 6.9 所示。

表 6.9 背景介绍

授课教师	王颖
授课对象	非英语专业本科一年级普通班学生。大部分学生对英语学习较重视，能够积极参与线上互动。通过课前线上讨论可知，很多学生认为此单元主题还是非常有意义的，毕竟他们也正值“奥德赛岁月”，对于书中提到的这一阶段的特征非常熟悉，感觉说的正是他们自己。当然，在学习此篇课文之前，学生中的绝大多数不会意识到自己的种种表现实际上并不是自己所独有的，而是有代表性的，是正常和自然的，并且也没有意识到他们会让父母如此牵挂和担心
授课时长	90 分钟
教材	《新视野大学英语（第三版）读写教程 2（思政智慧版）》
单元	Unit 3 Discovery of a new life stage
思政融入点	中华民族优秀传统文化（孝道）、时代精神（责任与担当）
思政素材	习近平总书记讲话、纪录片《中国功夫》（关注片中反映的中国式生存智慧和忠孝仁爱）

（2）教学目标。

第一，知识目标。

- 了解中华民族传统文化中对“孝”的品质的定义。
- 了解中西方对“孝”这一问题的不同理解。
- 掌握相关英语词汇和表达方式。

第二，能力目标。

- 能够使用恰当的英语表达方式谈论中华传统美德——孝道。
- 能够使用恰当英语表达方式谈论怎么做才是孝。
- 能够分析中西文化不同，并进行合理评述。

第三，素质目标。

- 培养学生有能力欣赏中华民族传统美德——孝道。
- 树立传承中华民族传统美德——孝道的意识。

（3）教学方法。

- 启发式教学、合作式学习。
- 运用学习通慕课平台、腾讯会议等信息化手段实施混合式教学。

（4）教学环节。

第一，课前环节：设置讨论话题和阅读任务，激活背景知识，激励语言运用。

- 在学习通布置讨论话题：“孝道”入法，你怎么看？引导学生思考与单元主题相关的深层次的问题，由学生发表观点并列举原因。
- 阅读并回答问题：学生阅读课外材料里的中华文化专词双译，如孝（filial piety），并概括作者观点。

要求学生在阅读课前给出个人见解，同时鼓励学生相互评论留言。教师对精彩的留言予以积分奖励。

第二，课上环节（90 分钟）。

- 热身活动（10 分钟）：激活背景知识，使用英语表达观点。

——引导学生说出他们知道的 life stages：

List the life stages you know.

——教师补充：

We need to recognize a new phase of life, the odyssey years, that comes after high school graduation, continues through college, and then leads to starting a family and having a career.

——思考：

Why each unique life phase brings its own peculiar set of challenges? And what are the characteristics of the odyssey years?

- 引入视听案例，培养学生的概述和评述能力（30 分钟）。

——观看纪录片“*Searching for Kung Fu*”系列微视频之“孝：中国传统价值观”。通过视频片段向学生提出以下 2 个问题，希望学生通过小组的视频讨论，用尽量多的词汇来谈论孝道文化，并发表各自见解。

Q1：What information do you get about filial piety from this video?（由学生进行概括）。

Q2：Do you think Sun Deng, the main character in the story of this video had the quality of filial piety? Why or why not?（由学生进行分析、评述）。

——继续以问题为导向，引入课程思政点，即“孝道”这一中国传统文化，并提问“Do you think the traditional Chinese virtue of filial piety out of date?”

——对学生的回答予以鼓励，并总结和强调如下。

孝，指孝顺、忠贞、敬重、奉献，强调对父母长辈乃至先祖的尊敬和无私奉献。在中国，“孝”植根于子女内心对父母的爱与尊敬。儒家认为，“孝”是个人德行养成的基础，并将其作为维系和强化父子关系乃至君臣关系的根本。

Xiao, or piety, describes the state of having or showing a deep respect for your parents and elderly members in the family. Filial piety is rooted in children's love and respect for their parents. Confucians believe that filial piety is the foundation of a person's moral integrity and the basis for maintaining and strengthening the parent-child relationship, and even the sovereign-subject relationship.

• 组织话题深入讨论（15 分钟）：培养学生的表述能力。

Q1：In what ways are young people today unlikely to do the same as their parents?

对学生的回答予以鼓励。并总结如下：

Unlike their parents, a large number of young people are now delaying marriage, child bearing, and even employment during their odyssey years.

Q2：Do you think young people take the question of filial piety into consideration?（开放性问题）。

• 阅读课文，找出两个问题的答案，进行小组分享（15 分钟）。

Q1：What might be the most significant personal effect caused by the delay in transition to adulthood?

对学生的回答予以鼓励，并总结如下。

a. Delay marriage and career

b. More competitions

c. Loss of good opportunities

d. More self-awareness

e. Further exploration of career

f. Establishment of stable financial status

Q2：How might parents look at the new trend and the delayed transition?

对学生的回答予以鼓励，并总结如下。

a. Lose their patience

b. Complain about their children's behavior

c. Push their children a lot

d. Give up their expectations

e. Try to be understanding to their children

f. Give their children longer time to settle down

• 写作训练（20 分钟）：培养学生逻辑思维能力，对单元主题有更深的感悟。给学生的题目是“*Acting now is more important*”，让学生对“奥德赛岁月”（odyssey years）的特征（delaying）及由此给自己及家人（父母）造成的焦虑和不利后果进行深入思考和领悟。

第三，课后环节：线上综合训练任务，激励语言应用，深化思想领悟。任务要求如下：

• 阅读以下两份阅读资料。

——生逢其时，肩负重任：习近平总书记寄语青年。

——“纪念五四运动 100 周年习近平重要讲话”中对新时代中国青年要求的部分。

• 完成写作表达任务，提交慕课平台。

写作要求：结合上述材料中令你印象深刻的习近平总书记的话，以责任/担当为题，联系本课主要内容“‘奥德赛岁月’的特征”写一篇不少于 120 词的英语文章。

6.1.2.4　读写教学设计案例 4

（1）背景介绍。案例背景如表 6.10 所示。

表 6.10 背景介绍

授课教师	邱林林
授课对象	非英语专业本科一年级普通班学生。大部分学生对英语学习较重视，能够积极参与线上互动。通过课前线上讨论可见，很多学生对此单元的主题比较有兴趣，对大学阶段的爱情充满了期待，但同时也普遍对大学阶段爱情的未来缺乏信心
授课时长	90 分钟
教材	《新视野大学英语（第三版）读写教程 2（思政智慧版）》
单元	Unit 4 Dance with love
思政融入点	社会主义核心价值观、家国情怀、中外文化比较
思政素材	高校所开设的爱情选修课案例、*Chinadaily* 上的新闻 *Lovebirds Had to Wait, Because Combating Epidemic Could not*

（2）教学目标。

第一，知识目标。

- 掌握同校园爱情、约会相关的词语和表达方式。
- 了解英语记叙文的基本结构。
- 了解中外爱情观的异同。

第二，能力目标。

- 能分析英语文章的结构，理清脉络。
- 能用英语记叙文的结构书写故事。
- 能使用有关爱情和责任的相关英语表达个人观点。

第三，素质目标。

- 培育和塑造学生正面积极的爱情观和人生观。
- 理解个人爱情与社会责任之间的关系，树立家国情怀。

（3）教学方法。

第一，本次课综合采用任务型教学、合作学习等教与学的方法。

第二，运用学习通慕课平台、腾讯会议等信息化手段，实施混合式教学。

（4）教学环节。

第一，课前环节：加大语言输入，激励语言应用。

• 讨论：课前，教师在学习通慕课平台布置讨论如下题目。

Q1：Should students date seriously or for fun?

Q2：Should woman initiate and invite the man out for a date?

要求学生在阅读课前给出个人见解，同时鼓励学生间相互评论留言。教师对精彩的留言予以积分奖励，以达到激发学生学习兴趣，为课堂教学做好准备的目的。

• 阅读文章“*Valentine's Day and Lantern Festival*：*The Western and Eastern origins of romantic holidays*”，并回答以下问题。

Valentine's Day and Lantern Festival have different origins, but they share something in common. What is it?

第二，课上环节（90 分钟）

• 以成语搭配进行热身活动，提高英语表述能力（15 分钟）。

——把阅读技巧讲授部分的“理解成语表达”和本单元的爱情主题相结合，准备好汉语四字成语中和爱情相关的例子，然后找到相应的英文翻译，利用学习通平台中的作业功能，请学生将其配对。举例如下。

英文：

tie the knot；childhood playmates；a match made in heaven；lasting happiness and perfect harmony；pair off wing by wing；till the seas dry up and the rocks crumble；be well matched for marriage；a match made in heaven

中文：

青梅竹马、天作之合、永结同心、一见钟情、门当户对、比翼双飞、海枯石烂、百年好合

——问题驱动，激励学生使用英语表述观点：这些耳熟能详的汉语成语，正反映了千百年来中国人认同的传统爱情观点。然后向学生提出问题：你们还相信传统的爱情观吗？你们心里的爱情是什么样子的？

• 课文讲练，培养分析与评述能力（40 分钟）。

——问题驱动，对课文中的主要人物和情节提出如下问题（10 分钟）。

Who are the main characters in the story? What is the story about?

——引导学生关注课文体裁：记叙文（15 分钟）。

记叙文的写作顺序：时间顺序、倒叙、插叙（本文为时间顺序）。

如何在记叙文内表达情绪：对话的运用。

记叙文内如何关联各个细节：时间标志词的运用。

——组织学生讨论以下话题，促进学生正面积极爱情观的形成（15 分钟）。

Which is more important when it comes to marriage, one's appearance or character?

- 以视频为语言输入材料，进行中外文化比较，培养概述、评述以及表述能力（35 分钟）。

——语言练习（5 分钟）：学生通过链接观看央视新闻，了解 2016 年天津大学开设的恋爱选修课，并完成反映被采访者对选修课态度的填空练习。

——中外比较（15 分钟）：本环节旨在通过中外爱情观的比较，了解文化差异，从而认识正面积极的爱情观。学生通过链接观看另一则新闻，了解 2019 年韩国一所大学开设的恋爱选修课，并比较中外这两所学校开设类似课程所反映的爱情观的异同。经过讨论，学生得出结论：尽管不同文化对爱情的理解存在差异，但爱情是人类共同的主题，不论国籍，不分年龄，不论性别，大家都有对爱情的向往和追求，这种追求是积极而健康的。

——升华主题（15 分钟）：本环节旨在通过阅读与思考，使学生将个人爱情观与社会责任感相联系，从而形成更深入的人生思考。

学生阅读 *Chinadaily* 上的新闻"*Lovebirds Had to Wait, Because Combating Epidemic Could not*"，并简短回答同文章内容相关的问题。教师通过提问题的方式强调主题：为什么他们要等待，是因为爱情降温了吗？引导学生得出结论：尽管爱情是真挚而热烈的，但也不要忘记承担社会责任。例如，在新冠肺炎疫情这样的特殊危急时刻，不能放弃爱情，更不能放弃应该承担的责任。

第三，课后环节：深化主题理解，夯实语言应用。

改写任务：以第一人称的叙事角度，把 *China daily* 上的新闻"*Lovebirds Had to Wait, Because Combating Epidemic Could not*"改写成一篇故事。

6.1.2.5 读写教学设计案例 5

（1）背景介绍。案例背景如表 6.11 所示。

表 6.11 背景介绍

授课教师	张岩
授课对象	非英语专业本科一年级普通班学生。学生有语法基础，积累了一定的词汇量，具备基本的读写能力，当然还需要在指导下提高对文本的理解能力，以及分析材料脉络和结构的意识。学生具有一定的消费能力，也有自己的消费观念和习惯。教学中需要通过观察、学习与讨论反思，根据课文以及补充材料的内容进行分析讨论和引导，把倡导理性消费、勤劳俭朴以及对物质崇拜、消费主义的批判和反思融入学生的阅读和写作实践中
授课时长	90 分钟
教材	《新视野大学英语（第三版）读写课程 2（思政智慧版）》
单元	Unit 5 Spend or save——the student's dilemma
思政融入点	中西文化比较、中华民族优秀传统文化、社会主义核心价值观
思政素材	习近平总书记讲话、传统经典、泰戈尔演讲等

（2）教学目标。

第一，知识目标。

- 掌握一些和金钱、消费相关的英语词汇和表达方式。
- 掌握相关英语祈使句的语法结构及应用。
- 掌握文章中英语用词的外形意义和隐含意义。
- 了解东西方消费观的差异。

第二，能力目标。

- 能够浏览文章内容并有效提取信息。
- 能分析文章的对比结构并运用对比对照结构进行短文写作。
- 能够用英语就大学生消费相关问题发表自己的看法。

第三，素质目标。

- 客观理性，批判性地看待过度物质追求、消费主义、虚荣拜金等现象。
- 理解并认同勤俭节约、尊重自然、天人合一的中华优良文化传统。
- 理论联系实际，培养务实合理的消费习惯，树立健康文明的社会主义价值观念。

（3）教学方法。

第一，恰当地运用学习通慕课平台、腾讯会议等信息化手段。

第二，以学生为中心，采用任务型教学。根据材料积极引导，把思政元素和文本学习以及读写译任务互相融合，避免生搬硬套。

（4）教学环节。

第一，课前环节：加大语言输入，激励语言应用。

• 阅读文章“*How to Save Money while Visiting London*”，并回答如下 2 个题目。

a. Please list the ways of saving money in the article.

b. Work in groups and list some good tips of saving money and green consumption.

• 翻译练习。

中文：

要加大宣传引导力度，大力弘扬中华民族勤俭节约的优秀传统，大力宣传节约光荣、浪费可耻的思想观念，努力使厉行节约、反对浪费在全社会蔚然成风。

——《习近平谈治国理政》（第一卷）

英译：

We must disseminate our thoughts and intensify our guidance, promote our splendid national tradition of diligence and thrift, and regard frugality as honor and waste as disgrace. The strict enforcement of diligence and thrift must become the common practice of the whole society. All must oppose extravagance and waste.

• 预习本单元课文。

第二，课上环节（90 分钟）。

• 单元主旨导引阅读与讨论（15 分钟）：培养学生总结和概述能力。

Today's society is full of various commercial advertisements insisting that we have many unmet needs when their real motive is to create a powerful desire for something we may or may not actually need. The harmful consequences of excessive spending and borrowing money are obvious. Therefore, there is often another message that advises us to save money for the future. The twin messages come through loud and clear, "Yes, you should spend!" "No, you should save!" It can be confusing and difficult to make sensible decisions since many banks nowadays provide people with different kinds of credit cards simply to encourage them to spend money. Be careful! It's all too easy to get caught up using credit cards to buy things since it will easily put you in terrible debt. How will you budget your money? How will you be a smart consumer? These are good questions for you to consider.

——进行如下语言学习。

unmet needs; excessive spending; The twin messages come through loud and clear... ; to get caught up doing... ; to put you in terrible debt; budget your money.

——讨论如下问题。

a. List the reasons for excessive spending.

b. List the "harmful consequences of excessive spending and borrowing money".

• 详细阅读课文A，并进行内容语言处理（45分钟）：培养分析能力，同时通过如下中西价值观对比，深刻理解中华民族勤俭节约的优秀传统。

——第一段至第三段。

Q1: What messages do the writer find that defy common sense and contradict each other at the beginning of the article? How do you understand the word "manipulated"?

Q2: How is paragraph 2 related to the first paragraph? And according to the depiction, how would you feel as a so-called "a failing customer"? And what is the purpose of this manipulation from the credit card company?

Q3: What is the "upright message" in paragraph 3? "Traditional values" and "core American values" are mentioned in this paragraph and what about traditional values of our country concerning frugality, extravagance, diligence and perseverance?

例1: This is a way of life for a man of virtue: to cultivate his character by keeping a peaceful mind, and nourish his morality by a frugal living. Only freedom from vanity can show one's lofty goal of life; and only peace of mind can help him to achieve something lasting（夫君子之行，静以修身，俭以养德。非淡泊无以明志，非宁静无以致远）。

例2: It is easy to go from economy to extravagance, but not from extravagance to economy（由俭入奢易，由奢入俭难）。

——第四段至第五段。

Q1：How to see the phenomenon described in paragraph 4&5? What is the purpose of advertisements and how are people affected by them?

Q2：According to paragraph 6 to 9，how and why may we be affected by the "contradictory messages" and what should we do to be "an educated consumer and saver"?

• 文章结构梳理（15 分钟）。

a. The whole passage naturally follows the order of describing the problematic phenomenon and its effects and the writer's suggestion given the current situations.

b. The structure of a comparison/contrast of the article.

The paradox is that every day we get two sets of messages at odds with each other

... The other we could call an "upright" message, which urges us, "Work hard and save. Suspend your desires. Avoid luxuries. Control your appetite for more than you truly need." This message comes to us from many sources: from school, from parents, even from political figures referring to "traditional values". Hard work, family loyalty, and the capacity to postpone desires are core American values that have made our country great.(Para.3)

But the opposite message, advertising's permissive message, is inescapable. Though sometimes disguised,the messages are everywhere we look: on TV, in movies, on printed media and road signs, in stores, and on busses, trains and subways. Advertisements invade our daily lives. We are constantly surrounded by the message to spend, spend, spend. Someone recently said, "The only time you can escape advertising is when you're in your bed asleep!" (Para.4)

To clarify and stress the structure and see how comparison and contrast method is used to develop ideas in the text.

——补充以下对比结构材料：《中美消费观的差异》。

Comparison between Chinese and American perspective of consumption view

Chinese and Americans have significantly different consumption views；from youth，the Americans have been used to consumption by the loan，but most of the Chinese are accustomed to the consumption by the deposit. The US is the biggest consuming country in the world；China is the greatest country of deposit in the world. Different consumption views will have different influences on economic development and the lifestyles of people. The similarities and differences of consumption views are caused by the bilateral culture; different consumption views can reflect different cultures. The attitude toward consumption can basically be divided into two kinds of opposite shapes; one is the position of thrift, and the other is the allegation of the expense. Chinese's favorites are saving enough money then buying goods, but Americans are used to expending by borrowing money.

• 写作练习（15 分钟）：提供以下例文，组织模仿写作活动，使学生在掌握写作方法的同时，也对不同的消费观有所了解。

Thrifty people and non-thrifty people

While it is good to enjoy spending money, some people may prefer saving money for the future. They are grouped as thrifty people, whereas people who don't care about saving money can be called non-thrifty people. It's always interesting to compare these two groups of people who live in entirely different lifestyles.

Thrifty people tend to use their money very carefully. They often say, "A penny saved is a penny earned." So, they don't go shopping unless there is a large sale on the things they need. By doing this, they can usually save about 30 percent of money they otherwise have to spend. Similarly, they often conserve electricity. For example, they don't often use air conditioning in summer; instead, they use electric fans. Finally, they don't often eat out at restaurants. They calculate that by cooking at home they can probably save a large sum of money each month.

In contrast, non-thrifty people often spend money carelessly and lavishly. They never wait for a sale if they want to shop. They go shopping anywhere and anytime they want. Also, they never think about saving electricity to reduce their bill. They like to have their air conditioning on 24 hours a day in summer. Moreover, they often eat out and prefer going to fancy restaurants. They never care whether they can save money by eating at home or only by ordering specials offered at restaurants.

In conclusion, people always have their own lifestyles, and some are thriftier than others. The most important thing is that people should choose a lifestyle that is meaningful to them and can make them feel happy.

任务：学生阅读完毕后，按如下要求进行模仿写作练习。

Write a short essay with comparison/contrast structure based on the text, the sample essay and the supplementary materials. You can choose the topics given.

a. Two different life styles

b. Material pursuit and spiritual happiness

第三，课后环节：拓展阅读，深化认识，提高语言表达能力。

线上布置阅读材料：1924 年泰戈尔访华时在清华大学的演讲（双语版），网址（https：//cn. chinadaily. Com. cn/2018 -01/19/Cmtcnt_ 3554 2618. htm）。

- 任务 1：反复朗读泰戈尔的演说，领会其中意义，讨论并回答以下 2 个问题。

Q1：What is the "great service" according to Tagore?

Q2：What is your understanding of this great service?

- 任务 2：翻译以下文中段落。

It is your mission to prove that love for the earth, and for the things of the earth, is possible without materialism, love without a stain of greed. The man of greed is tied to his possessions with the rope of passion. That you are not so tied is shown by the trouble you take to bring things to their perfection.

通过阅读和翻译练习，使学生更加坚定对精神文明和美的追求，不被物欲所束缚。

6.1.2.6 读写教学设计案例 6

（1）背景介绍。案例背景如表 6.12 所示。

表 6.12 背景介绍

授课教师	万静静
授课对象	非英语专业本科一年级普通班学生。大部分学生对英语学习较重视，能够积极参与线上互动。通过课前线上讨论可见，一方面，很多学生对此单元的主题"青年时期的抉择"比较有兴趣；另一方面，青年面对的选择很多，但选择越多越容易乱花迷眼，在纷繁芜杂的世界中失去辨别力和判断力。因此，对如何在大学阶段作出正确无悔的抉择，同学们普遍缺乏信心
授课时长	90 分钟
教材	《新视野大学英语（第三版）读写教程 2（思政智慧版）》
单元	Unit 6 Less is more?

续表

思政融入点	社会主义核心价值观、中华传统文化、文化自信
思政素材	中国传统文化和美学（国画）、破釜沉舟的历史故事、中国古代典籍中的名言名句

（2）教学目标。

第一，知识目标。

• 掌握中国传统文化中关于“多与少”“得与失”“福祸相依”等辩证思想的相关英语表达方式。

• 掌握论说文中因果结构的使用。

第二，能力目标。

• 能分析文章主旨大意。

• 能使用有关简化生活等人生选择的相关英语表达个人观点。

• 能使用英语讲述中国历史故事及其寓意。

第三，素质目标。

• 理解简化生活的必要性，为何“贵精不贵多”。

• 培育和塑造学生有意义的人生观。

• 学习在生活中实践明智选择。

（3）教学方法。

第一，运用学习通慕课平台、腾讯会议等信息化手段实现课堂的翻转。

第二，以学生为中心，采用任务型教学，激励合作学习。

（4）教学环节。

第一，课前环节：激发背景知识，激励语言运用。

• 课前调查问卷（这种形式有益于学生进行自我反思，思考是学习的开始）。问卷问题包括“大学期间，你作出过哪些决定？哪些决定是困难的？哪些决定是重要的？哪些决定是有遗憾的？为什么？”

• 讨论。请学生在预习课文之后回答以下 2 个问题：

问题 1：当提到“关门”，你会想到什么？

问题 2：“门”指的是什么？你能举出哪些具体例子？

• 讨论。请同学们观看 TED 视频 *The paradox of choice*（选择的悖论）后回答问题：“人们力图在生活中保留过多选择的代价是什么？”

● 自学双语文章阅读材料“秦朝灭亡相关历史材料”，了解项羽“破釜沉舟”典故的背景。

第二，课上环节（90 分钟）。

● 课前预习作业的讨论评讲（15 分钟）。

——结合课前调查问卷，先向学生提问：在观察同辈留言中有哪些发现？再补充评讲：无论是否意识到，生活中我们时时刻刻都在作着大大小小的选择；提醒学生开始思考：自己过去是如何选择的？用贴近学生生活的例子进一步讨论：很多选择看起来很时髦，但是否就是大学生活的最佳状态？如在学期间，是否参与越多的社团活动越好？你采用的是过度消费还是选择性消费？从而激发学生的兴趣，引起学生共情。

——结合课前讨论问题 1 评讲分析，师生一起挖掘并总结本章的主题：“门”是机会，“关门”则是指青年这一主体面临这些机会时所作的一种“选择”。因此，Text A 的标题关键词“door”的内涵可以总结为“青年时期的抉择”。

——结合课前讨论问题 2 评讲答案：演讲人巴里·施瓦茨（Barry Schwartz）通过生动的生活案例，讲述了现代生活中过多的选择带给人们的影响，如给人带来束缚、增加机会成本、提高期望值等。

● 问题驱动、概念导入，加强表述能力培养（25 分钟）。

——概念介绍。承接课前讨论问题 2 答案中提出的“机会成本”，教师可通过介绍这一概念让学生意识到，一切选择都有其成本，它有时候不是以你所付出的来计算，而是以你所放弃的来衡量，从而再次结合单元主题，启发学生进一步思考和讨论：现代生活中过多的选择是否真的能提升我们的幸福感？

——中西比较。启发并组织学生讨论如何理解本单元的标题“少即是多”，并举出例子。单元标题“少即是多”本身是起源于建筑美学的一个话题。这句话的含义也深刻反映在中国传统文化和美学上。中国国画的最高境界即是“留白”，比如齐白石的画作《虾》。留白的导入很贴切，在带领学生欣赏留白这种审美取向的同时，也可以尝试辨析：作品要不要留白？通过辨析将话题进一步引向“选择”这一主题，呼应课前作业评讲并得出一个初步结论：并不是越多越好，而是要学会选择，对于一位积极向上的大学生来说，应该作出理性的选择。

——教师可向学生推荐《断舍离》。这本书非常有趣，主题相关性（极简主义，minimalism）也很强，是一个很好的拓展材料，教师可推荐极简主义的生活理念，分享这样的生活方式如何能保持人在精神上的富足；此外，虽然极简主义这一概念起源于北欧，但在我们的传统文化中也有很多类似的阐述，如上面提到的中国艺术品中留白的审美取向，可以结合这本书就“少即是多”进行中西文化的互阐，以突出教学中文化自信的效果。

- 课文讲练，培养概括、分析、评价能力，激励语言产出（50 分钟）。

——语言学习（10 分钟）：本部分旨在通过汉英翻译练习的形式，引导学生学习类似“少即是多”这样的短语，进行横向拓展，侧重中华文化中“辩证思考”这一传承，从而唤起学生的文化自信。辩证的思考方式贯穿中国文化的发展历程，是中华文明的特质之一。本单元的两个标题，即“少与多”和“门要开还是关”，都充满了思辨性。教师可以引用中国古代典籍中关于“福祸相依”“得与失”等金句，通过翻译教学培养学生承传辩证思考的习惯，例句如下。

句 1：

福之为祸，祸之为福，化不可极，深不可测也。

——《淮南子》

Fortune can turn into misfortune and misfortune may become fortune. Such changes are unpredictable and too profound to understand.

句 2：

祸兮，福之所倚；福兮，祸之所伏。

——《道德经》

Fortune lies beside misfortune；misfortune lurks within fortune.

句 3：

故知足不辱，知止不殆，可以长久。

——《道德经》

Be content with what you have；reioice in the way things ane. When you realize there is nothing lacking，the whole world belongs to you.

——语言运用（15 分钟）：本环节旨在通过搭设语言脚手架，即对项羽和巨鹿之战的背景介绍及相关词汇的教授，让学生练习用英语口语进行复述。然后组织学生讨论破釜沉舟的含义，如锲而不舍的精神。破釜沉舟在本文中的基本含义，即不留退路，非打胜仗不可，形容下决心不顾一切地干到底。接下来，要求学生能够向口语伙伴复述破釜沉舟的故事梗概及核心含义，并鼓励学生课后练习一段习作，将口语产出进行再产出。

——强化思辨（10 分钟）：本环节旨在通过口语讨论互动，培养学生“思”的能力，即谨慎判断、深入分析问题的能力，以达到帮助学生理解主题，内化自信的效果。教师可引导学生纵向挖掘，对“破釜沉舟”进行深入分析（通过项羽的故事提出话题：两难之间，如何抉择?）。

文章的主体和结论回应了这个话题：“破釜沉舟”不是赌博，而是赢得胜利的抉择。从《史记·项羽本纪》可以看出，“破釜沉舟”是一种策略抉择，需要勇气、自信、智慧。“釜”和“舟”不再是资源，反而成为一种拖累，项羽选择面对现实，丢弃幻想，正确取舍，取得胜利。

此外，教师也可以补充时事中的例子，如面对新冠肺炎疫情，我国作出了正确抉择，体现了中国特色社会主义治理体系的勇气、自信和智慧。其目的是希望学生通过思想碰撞中的深入思考，理解何为明智的选择，认同为何“贵精不贵多”是生活中更有意义的选择。

——主题应用（15 分钟）：本环节旨在于以上认知习得的基础上，帮助学生就“今后如何谨慎决定、明智决定”有更深入的人生思考。不仅如此，还要组织学生通过有关活动，实践理性，选择简约生活的理念，希望学生通过学习改变生活，向知行合一的教育目标迈进。这一做法分为以下三步。

第一步：结合课文最后一段 Para. 14，让学生以开放式问题思考和讨论，试想一下这些重要的问题：怎么做会使我们获得更多，是不断增加选择，还是只保持少数精心挑选的选择？我们应关闭什么门，以便让机会和幸福之窗打开?

第二步：针对当前大学生中的常见现象，如“买买买”等消费行为，探讨以下问题：奢侈浪费是许多学生的现状，但某些消费是否必须？need，want，desire（需要、想要、渴望）这几个概念的区别是什么?

第三步：布置并解释课下任务，名称为 I've made it（我做到了!）。其设计灵感来源于本单元主题页的第二句谚语“You have succeeded in life when all you really want is only what you really need”，告诉学生“环保5R（Refuse，Reduce，

Reuse, Repair, Recycle)”并鼓励学生挑战自己，尽量不要再去买自己想要而非必要的东西，同时请学生发挥巧思，在生活中“变废为宝”，延续物命。希望学生能够开始改变生活中浪费的习惯，每天都去微信打卡，记录每天厉行节约的点滴。鼓励学生：如果能够连续做满 21 天，不浪费的好习惯就可以养成，届时再请大家来分享“成就”。

第三，课后作业：应用语言，实践育人。

- 写作任务。

——在超星平台上布置主题讨论题目：产出练习（用英语写一段作文），描述破釜沉舟的故事梗概及其核心含义。

——在超星平台上布置主题讨论题目：课后，请具体提出目前你在个人生活中打算关闭的那“一扇门”，以及相应的行动计划。

- 实践任务：完成 21 天微信打卡“我做到了！”这一任务。每天都可以进行微信打卡，记录下自己厉行节约的点点滴滴。

6.1.3 大学英语读写 3 课程思政教学案例

6.1.3.1 读写教学设计案例 1

（1）背景介绍。案例背景如表 6.13 所示。

表 6.13 背景介绍

授课教师	贺君婷
授课对象	非英语专业本科二年级普通班学生。大部分学生对英语学习较重视，能够积极参与线上互动。学生对该话题比较熟悉，但对其见解有待深入。将个人梦与中国梦结合起来是教学重点
授课时长	90 分钟
教材	《新视野大学英语（第三版）读写教程 3（思政智慧版）》
单元	Unit 1 The way to success
思政融入点	时代精神、社会主义核心价值观、中西文化对比
思政素材	马云英文演讲、屠呦呦（BBC 记录片）、袁隆平院士英语访谈、古今名言警句

（2）教学目标。

第一，知识目标。

- 了解中西方对成功的不同定义。

- 掌握和成功相关的英语词汇和表达方式。

第二，能力目标。

- 能熟练使用英语对成功及其相关话题表达个人观点。
- 能够分析中西方价值观的不同，并进行合理评述。
- 能够翻译有关成功话题的段落和篇章。

第三，素质目标。

- 培育和塑造学生正面积极的成败观和人生观。
- 理解成功的含义并找到通往成功的必经之路。

（3）教学方法。

第一，运用学习通慕课平台、腾讯会议等信息化手段实施混合式教学。

第二，以学生为中心，采用任务型教学，鼓励合作式学习。

（4）教学环节。

第一，课前环节：加大语言输入、激活背景知识，鼓励语言产出。课前教师在慕课平台分享阅读材料（*On Achieving Success* by Ernest Hemingway），基于阅读材料，布置线上讨论题目（How do you define success?）。要求学生在读懂阅读材料的基础上，发表自己的观点，鼓励学生相互评论留言；教师查阅学生的留言，并对精彩的留言予以积分奖励。

第二，课上环节（90分钟）。

- 以听说训练活动导入学习主题，培养识别并提取关键信息、概述大意的能力（20分钟）。以BBC记录短片《屠呦呦：20世纪最伟大的科学家之一》（双语视频）为素材，视频时长约8分钟，讲述了屠呦呦临危受命，遍查古籍汲取创新灵感，以身试药成功提取青蒿素，挽救数百万人生命的传奇故事。学生可以通过观看视频，感受屠呦呦对科研的执着，体会成功背后的付出与艰辛。

课堂上要求学生观看视频，回答如下问题。

Q1：How did Tu find the cure for malaria?

Q2：What obstacles did Tu encounter in her quest for the cure for malaria?

Q3：What made Tu one of the greatest scientists of the 20th century?

Q4：What did you learn from her?

- 课文讲解（35分钟）：培养学生阅读能力、分析能力和评述能力。

——在课文第四段的学习后，插入如下思考题。

What are the most important factors that contribute to people's success? What should you do when faced with obstacles on the way to success?

——在课文第六段的学习后，观看视频（*The way to Success*），请学生总结概括通往成功的途径有哪些，并且分享中西方对成功的不同观点和看法。教师给出名言例句，请学生完成以下英汉和汉英的互译。

英译汉：

例 1：

Life is 10% what happens to you and 90% how you react to it.

—Charles. R. Swindoll

生活中 10% 是你将经历的事，而剩下的 90% 是你应对它的过程。

—查尔斯·斯温德尔

例 2：

Failure will never overtake me if my determination to succeed is strong enough.

—OgMandino

如果成功的决心足够强烈，失败就永远不会打倒我。

—奥格曼狄诺

例 3：

You are never too old to set another goal or to dream a new dream.

—C. S. Lewis

制定一个新目标和实现一个新理想永远不晚。

——克莱夫斯·刘易斯

汉译英：

例 1：

切勿画地为牢，裹足不前。

——《论语》

It doesn't matter how slowly you go as long as you do not stop.

例 2：

立志欲坚不欲锐，成功在久不在速。

——张孝祥（南宋）

The ambition you set should be permanent rather than sharp; the success you made should be timeproof rather than fast.

例 3：绳锯木断，水滴石穿。

——罗大经（宋）

Little strokes fell great oaks.

——在完成课文全文讲解之后，请学生谈谈现实生活中的成功榜样及其对自己的触动，教师也可以补充例子（如 Yuan Longping，"Father of Hybrid Rice"；Zhong Nanshan，distinguished expert and professor in SARS and Covid-19 等）。

- 词汇和表达法学习（15 分钟）：讲解课文中的重点词汇和常用表达法，夯实语言基础，并在例句的选取上体现思政元素，例如：

——triumph over（战胜……）

中国人民只要万众一心，必将战胜任何困难，从而立足世界之巅。

As long as the Chinese people work with one heart and one mind，they will *triumph over* any difficulties and stand on top of the world.

——work one's way to/ through/ into（通过奋斗逐步达到）

在这一发现声明通过科学界的逐级审查之时，与该科技相容或相抗的理念间的相互作用、相互对抗把个人的研究发现转变为科学界的可信发现。

As a discovery claim *works it through* the community，the interaction and confrontation between shared and competing beliefs about the science and the technology involved transforms an individual's discovery claim into the community's credible discovery.

- 翻译训练（20 分钟）：此处所选文本为马云在 2017 年参加"全球转型论坛"时发表的压轴演讲节选。马云在演讲中谈及了自己对成功与失败、金钱与机会、人才与未来等方面的看法和认知。学生可以通过阅读节选的例句，思考在当下社会究竟应该如何定义成功以及获得成功，然后让学生把以下句子进行英汉互译。

例 1（汉译英）：

It's not the money that makes the difference. If money can make the difference，there's no chance for us.

不是钱在改变世界，如果钱能改变，就没有我们的机会了。

例 2（汉译英）：

Most of the companies died at the bubble period not because they didn't have money, but because they had too much money.

大多数的公司，在泡沫时代都阵亡了，不是因为他们没有钱，而是因为他们有太多钱。

例 3（汉译英）：

Every mistake, every setback, every time people refuse us, I take it as a learning curve.

每一次失败，每一次挫折，每一次被别人拒绝，我都把它当作一次训练。

例 4（汉译英）：

To me, being rejected by people is natural. If you are accepted by people, that's not natural.

在我看来，被人拒绝这是很正常的事情。被别人接受才并非是顺理成章的事情。

例 5（汉译英）：

When people complain, they lose opportunities and close their minds. The world is full of opportunities when it is full of complaining people.

当人们抱怨的时候，他们正在失去机会，并且被抱怨禁锢了思想。当世界充满了抱怨的人，那么这个世界处处都是机会。

例 6（汉译英）：

If you want to be successful, you should have EQ. If you do not want to lose, you should have IQ. If you want to be respected, you should have LQ, the Q of love. So these three Qs are very, very important for anybody who wants to be successful: IQ, EQ, LQ.

如果你想成功，你应该有情商；如果你不想失败，你应该有智商；如果你想得到尊重，那就关乎爱商（LQ）。所以对于想成功的人来说这些问题至关重要：智商、情商、爱商。

第三，课后环节：输入输出相结合，夯实写作能力。

课后任务设置：要求学生观看袁隆平院士用英语向外国记者阐释自己的“禾下乘凉梦”的视频，并根据视频内容布置写作练习（题目：*My understanding of real success*）。

6.1.3.2 读写教学设计案例2

（1）背景介绍。案例背景如表6.14所示。

表6.14 背景介绍

授课教师	田甜
授课对象	非英语专业本科二年级普通班。同学们对英语学习较重视，能比较好地接受线上教学方式。很多同学对此单元的主题比较有兴趣，对当前社会新闻关注度较高，了解一些遇见困难和不幸的人物的故事
授课时长	90分钟
教材	《新视野大学英语（第三版）读写教程3（思政智慧版）》
单元	Unit 2 Beat the fear
思政融入点	道德修养（克服困难的勇气、乐于助人）、家国情怀
思政素材	习近平总书记讲话节选、抗疫故事、陶勇医生事迹

（2）教学目标。

第一，知识目标。

- 掌握同战胜恐惧、勇气相关的英语词汇和表达方式。
- 掌握英语记叙文的写作要素和结构。
- 了解中国人民战胜恐惧的方式和勇敢精神。

第二，能力目标。

- 能使用有关恐惧和勇气的相关英语表达个人观点。
- 能翻译有关克服恐惧和勇气的简短段落。
- 能使用英语记叙文的结构书写故事。

第三，素质目标

- 提升学生修养，增强战胜恐惧、直面困难的勇气。
- 培养学生大爱大胸怀、甘于奉献的情怀。

（3）教学方法。

第一，运用学习通慕课平台、腾讯会议等信息化手段，实施混合式教学。

第二，以学生为中心，采用任务型教学，激励合作式学习。

（4）教学环节。

第一，课前环节：增加语言输入量，激励语言应用。

• 课前阅读：阅读文章（*What makes us afraid?*）后思考以下问题。

Q1：What do we normally do to overcome something we might fear?

Q2：How might we develop a phobia?

Q3：When we have a phobia，what happens to our breathing?

Q4：Why should you not continually avoid what you're afraid of?

• 讨论：课前教师在学习通慕课平台布置讨论。先给出图片，人物为北京朝阳医院的眼科主任陶勇。陶勇医生被一患者连砍数刀致双手和头部重伤，引发社会强烈关注。围绕此次讨论话题（How did he survive the tragedy?），学生在线上发表看法，相互留言；教师课前查看学生发言，并予以鼓励和评价。

第二，课上环节（90 分钟）

• 热身活动（10 分钟）：激活背景知识，学会使用英语就鼓起勇气、克服恐惧等话题进行表达。

——翻译中国古代关于恐惧和勇气的名言。

例 1：

知者不惑，仁者不忧，勇者不惧。

——《论语 · 子罕》

Regardless of other people's rights and wrongs，regardless of their own gains and losses，march forward bravely and speak the truth that people dare not say.

例 2：

小勇，血气所为；大勇，义理所发。

——朱熹《四书章句集注》

Small acts of bravery are driven by momentary impulses；great deeds of courage are initiated by reasons and principles.

——提问和回答。

What would make you fearful? Does it do us any good to feel fearful?

• 课文讲解（25 分钟）：培养学生的概括能力、分析能力，掌握记叙文的写作要素和写作方式。

——阅读课文第 1—12 段，找出作者描述恐惧的短语和表达方式（5 分钟）。如：

scared; made me sick; terrified; My palms got sweaty and my stomach felt sick...

I was paralyzed with fear...

——阅读课文，找出故事发展的时间标志，以及对事件的描述和作者的感受（15 分钟）。如表 6. 15 所示。

表 6. 15　故事发展的时间标志、事件描述和作者感受

	Time Marker	Events	The author's feelings
1	When our car pulled to a stop at the beach	We saw the Mediterranean Sea. The beach was known for its notorious rip currents	I shivered with fear
2	Suddenly I heard shouting in French	A mob of people were running into the sea. I glimpsed a little boy out there! Sucking in a deep breath, I threw myself into the water	My palms got sweaty and my stomach felt sick. I was paralyzed with fear
3	Sucking in a deep breath, I threw myself into the water	Focus, I shouted in my head. I swam with all my strength, reaching the boy just as he sank below the surface. I grabbed his arm and pulled	I was breathless and terrified, forcing myself to focus
4	When I turned back toward shore a wave pounded over us	I fought to get us back to land, but made little progress. I remembered what I'd learned in my life saving class. We slowly made our way to safety	I was desperate to survive. I was no longer afraid

记叙文一般都是以时间为主线来组织叙述的内容，使读者对文章中的人物或事件有一个清晰的了解，即开门见山交代时间、地点、人物等。其要点如下。

5 个 W（what, who, when, where, why）和 1 个 H（how）；记叙文大多讲述的都是过去已经发生的活动与事件，大部分都是用过去时；关于“You, He or I?”这一点，记叙文多采用第一或第三人称的形式。第一人称的叙述主观色彩浓厚，有利于细腻的情感表达；第三人称的叙述则可以超越时间限制，更加客观，增强真实感。

——阅读第 12—15 段，并思考问题（What makes the author overcome his fear and rescue the drowning boy?）（5 分钟）。参考答案如下。

sense of responsibility

e. g. He was the only person who could give the boy a hand at that time.

calmness

e. g. He forced himself to be focused and not to let fear get the upper hand.

bravery and courage

e. g. Maybe the author didn't realize how brave and courageous he was, but no one can deny that without bravery and courage he could not make it.

• 引入视听案例（15 分钟），培养学生的概述和评述能力，同时了解疫情期间平凡岗位上的人们如何克服恐惧，帮助他人。

——语言练习（10 分钟）：给出一段音频材料，是关于 2020 年上半年新冠肺炎疫情期间，外卖送餐员克服恐惧，为民众送餐并帮助老人的故事。先让学生做听写填空，同时理解短文内容。所设置的填空中，有和新冠肺炎疫情有关的词汇（如 outbreak, get infected, transmission），也有在这种困难状况下做出行动的词汇（如 commitment）。

——深化主题（5 分钟）：根据听力材料，即外卖送餐员面对疫情时能够勇敢地继续为人们服务，提出如下问题，引导学生讨论并引出课程思政点。

As an ordinary person, what will you do to help others and make contribution to the community at the moment of emergencies?

通过讨论，启发学生认识到在危机时刻，我们应战胜对困难的恐惧，心怀责任感、使命感，努力做好自己的事，帮助身边的人。

• 拓展新闻阅读和英汉翻译，提高学生的分析能力和翻译能力（20 分钟）。

——简单点评课前讨论（5 分钟）：引导学生认识陶勇面对人生不幸时的

勇气。

——语言运用（5 分钟）：结合课前对陶勇的讨论，进行一段关于陶勇医生的新闻翻译练习。通过如下翻译练习，使学生进一步了解勇气、责任和大爱。

经历这场悲剧后，陶勇的内心依然强大。对于陶勇而言，保持健康的心态至关重要，哪怕面对的是疾病与痛苦。

Despite this tragedy，Tao's positive attitude remained strong. For Tao，keeping a healthy mentality is very important，even in the face of disease and pain.

——升华主题（10 分钟）：通过更多的翻译示例，使学生深刻体会医务人员在抗击疫情中所体现的勇气和大爱，并提升语言表达能力，如下所示。

新冠肺炎疫情发生以来，广大医务工作者义无反顾、逆行出征，冲上疫情防控第一线，同时间赛跑，与病魔较量，为抗击疫情作出了重大贡献，彰显了敬佑生命、救死扶伤、甘于奉献、大爱无疆的崇高精神。

——《习近平领导中国战“疫”》

Since the COVID-19 outbreak，a great number of medical workers have raced against time and fought tenaciously against the virus at the frontlines. They have made significant contributions in fighting the epidemic，and demonstrated the noble spirit of giving priority to saving lives with total devotion and ultimate love.

同时，通过对名言警句的翻译，不仅可使学生掌握英汉两种语言的对应关系，而且可使学生认识从个人到国家，只有面对困难，克服恐惧才能成就奇迹。下引几例。

例 1：

九十六年来，为了实现中华民族伟大复兴的历史使命，无论是弱小还是强大，无论是顺境还是逆境，我们党都初心不改、矢志不渝，团结带领人民历经千难万险，付出巨大牺牲，敢于面对曲折，勇于修正错误，攻克了一个又一个看似不可攻克的难关，创造了一个又一个彪炳史册的人间奇迹。

——《习近平在中国共产党第十九次全国代表大会上的报告》

Over the past 96 years，to accomplish the historic mission of national rejuvenation，whether in times of weakness or strength，whether in times of adversity or smooth sailing, our Party has never forgotten its founding mission, nor wavered in its pursuit. It has united the people and led them in conquering countless challenges, making enormous sacrifices, meeting setbacks squarely, and courageously righting wrongs. Thus we have, time and again, overcome the seemingly insurmountable and created miracle upon miracle.

例 2：

天下有大勇者，卒然临之而不惊，无故加之而不怒。

——苏轼《留侯论》

People who are truly heroic do not panic when they encounter emergencies, nor do they flare up when they are insulted by others for no reason.

例 3：

我懂得了，勇气不是没有恐惧，而是战胜恐惧。勇者不是感觉不到害怕的人，而是克服自身恐惧的人。

——纳尔逊·罗利赫拉赫拉·曼德拉

I learned that courage was not the absence of fear, but the triumph over it. The brave man is not he who does not feel afraid, but he who conquers that fear.

• 写作训练（20 分钟）：培养学生的逻辑思维能力和表达能力，对勇气和克服恐惧有更深的感悟，引导学生结合前述环节的内容，把勇气和面对恐惧同个人的社会责任感结合起来，并清楚表达自己的观点。写作题目（*How to face fear?*），学生以小组为单位，列出写作提纲，然后在班级中进行分享。

第三，课后环节：线上综合训练任务，激励语言应用，深化思想领悟。

• 任务要求：讲一个中国故事，弘扬社会正能量。主题是关于身边的普通人如何战胜挫折，或在面对危险时如何战胜困难和恐惧，积极为社会和人民做好事。完成后，以讨论跟帖的方式提交至学习通慕课平台，同学们可以互相看到对方的故事，从而受到更多的教育与启迪。

6.1.3.3　读写教学设计案例案例 3

（1）背景介绍。案例背景如表 6.16 所示。

表 6.16 背景介绍

授课教师	俞莹
授课对象	非英语专业大二学生。学生对英语学习较重视，能比较好地接受线上教学手段；在线上教学的过程中，大多数学生能够积极参与互动。教师通过分析学习通慕课平台所发布讨论题目的回复情况，发现很多学生对此单元的主题比较有兴趣，对著名人物的生平比较关注，但对人物细节缺乏了解
授课时长	90 分钟
教材	《新视野大学英语（第三版）读写教程 3（思政智慧版）》
单元	Unit 3 Life stories
思政融入点	中华民族传统文化（忧国忧民）、时代精神（奉献）、家国情怀、社会主义核心价值观
思政素材	《习近平谈治国理政》（节选）、杜甫的故事、屠呦呦事迹等

（2）教学目标。

第一，知识目标。

- 了解中华民族传统文化中对品格的定义。
- 掌握同经典人物、人生故事相关的英语词汇和表达方式。

第二，能力目标。

- 能够使用恰当的英语表达方式谈论人格品质。
- 能够使用恰当的英语表达方式叙述人生故事。
- 能够撰写英语短文，叙述人物品质及其影响。

第三，素质目标。

- 培养和塑造学生正面积极的人生观和世界观。
- 培养学生树立家国情怀，心怀祖国。

（3）教学方法。

第一，运用学习通慕课平台、腾讯会议等信息化手段，实施混合式教学。

第二，以学生为中心，采用任务型教学，激励合作式学习。

（4）教学环节。

第一，课前环节：设置讨论话题和学习任务，激活背景知识，激励语言运用。

- 讨论：课前教师在学习通慕课平台布置视频任务（观看 BBC 纪录片

《杜甫》)。要求学生在阅读课前自行观看，并回答问题 (What do you know about Dufu?)，同时鼓励学生相互评论留言。

• 布置阅读任务：学生提前通读课文并预习词汇知识点。

第二，课上环节 (90 分钟)。

• 引入视频案例，激活背景知识，训练学生使用英语表达观点 (30 分钟)。

——知识点学习 (5 分钟)：结合 BBC 纪录片《杜甫》的内容，介绍和讲解相关词汇，主要词汇知识点举例如下。

at an ever faster rate (以前所未有的速度)。

China has the oldest living tradition of poetry in the world. (中国有世界上留存至今最古老的诗歌传统。)

You couldn't be a Mandarin without proving your literary skills. (证明不了自己的文学造诣则当不成高官。)

No other civilization in the world was so refined or so cultured. (当时的中国是世界文明的巅峰。)

immersing himself in China's ancient traditions (将自己沉浸在传统中)。

one special place of pilgrimage (特殊的圣地)。

the core values of Chinese civilization (中华文明的核心价值观)。

virtue, benevolence, service to the state (德行、仁义、忠诚)。

——拓展背景知识，培养学生的概述和评述能力，同时更加深刻地认识人物品质 (10 分钟)。请学生概括总结杜甫的品质。在这一过程中，教师引导学生了解当时的时代背景，由此认识杜甫“心怀天下、忧国忧民，心系苍生、胸怀国事”的伟大品质。在此基础上，指出杜甫所表现出来的乐于为他人扬善、为世人披肝沥胆、敢于自我牺牲的品性，而这正是当代年轻人所应该学习与具备的。尤其是在当前国内外疫情复杂严峻之际，更需要青年一代肩负历史使命，成长为中华民族的脊梁。

——诗歌欣赏 (10 分钟)：纪录片中提到了《壮游》，并由著名演员 Ian McKellen 朗读。课堂上可由学生朗读，并谈谈对杜甫和这首诗的感想。

——深化主题讨论 (5 分钟)：以小组为单位围绕下列话题讨论。

Which is your favorite poem by Du Fu? Who is your favorite Chinese poet and why?

• 课文讲练（60 分钟），进行综合语言训练，同时对学生进行价值引领。

——分析课文内容（15 分钟），使学生能分析并概括故事主人公赫本的优秀品格（love，kindness，charity，strong will，hard-work）。

——补充相关的中国思想观点，并使学生学会翻译（10 分钟）。举例如下。

例 1：

爱人者，人恒爱之；敬人者，人恒敬之。

——《孟子·离娄章句下》

He who loves others is constantly loved by them; he who respects others is constantly respected by them.

例 2：

以爱己之心爱人，则尽仁。

——张载《正蒙·中正》

The true virtue is to love others the way you love yourself.

例 3：

千淘万漉虽辛苦，吹尽狂沙始到金。

——刘禹锡《杂曲歌辞·浪淘沙》

Gold glitters only after countless washings and sievings.

例 4：

天行健，君子以自强不息。

——《易传·象传》

As Heaven changes through movement, a gentleman makes unremitting efforts to perfect himself.

——重点词汇学习（15 分钟），通过例句进行价值引领。举例如下。

例 1：

We must resolutely advance reform in the domain of law-based governance, tearing down institutional obstacles. The fundamental solution to problems in this *domain* is reform.

坚定不移推进法治领域改革，坚决破除束缚全面推进依法治国的体制机制障碍。解决法治领域的突出问题，根本途径在于改革。

——《习近平谈治国理政》（第二卷）

例2：

The working class of our country must play an *exemplary* and leading role in taking the Chinese path, fostering the Chinese spirit and building up China's strength, and make concerted efforts to realize the Chinese Dream.

我国工人阶级一定要在坚持中国道路、弘扬中国精神、凝聚中国力量上发挥模范带头作用，万众一心、众志成城，为实现中华民族伟大复兴的中国梦而不懈奋斗。

——《习近平谈治国理政》（第一卷）

例3：

We need to firmly continue in this direction, help lift the world economy out of the situation of lackluster recovery and *fragile* growth, and lay a solid foundation for a new round of growth and prosperity.

要沿着这一方向坚定走下去，帮助世界经济彻底摆脱复苏乏力、增长脆弱的局面，为世界经济迎来新一轮增长和繁荣打下坚实基础。

——《习近平谈治国理政》（第二卷）

例4：

As long as we carry forward the partnership spirit of going through thick and thin together, we will be able to ride through the rough waves of the world economy and *embark* on a brand-new voyage for future growth.

只要我们坚持同舟共济的伙伴精神，就能够克服世界经济的惊涛骇浪，开辟未来增长的崭新航程。

——《习近平谈治国理政》（第二卷）

例5：

We should not abandon Marxism-Leninism and Mao Zedong Thought; otherwise, we would be *deprived* of our foundation.

马克思列宁主义、毛泽东思想一定不能丢，丢了就丧失根本。

——《习近平谈治国理政》（第一卷）

• 拓展思考，问题驱动，引导学生进行独立思考，并确立自己的人生榜样（20 分钟）。

先向学生提出以下问题。

What roles did Audrey Hepburn most prefer portraying while she was universally reckoned to be one of the most beautiful women and a style icon in the world? Inspired by Audrey Hepburn, what do you think one can do for people in need in the world? Who is your role model and why?

接下来组织小组讨论，并选取学生进行发言。教师可以通过具体的人物事例，例如科学家屠呦呦，引导学生认识榜样的优秀品质并学会用英语表达。例如：

volunteer to test it on oneself（主动要求在自己身上做试验）。

Few people are brave enough to risk their own lives in the hope of saving others.（很少有人会像她这样，敢于冒着自己的生命危险，仅仅因为有一线希望，能够拯救他人。）

prefer to stay out of the spotlight（依然不喜欢公开场合的聚光灯）。

第三，课后环节：设置线上写作任务，激励语言应用，深化思想领悟。

任务要求：请同学们围绕下列问题，模仿课文写作短文。

Q1：Do you know other famous Chinese scientists with great achievements?

Q2：What inspiration can you obtain from these scientists?

6.1.3.4　读写教学设计案例 4

（1）背景介绍。案例背景如表 6.17 所示。

表 6.17　背景介绍

授课教师	韩红
授课对象	非英语专业二年级普通班学生。学生基础一般，但对英语学习较重视，能比较好地接受线上教学手段；在线上教学的过程中，大多数学生能够积极参与互动。通过分析学习通慕课平台所发布讨论题目的回复情况可知，很多同学对此单元的主题比较关注，绝大多数学生有过旅游的经历，而且喜欢旅游。本课程设计的目的是全方位提高学生的英语应用水平，使他们热爱祖国大好山河，并开阔国际视野

续表

授课时长	90 分钟
教材	《新视野大学英语（第三版）读写教程 3（思政智慧版）》
单元	Unit 4 Let's go
思政融入点	爱国情怀、积极健康的生活方式、文化素养
思政素材	《习近平谈治国理政》（节选）、名言警句、峨眉山视频

（2）教学目标。

第一，知识目标。

- 掌握并且能够运用课文词汇。
- 掌握课文大意。
- 了解生态和旅游的重要性。

第二，能力目标。

- 使用旅游相关英语表达个人观点。
- 能够翻译旅游主题的段落。

第三，素质目标。

- 提高学生的文化素养，提升他们的精神境界。
- 培养学生的爱国情怀。
- 倡导积极健康的生活方式，通过旅游放松心情，开阔眼界，获得持续发展动力。

（3）教学方法。

第一，本次课采用任务型教学，鼓励学生开展合作学习。

第二，运用学习通慕课平台、腾讯会议等信息化手段实施翻转课堂教学，增加课堂的有效输入。

（4）教学环节

第一，课前环节：设置讨论话题和阅读任务，激活背景知识，激励语言运用。

- 在学习通慕课平台讨论话题（What's your favorite tourist attraction in China? Why do you like it most?），引导学生提前进行思考。教师课前通读学生的留言，给学生点赞鼓励，对精彩的留言予以积分奖励并将其置顶；同时记录旅游目的地和理由，为课堂教学作准备。

• 阅读并回答问题：根据补充阅读材料（*As China lifts restrictions, here's where its people want to travel*），找出并概括“后疫情时代，中国游客的旅游意愿”。

第二，课上环节（90 分钟）。

• 针对课前环节布置的如下 2 个讨论话题和阅读材料，归类列表、进行课堂反馈（10 分钟）。

Q1：What's your favorite tourist attraction in China?

Q2：Why do you like it most?

• 在学习通上完成课文单词听写，并有针对性地进行纠错和词汇讲解（20 分钟）。

• 用以下选词填空的方式补充四个有关旅游的名人名言，引导学生领略旅游的魅力，拥抱丰富多彩的大自然和各地文化（10 分钟）。

Word Bank
adventure, avoid, beauty, charm, eyes, fear, ignore, landscapes, one, reject stay home

a. The real voyage of discovery consists not in seeking new *landscapes*, but in having new *eyes*.

—Marcel Proust

b. When you travel, if you *reject* the food, ignore the customs, *fear* the religion and *avoid* the people, you might better *stay home*.

—James Michener

c. The world is a book, and those who do not travel read only *one* page.

—Agustine of Hippo

d. We live in a wonderful world that is full of *beauty*, *charm*, and *adventure*. There is no end to the adventures we can have if only we seek them with our eyes open.

—Jawaharial Nehru

• 知识拓展：通过英汉互译练习，提高学生的翻译能力，并引导他们思考生态保护的重要性，以及保持积极生活态度的重要性（10 分钟）。

汉译英：

绿水青山就是金山银山。

Lucid waters and lush mountains are invaluable assets.

英译汉：

In China's Han Dynasty, around 130 BC, Zhang Qian, an imperial emissary, left Chang'an, capital of the Han Dynasty. He traveled westward on a mission of peace, and opened an overland route linking the East and the West, a daring undertaking which came to be known as Zhang Qian's journey to Western Regions. Centuries later, during the Tang, Song and Yuan dynasties, the Silk Road, by both land and sea, became increasingly busy. Great adventurers, including Du Huan of China, Marco Polo of Italy and Ibn Battuta of Morocco, left their footprints along these ancient routes. In the early 15th century, Zheng He, the famous Chinese navigator of the Ming Dynasty, made seven voyages to the Western Seas, a feat which is still remembered today. These pioneers won their place in history not as conquerors with warships, guns or swords. Rather, they are remembered as friendly emissaries leading camel caravans and sailing treasure-laden ships. Generation after generation, the Silk Road travelers built a bridge for peace and East-West cooperation.

公元前130多年的中国汉代，一支从长安出发的和平使团，开始打通东方通往西方的道路，完成了“凿空之旅”，这就是著名的张骞出使西域。中国唐宋元时期，陆上和海上丝绸之路同步发展，中国、意大利、摩洛哥的旅行家杜环、马可·波罗、伊本·白图泰都在陆上和海上丝绸之路留下了历史印记。15世纪初的明代，中国著名航海家郑和七次远洋航海，留下千古佳话。这些开拓事业之所以名垂青史，是因为使用的不是战马和长矛，而是驼队和善意；依靠的不是坚船和利炮，而是宝船和友谊。一代又一代“丝路人”架起了东西方合作的纽带、和平的桥梁。

——《习近平谈治国理政》（第二卷）

• 课文学习：根据课文内容，回答以下6个问题。培养学生的分析能力、综合能力以及口头表达能力。在课文内容的基础上，请学生从自己的旅游经历出发，就第1、第4和第6个问题展开讨论，利用课文中的词汇和观点，补充自己的观点和旅游故事（40 分钟）。

Q1：Why do we sometimes still need to travel in this digital age?

Answer based on the text：Because in this digital age，it is still important ① to have a handshake at a business luncheon，② to eat mom's special food on Thanksgiving，or ③ to see your girlfriend on your 2-year anniversary.

Open answers by students ____.

Q2：What does the author mean by "the rest of the journey，however，can feel like a tedious lesson in the ills of modernity"（Para. 2）?

Answer based on the text：The author means that the rest of journey is actually very boring. They have to endure and tolerate the terrible experience in the modern world which brings people convenience as well as tediousness as a result of globalization. Journey is not enjoyable any more.

Q3：What kind of travel is truly compulsory?

Answer based on the text：Only corporate travel，about 30% of trips over 50 miles，is truly compulsory.

Q4：How does a bit of distance help enhance creativity according to Paragraph 6?

Answer based on the text：Traveling to a new place can make us less controlled by familiar cognitive patterns we used to have. As a result，we can better combine the new with the old in our thinking.

Students are encouraged to give examples to show how travelling helps enhance creativity. ____

Q5：What do we need to do to trigger our creativity?

Answer based on the text：We need to try the difference by changing cultures and experiencing the disorienting diversity of human traditions.

Q6：What will happen to us after travel?

Answer based on the text：Travel will change our mind to some extent，which in turn can have effects on everything in our life.

Further task：Students are invited to talk about the effects of their previous travels on their life，studies and outlook on life.

第三，课后环节。利用学习通平台布置以下线上综合训练任务，激励语言应用，深化思想领悟。

- 听力作业。观看视频《峨眉山》（*Mount Emei* by CGTN），完成填空练习并回答：峨眉山在名山大川中有着怎样的地位？峨眉山上的旅游景点有哪些？
- 写作作业（Write an essay on your favorite World Heritage in China.）。

6.1.3.5 读写教学设计案例 5

（1）背景介绍。案例背景如表 6.18 所示。

表 6.18 背景介绍

授课教师	杨润芬
授课对象	非英语专业本科二年级普通班。班级人数较多，大多数学生学习态度认真，课上能够积极参与课堂教学活动，课下主动完成学习任务。本次课所讨论的工作就业，属于学生较为熟悉并感兴趣的社会话题
授课时长	90 分钟
教材	《新视野大学英语（第三版）读写教程 3（思政智慧版）》
单元	Unit 5 When work is a pleasure
思政融入点	时代精神（工匠精神）、中西文化对比
思政素材	习近平总书记讲话、工匠精神事例、名言警句，政府工作报告等

（2）教学目标。

第一，知识目标。

- 了解中华民族传统文化中对工匠精神的尊崇。
- 了解中西方在终身学习方面的异同之处。
- 掌握同工作就业相关的英语词汇和表达方式。

第二，能力目标。

- 能使用有关工作就业相关英语表达个人观点。
- 能够分析中西文化不同，并进行合理评述。
- 能够翻译有关工作热情、工匠精神的段落。

第三，素质目标。

- 培育和塑造学生正面积极的就业理念和人生观。

- 培养学生热爱工作、尽忠职守的工作理念。

（3）教学方法。

第一，本次课综合采用任务型教学、合作学习的方法。

第二，恰当地运用学习通慕课平台、腾讯会议等信息化手段实现课堂的翻转，帮助学生突破教学重点难点，达成教学目标。

（4）教学环节。

第一，课前环节：设置讨论话题和阅读任务，激活背景知识，激励语言运用。

- 通过学习通分享李子柒的视频，布置以下讨论话题。

Q1：What impressed you the most about the Internet celebrity Li Ziqi?

Q2：What is your understanding of the following words in the video clip?

When I worked in the city, it was about survival. Now when I work in the countryside, I feel like I am truly living.

通过上述问题，引导学生思考单元主题：对工作的选择和对工作的热爱，以及匠人精神。要求学生在阅读课前通过讨论跟帖给出个人见解，同时鼓励学生相互评论留言。教师查阅学生的留言，给学生点赞鼓励，并对精彩的留言予以积分奖励，以达到激发学生学习兴趣，为课堂教学作准备的目的。

- 学生课前阅读和预习。

——课前阅读 *Craftsman of the Nation: One-handed expert in welding*（https://mp.weixin.qq.com/s/c-rskHGBJob9vcWQlI7XXA）。

——预习 Text A（*Will you be a worker or a laborer?*）。

第二，课上环节（90 分钟）。

- 热身活动（25 分钟）：激活背景知识，通过听力练习，增加相关词汇量，提高语言表达水平，培养识别与提取关键信息的能力。

——听力素材（*Her handmade life*），听后填空。

——结对子活动：Do you admire Li Ziqi for her job? What are the three most important factors when you choose a job?

——通过对汉英翻译例句的分析，提高学生的翻译能力，同时引导学生认识如何把个人工作选择同国家和社会需要结合起来。举例如下。

例 1：

九层之台，起于累土。要把这个蓝图变为现实，必须不驰于空想、不骛于虚声，一步一个脚印，踏踏实实干好工作。

——国家主席习近平 2018 年新年贺词

Building a high-rise begins with mounds of soil. To translate the blueprint into reality, we have to avoid the distractions of unsubstantial ideas and superficial fame, take one step at a time, and approach our work with a firm footing.

例 2：

建设知识型、技能型、创新型劳动者大军，弘扬劳模精神和工匠精神，营造劳动光荣的社会风尚和精益求精的敬业风气。

——《中国共产党第十九次全国代表大会报告》

We will build an educated, skilled, and innovative workforce, foster respect for model workers, promote quality workmanship, and see that taking pride in labor becomes a social norm and seeking excellence is valued as a good work ethic.

- 课文讲解（35 分钟）：培养学生的概括能力、分析能力、评述能力。

——在课文第五段的学习过程中，插入以下思考题。

What do you think are the factors that contribute to a person's pride in his work?

Why should work be such a significant source of human satisfaction? A good share of the answer rests in the kind of pride that is stimulated by the job, by the activity of accomplishing.

为什么工作竟然是人们获得满足之如此重要的源泉呢？最主要的答案就在于，工作和通过工作所取得的成就，能激起一种自豪感。

——列奥纳塞·塞尔斯

——分析课文第五段，观看视频节选（*How to find fulfilling work?*），请学生概括找到有成就感工作的技巧。

——在学习第六段和第七段语言点之后，请学生思考问题（How do you spend your leisure time?），通过中西方名言的学习，了解中西方在自我完善、终身学习方面思想的异同。教师给出的名言例句如下。

英译汉：

例 1：

All of the top achievers I know are lifelong learners. They look for new skills, insights, and ideas. If they're not learning, they're not growing and not moving towards excellence.

所有的顶尖成功者都是终身学习者。他们在不断寻找新的技能，新的想法。如果他们停止学习，他们就停止成长，停止超越。

——丹尼斯·威特利

例 2：

A commitment to lifelong learning is a natural expression of the practice of living consciously.

致力于终身学习是自觉生活实践的自然表现。

——纳撒尼尔·布兰登

例 3：

Commit yourself to lifelong learning. The most valuable asset you'll never have is your mind and what you put into it.

坚持终身学习。你拥有的最有价值的资产是你的思想和你的投入。

——博恩·崔西

例 4：

Lifelong learning is no longer a luxury but a necessity for employment.

终身学习不再是一种奢侈，而是就业的必要条件。

——杰·萨米特

汉译英：

例 1：

业精于勤，荒于嬉。

——韩愈《进学解》

Achievements are reached by hard work rather than recreation.

例 2：

路漫漫其修远兮，吾将上下而求索。

——屈原《离骚》

The way ahead is long and has no ending; yet high and low I will search with my will unbending.

——学习课文的第八段，请学生举出现实生活中投身工作，作出杰出贡献的榜样，这不仅能培养学生的表述能力，而且能深化学生对工匠精神的认识。

任务要求：

Please give some examples of those who hurl their passion into their work.

教师可以补充，提及的例子也有很多（如 Qiu Eguo，a policeman who was honored as the "Reform Pioneer"；Lang ping，the "Iron Hammer" for her thunderous volleyball spikes；Zhong Nanshan，the SARS and COVID-19 fighter 等）。

• 词汇和表达法学习（20 分钟）：讲解课文中的重点词汇，夯实语言基础，并在例句选取上体现思政元素。

例 1：***adverse***：a. not good or favorable（不利的，反对的，反面的）。

Setbacks in economic globalization，challenges to multilateralism，shocks in the international financial market，and especially the China-US economic and trade frictions，had an *adverse* effect on the production and business operations of some companies as well as on market expectations.

经济全球化遭遇波折，多边主义受到冲击，国际金融市场震荡，特别是中美经贸摩擦给一些企业生产经营、市场预期带来不利影响。

——《2019 年政府工作报告》

例 2：***autonomy***：n. the ability or opportunity to make your own decisions without being controlled by anyone else（自主能力，自主）。

The spirit of the Long March meant putting the fundamental interests of the Chinese people and nation above all else，meant upholding firm revolutionary ideals and beliefs，and meant the belief that a just cause would surely succeed. It represented a willingness to sacrifice everything to save the country and the people，no matter what difficulties and obstacles lay ahead. It meant remaining committed to independence and *autonomy*，to seeking truth from facts，and to proceeding from reality in all endeavors. It meant taking a broad view，maintaining strict discipline，and seeking unity. And it meant relying closely on the people，sharing weal and woe with the people，and fighting bitterly alongside the people.

伟大长征精神，就是把全国人民和中华民族的根本利益看得高于一切，坚定革命的理想和信念，坚信正义事业必然胜利的精神；就是为了救国救民，不怕任何艰难险阻，不惜付出一切牺牲的精神；就是坚持独立自主、实事求是，一切从实际出发的精神；就是顾全大局、严守纪律、紧密团结的精神；就是紧紧依靠人民群众，同人民群众生死相依、患难与共、艰苦奋斗的精神。

——《习近平谈治国理政》(第二卷)

• 翻译训练（10 分钟）：将以下关于徐霞客的两段中文简介翻译成英文，并穿插讲解翻译技巧中如何进行词性转换，从而引发学生对工作与兴趣之间关系的思考，使学生对恪尽职守、热爱本职工作有更深刻的体会和感悟。

例 1：

徐霞客出生在一个富庶之家。受父亲影响，他喜爱读地理、探险和游记之类的书籍。这些书籍使他从小就热爱祖国的壮丽河山，立志要遍游名山大川。22 岁时，徐霞客开始外出旅游。徐霞客一生游历中国 30 多年，广泛记录了自己的旅行。为了进行细致的考察，他很少乘车坐船，几乎全靠双脚翻山越岭。徐霞客过世后，他的旅行记录由他人整理成《徐霞客游记》(*The Travel Diaries of Xu Xiake*) 一书。

Xu Xiake was born in a prosperous family. Influenced by his father, he loved to read books about geography, adventure, traveling and so on. These books developed his early love of the motherland's magnificent scenery, and made him determined to travel over mountains and rivers. At the age of 22, Xu Xiake began his journey. In his lifetime, he traveled throughout China for more than 30 years, documenting his tours extensively. In order to carry out thorough investigations, he seldom traveled by carriage or boat. Instead, he took long trips on foot almost all the time, climbing mountains and hills. The records of his travels were gathered by others after his death into the book *The Travel Diaries of Xu Xiake*.

例 2：

徐霞客一生周游考察了十六个省，足迹几乎遍及全国。他在考察的过程中，从不迷信书本上的结论。他发现前人研究地理的记载有许多很不可靠的地方。为了进行真实细致的考察，他很少乘车坐船，几乎全靠双脚翻山越岭，长途跋涉；为了弄清大自然的真相，他总是挑选道路艰险的山区，人迹稀少的森林进行考察，发现了许多奇山秀景。

Xu Xiake toured and investigated 16 provinces in his lifetime, covering almost the whole country. When he was carrying out his investigations, he never took blind belief in the conclusions in the books. Instead he found a lot of unreliable points in the geographic records taken by his predecessors. In order to make his investigations reliable and thorough, he seldom traveled by carriage or boat. Instead, he took long, arduous trips on foot almost all the time, climbing mountains and hills. In order to learn the truth of nature, he always chose to conduct investigations in mountainous roads and lonely woods, where he discovered a lot of magnificent peaks and beautiful sights.

第三，课后环节：线上综合训练任务，激励语言应用，深化思想领悟。

任务要求：观看纪录片《我在故宫修文物》，深入理解匠人精神，并尝试翻译以下段落。

例1：

纪录片的一大感人之处在于修复者们的匠人精神。《中国日报》评论道："经年累月的单调工作需要的不光是技艺，还有信仰和精神。""追求精细和完美、献身工作、巨大的耐心、忍耐力、（耐得住）寂寞……所有的这些品质都来自于'匠人精神'。"

例2：

质量之魂，存于匠心。要大力弘扬工匠精神，厚植工匠文化，恪尽职业操守，崇尚精益求精，完善激励机制，培育众多"中国工匠"，打造更多享誉世界的"中国品牌"，推动中国经济发展进入质量时代。

——《2017年政府工作报告》

6.1.3.6 读写教学设计案例6

（1）背景介绍。案例背景如表6.19所示。

表6.19 背景介绍

授课教师	穆育枫
授课对象	非英语专业本科二年级普通班。从课前调查来看，很多学生对此单元的主题比较有兴趣，但毕竟战争离学生的生活较为遥远，属于他们较为不熟悉的话题

续表

授课时长	90 分钟
教材	《新视野大学英语（第三版）读写教程3（思政智慧版）》
单元	Unit 6 War and peace
思政融入点	中华民族优秀传统文化、政治认同
思政素材	孙子兵法、习近平总书记讲话节选

（2）教学目标。

第一，知识目标。

- 掌握和战争、和平相关的英语词汇和表达方式。
- 理解战争、和平之间的关系。
- 掌握中华民族优秀传统文化知识的英文表达方式。

第二，能力目标。

- 能分析段落结构，概述大意。
- 能使用有关战争、和平的相关英语表达个人观点。
- 能使用英语介绍中国的兵法思想。

第三，素质目标。

- 培育和塑造学生正面积极的战争观和和平观。
- 树立文化自信和政治认同。

（3）教学方法。

第一，本次课综合采用任务型教学、合作学习的方法。

第二，运用学习通慕课平台、腾讯会议等信息化手段实现课堂的翻转，实施混合式教学。

（4）教学环节。

第一，课前环节：加大语言输入，激励语言输出。

阅读并回答问题：学生阅读选自 *ChinaDaily* 的课外材料，题目是（*US-China trade war：Have the costs been counted*？），阅读后学生需要回答下列问题，并写一个段落，简明扼要地概括本文作者的大致观点。问题如下。

Q1：What is the reason for Trump Administration to launch the trade war?

Q2：What measures did the USA and China take respectively?

Q3：What are its consequences?

Q4：What's the attitude of the reporter toward the trade war?

第二，课上环节（90 分钟）。

• 热身环节（25 分钟）：选词填空与中英文匹配，培养学生应用语言知识的能力，并使学生了解中华民族优秀文化。具体方式：向学生介绍《孙子兵法》，基于其中的六个英文句子，让学生利用给出的 10 个单词，一一填入六个句子的横线空白处，并要求学生将六个英文句子与中文译文一一对应。

Introduction

The Art of War is a Chinese military treatise (a formal written work that deals with a subject systematically and usually extensively) written during the 6th century BC by Sun Tzu. Composed of 13 chapters, each of which is devoted to one aspect of warfare. It has long been praised as the definitive (recognized as being the most authoritative and of the highest standard) work of military strategies and tactics of its time. *The Art of War* is one of the oldest and most famous studies of strategy and has had a huge influence on both military planning and beyond. *The Art of War* has also been applied, with much success, to business and managerial strategies.

Direction: write down the capital letter of corresponding Chinese ideas at the end of the sentences; and fill in the brackets with missing words from the Word Bank.

Word Bank

besiege: to surround a city or stronghold with armed forces in order to bring about its surrender or capture

covet: to want to have something very much

devise: to invent a method of doing something

hoard: to collect and store, often secretly, large amounts of things, such as food or money for future use

——英文填空：

a. The supreme art of war is to ___________ the enemy without fighting.

b. Carefully study the well-being of your men, and do not overtax them. Concentrate your energy and ___________ your strength. Keep your army continually on the move, and ___________ unfathomable plans.

c. The general who advances without ___________ fame and retreats without fearing disgrace, whose only thought is to protect his country and do good service for his ___________, is the jewel of the kingdom.

d. Thus the highest form of generalship is to balk the enemy's plans; the next best is to prevent the ___________ of the enemy's forces; the next in order is to attack the enemy's army in the field; and the worst policy of all is to ___________ walled cities.

e. If you know the enemy and know yourself, you need not fear the result of a hundred battles. If you know yourself but not the enemy, for every victory gained you will also suffer a defeat. If you know neither the enemy nor yourself, you will ___________ in every battle.

f. Therefore, just as water retains no constant shape, so in warfare there are no constant conditions. He who can modify his ___________ in relation to his ___________ and thereby succeed in winning, may be called a heaven-born captain.

——中文译文：

句 1《孙子·谋攻篇》（*Attack by Stratagem*）：知己知彼，百战不殆；不知彼而知己，一胜一负；不知彼，不知己，每战必败。

句 2《孙子·谋攻篇》（*Attack by Stratagem*）：故上兵伐谋，其次伐交，其次伐兵，其下攻城。

句 3《孙子·虚实篇》（*Weak Points and Strong*）：故兵无常势，水无常形。能因敌变化而取胜者，谓之神。

句 4《孙子·九地篇》（*The Nine Situations*）：谨养而勿劳，并气积力，运兵计谋，为不可测。

句 5《孙子·谋攻篇》（*Attack by Stratagem*）：是故百战百胜，非善之善者也；不战而屈人之兵，善之善者也。

句6《孙子·行军篇》（*The Army on the March*）：故进不求名，退不避罪，唯人是保，而利合于主，国之宝也。

• 课文讲解（35 分钟）：问题驱动，提高学生分析能力和表述能力。

——讲解第 1—2 段，并提出思考题（What can we find about the mental influence of the war on children？），思考战争可能给人们带来哪些精神方面的冲击和伤害，尤其对天真的孩子而言。

——讲解第 5—8 段，并提出思考题（What suffering and damages does the war inflict？），感受战争给普通人带来的不便，甚至伤害与痛苦。

——讲解第 9 段，提出思考题（The suffering of wars is inevitably unforgotten, while under some circumstances wars do help solve some tough problems, such as territory disputes. Do wars solve problems, or create new ones? How do you think about the relationship between war and peace?），思考战争与和平的关系，以及战争可能导致哪些新问题。

• 词汇和表达法学习（20 分钟）：通过例句，强化价值观引领。举例如下。

例 1：

standpoint：n. a way of considering sth（立足点，立场，观点）。

Under no circumstances will we ever forsake our commitment to sharing weal and woe with the people. We will never forget the Party's purpose of serving the people whole wholeheartedly. We will never forgo the historical materialist viewpoint which regards the people as true heroes.

任何时候任何情况下，与人民同呼吸共命运的立场不能变，全心全意为人民服务的宗旨不能忘，群众是真正英雄的历史唯物主义观点不能丢。

——习近平 2013 年 6 月在党的群众路线教育实践活动工作会议上的讲话

例 2：

radiate：vi. if things radiate from a central point, they spread out in different directions from that point（从中心向四周散开，从中心辐射状发出）。v. produce heat, light, or energy（辐射，发射）；show a particular feeling or attitude in your expression or behavior［流露，显示（感情或态度）］。

Revolutionary tempering has made our Party stronger and it now *radiates* with great vitality. With this, efforts to develop the cause of the Party and the country have gained a strong political underpinning.

党在革命性锻造中更加坚强，焕发出新的强大生机活力，为党和国家事业发展提供了坚强政治保证。

——《中国共产党第十九次全国代表大会报告》

例 3：

permeate：v. (of an idea, an influence, a feeling, etc) affect every part of sth. [(思想、影响、感情等) 感染，传播，扩散]； (of a liquid, gas, etc) spread to every part of an object or a place [(液体、气体等) 渗透，弥漫，扩散]。

And we must especially have a good understanding of the Marxist stand, viewpoint and method that *permeate* all these ideas. This can enable us to remain sharp-eyed and clear-minded and gain a profound understanding of the laws of the development of human society, the laws of building socialism, and the laws of governance by the CPC.

特别是领会了贯穿其中的马克思主义立场、观点、方法，才能心明眼亮，才能深刻认识和准确把握共产党执政规律、社会主义建设规律、人类社会发展规律。

——习近平 2013 年 3 月在中央党校建校 80 周年庆祝大会暨 2013 年春季学期开学典礼上的讲话

- 检查课前阅读和写作情况（10 分钟）：培养学生识别与提取关键信息的能力，总结和概述能力。教师进行点评和反馈，指出学生写作中的优势和不足。

第三，课后环节：夯实课堂所学，提高传播中华优秀传统文化的能力。

任务要求：选择《孙子兵法》六个句子中的一个，写一篇短文，阐述对它的理解与认识。

6.1.4 大学英语读写 4 课程思政教学案例

6.1.4.1 读写教学设计案例 1

（1）背景介绍。案例背景如表 6.20 所示。

表 6.20 背景介绍

授课教师	韦美璇
授课对象	非英语专业本科二年级普通班。班级人数较多，大多数学生学习态度认真，课上积极思考，课下主动完成任务。逻辑学属于学生有所了解但是不太熟悉的学术话题
授课时长	90 分钟
教材	《新视野大学英语（第三版）读写教程 4（思政智慧版）》
单元	Unit 1 Life and logic
思政融入点	科学的思维方法、中西思维方式对比、价值观
思政素材	中国哲学方法相关著述、《习近平谈治国理政》

（2）教学目标。

第一，知识目标。

- 掌握逻辑的基本概念和内涵，以及逻辑思维与决策相关的英语词汇和表达方式。
- 了解东西方思维方式的不同。
- 掌握中国哲学方法的相关知识。

第二，能力目标。

- 能分析文章逻辑结构、文章词句的字面意义和内涵。
- 能识别一般题材文章中的逻辑谬误。
- 能使用英语表达东西方哲学思维的基本概念和个人观点。
- 能翻译有关东西方哲学思维的简短句子。

第三，素质目标。

- 使学生正确认识逻辑的概念和内涵及其在生活中的应用。
- 培育和塑造学生正面积极的人生观。
- 使学生正确认识文化冲突，提升学生的文化自信和使命感。

（3）教学方法。

第一，本次课采用任务型教学，鼓励合作学习。

第二，运用学习通慕课平台和 U 校园等数字资源，实施翻转课堂教学。

（4）教学环节。

第一，课前环节：布置视听和阅读任务，设置讨论话题，激活背景知识，激励语言运用。

• 课前输入任务：布置视频和阅读材料，增加课程挑战性。

要求学生预习 Text A 并通过慕课平台文章（*Five Reasons to Study Logic*）和视频（*Love is a fallacy*，*Six common logical fallacies*）等链接资源，以及新视野平台（第一单元 Text A 的 Preview 和 Background Knowledge）了解基本的逻辑术语、概念和知识。

• 课前输出任务：讨论。课前，教师在学习通慕课平台布置以下讨论问题，要求学生在课前组织内容和语言，并给出个人见解，鼓励学生相互评论留言。教师查阅学生的留言，给学生点赞鼓励，并对精彩的留言予以积分奖励。

Q1：What do you know about logic?

Q2：Should logic be taught as a compulsory course in school? Why do you think so?

Q3：What do you know about the difference between Chinese and western patterns of thinking?

第二，课上环节（90 分钟）。

• 课前预习检查（15 分钟）：总结和点评学生的课前讨论问题 Q1 和 Q2，深化学生对逻辑重要性的认识。

检查学生通过课前输入任务对基本的逻辑术语、概念和知识的掌握情况，简要讲解背景知识中的 Logic and Fallacy 部分，重点让学生熟悉以下中英文逻辑和逻辑谬误术语。

deductive reasoning（演绎推理），inductive reasoning（归纳推理），Red Herring（转移话题），Begging the Question（循环论证），Slippery Slope（滑坡谬误），Bandwagon（从众谬误），False Dilemma（伪两难谬误），False Cause（post hoc）（假因谬误），Ad Hominem（人身攻击），Appeal to Authority（诉诸权威），Dicto Simpliciter（绝对判断），Hasty Generalization（草率结论），Ad Misericordiam（文不对题），False Analogy（错误类比）。

• 课文讲练（30 分钟）：培养、提高学生对文章词句的字面和内涵意义的理解能力，对故事背景、情节、人物的分析能力和批判性思维能力，培育和塑造学生正面积极的爱情观和人生观。课文讲解过程中，除了讲授对一般性的语言和文章大意的理解，还可增加以下深度阅读要点：引导学生注意文章开头部分的内容，思考作者的出发点是否合理？作者的用词和语气勾勒出什么样的人物形象？在正文部分和结尾，引导学生分析并推导人物的心理活动和行为逻辑；引导学生分析文章的逻辑结构，分析、概括、点评人物性格。

• 课文拓展（25 分钟）：培养学生的概括能力、分析能力和批判性思维能力，培育和塑造学生正面积极的爱情观和人生观。

以小组为单位，围绕下列问题开展讨论。

Q1：What logical fallacy is included in the story itself? Why do you think so?

Q2：What does the story tell us about love? And what does it tell us about smart people?

Q3：Can you think of a logical fallacy you have committed? Why is it a fallacy and what caused it?

• 文化拓展（20 分钟）：拓展课程深度，引导学生从哲学高度了解东西方思维模式的异同，正确认识文化冲突，提升学生的文化自信和使命感。

——总结和点评学生课前讨论的问题 Q3。

——结合翻译练习的亚里士多德和逻辑、孔子和中庸思想，讲解东西方哲学思维的差异，学会使用英语表达东西方哲学思维的基本概念和术语（西方思维要点包括：分析、线性、二元论等；东方思维要点包括：整体观、取象比类、形象化思维、和合）[参考资源《中国哲学方法之整体观方法论》（上）]。具体如下。

a. The Western pattern of thinking: It is more analytical, linear, and dualistic, and it uses more logical concepts.

Man and nature are separate; man is against nature;

Separation between subjective world and objective world;

Exploring nature by means of logic and reason;

Viewing the objective world with objective and sober scientific attitudes;

Grasping the nature of a concrete thing through its phenomena;

Observation-conception-judgment-reasoning...

b. The Chinese integral pattern of thinking: macroscopic, holistic (aimed at universal and absolute truth);

Instead of using logical argumentation of conception-judgment-reasoning,

Chinese are used to visualized holistic thinking;

Image analogy (Yin-Yang-Wuxing), Visualized thinking (re-abstraction, abstract image-spiral), balance and harmony;

Man and nature are regarded as an integral whole;

Nature-man Oneness, the unity of Heaven and Earth, Nature and Man, Male and Female, Yin and Yang...

第三，课后环节。布置翻译练习，以巩固课上所学，增强语言运用能力，加深学生对东西方思维方式的认识，深化对正确的逻辑思维方法的认识，树立正确的价值观。可用相关双语视频（如 *Philosophy—Aristotle*; *Doctrine of the mean*）增加学生背景知识，并进一步熟悉有关英语词语和句型表达。

翻译下列例句。

例 1:

“有上则有下，有此则有彼。”唯物辩证法认为，事物是普遍联系的，事物及事物各要素相互影响、相互制约，整个世界是相互联系的整体，也是相互作用的系统。坚持唯物辩证法，就要从客观事物的内在联系去把握事物，去认识问题、处理问题。

——《习近平谈治国理政》(第二卷)

“Everything has its counterpart.” According to materialistic dialectics, things are universally related; they interact with and constrain each other, and so do their composing elements; the world is an interrelated whole and also an interactive system. Applying materialistic dialectics, we should grasp the inherent relationship between objective things to understand and handle problems.

例 2:

我们要学习邓小平同志善于运用辩证唯物主义和历史唯物主义观察世界、处理问题的思想方法和领导艺术，掌握真实情况，把握客观规律，发扬务实高效、不尚空谈的工作作风……

——《习近平谈治国理政》(第二卷)

Deng Xiaoping set us an excellent example of using dialectical and historical materialism to observe the world and address issues. This way of thinking and his art of leadership help us acquire a thorough understanding of reality and objective laws, develop a pragmatic work style of high efficiency...

例 3：

天下皆知美之为美，斯恶已。皆知善之为善，斯不善已。

故有无相生，难易相成，长短相形，高下相倾，音声相和，前后相随。

——《道德经》

When the people of the Earth all know beauty as beauty,

There arises (the recognition of) ugliness.

When the people of the Earth all know the good as good,

There arises (the recognition of) evil.

Therefore:

Being and non-being interdepend in growth;

Difficult and easy interdepend in completion;

Long and short interdepend in contrast;

High and low interdepend in position;

Tones and voice interdepend in harmony;

Front and behind interdepend in company.

Tao and Teh (*translated by Lin Yutang*)

例 4：

我希望你们媒体都应该有基本的常识，有基本的判断，能分清楚哪些是 fake news（假新闻）。宁可去相信撒谎者的谎言，而不去相信一个国家、一个负责任政府发布的权威信息，这是很可怕的，也是非常危险的。

——外交部发言人华春莹 2019 年 12 月 2 日主持例行记者会上的发言

I hope media agencies will have the basic sense to make proper judgments and discern fake news. It is dreadful and highly dangerous to believe liars instead of information released by a responsible government.

6.1.4.2　读写教学设计案例 2

（1）背景介绍。案例背景如表 6.21 所示。

表 6.21　背景介绍

授课教师	韦美璇
授课对象	非英语专业本科二年级普通班。对美的追求是学生非常熟悉的日常生活话题，而美容产品广告、文化等社会因素对审美观的影响，则是学生有所接触却并不太熟悉的话题
授课时长	90 分钟
教材	《新视野大学英语（第三版）读写教程 4（思政智慧版）》
单元	Unit 2 Secrets to beauty
思政融入点	中华民族优秀传统文化（审美）、中西文化比较（审美观）
思政素材	《习近平：做好美育工作弘扬中华美育精神》、BBC 纪录片（*What is beauty*）、东西方人物画作品、驰援武汉医护人员事例

（2）教学目标。

第一，知识目标。

- 掌握与日常美容化妆相关的英语词汇和表达方式。
- 掌握描述、评价外貌和内在品质的英语词汇和表达方式。
- 掌握比较/对比结构的逻辑组织和语言表达。
- 了解东西方艺术作品和审美观的差异与共性。

第二，能力目标。

- 能分析文章逻辑结构，理解文章词句字面意义及其在美容、化妆语境下的内涵。
- 能用英语描述并评价常见的美容产品、人物外貌与内在品质、艺术作品。
- 能用比较/对比法的语言和逻辑组织结构，分析外在美与内在美、东西方艺术与审美。

第三，素质目标。

- 引导学生理性看待美容化妆产品及其广告。
- 引导学生了解女性追求美的深层原因、加深对“美”的理解。
- 拓展学生对美的概念的认知，培育和塑造学生正面积极的审美观。

（3）教学方法。

第一，本次课综合采用任务型教学，鼓励合作学习。

第二，运用学习通慕课平台、U 校园等数字资源，实施翻转课堂教学。

（4）教学环节。

第一，课前环节。布置视听和阅读任务，设置讨论话题，激活背景知识，激励语言运用。

- 课前输入任务。布置视频和阅读材料，增加课程挑战性。

要求学生预习（Text A），并通过慕课平台（英语文章 *Beauty Is Broken: An Essay On Gender Roles*，视频 *You are more beautiful than you think*）等链接资源，以及新视野平台（Text A 的 Background Knowledge），了解与 Text A 相关的背景知识。

- 课前输出任务：讨论。课前教师在学习通慕课平台布置如下讨论问题。

Q1：What beauty products do you use to do makeup or skincare every day?

Q2：How can people become more beautiful?

要求学生在阅读课前给出个人见解，同时鼓励学生相互评论留言。教师查阅学生留言，给学生点赞鼓励，并对精彩的留言予以积分奖励，以达到激发学生学习兴趣，为课堂教学作准备的目的。

第二，课上环节（90 分钟）。

- 导入（15 分钟）。让学生熟悉美容产品词汇与语言的使用，引导学生对美容广告的理性认知。

——针对课前讨论、学生留言，教师导入主题（beauty），归纳日常美容化妆词语。

——点评课前讨论 Q2 的回答情况并指出，想让自己更美丽，单靠化妆品或整容是不够的，更重要的是保持健康的生活方式、良好心态、锻炼等。

- 课文讲练（35 分钟）：培养和提高学生对文章词句字面、内涵意义的理解能力，对文章观点、论据的分析能力和批判性思维能力，培育和塑造学生正面积极的审美观和人生观。

在课文讲解过程中，除了指导学生理解一般性的语言和文章大意，还可增加以下深度阅读要点。

——结合课前阅读文章，引导学生深度分析女性追求外在美背后的各种因素，正确认识男性与女性对外在美的关注点和关注程度的不同，以增进两性之间的了解与沟通。

——结合课文第 7 段的讲解，剖析美容广告的逻辑谬误（辨析：是因为人美所以被选中做美容产品广告，还是因为用了美容产品而变美了所以才去做广告?），从而引导学生利用第一单元所学的各种逻辑知识，审视广告和网络上的各种资讯。

• 课文拓展（20 分钟）：培养学生的概括能力、分析能力和批判性思维能力，培育和塑造学生正面积极的审美观和人生观。

——讲解课文（Text A）后，主题讨论环节通过问题（Is women's pursuit of beauty，in your opinion，confusing? Why or why not?）促进学生思考并整合从听写与课文中获取的相关信息，以及结合个人观察和理解进行口头输出，从而帮助学生对“女性注重外表美”这一现象形成更深入全面的认识。

——播放视频（*You are more beautiful than you think*），指出“作为女性，我们花了太多的时间去挑剔掩盖那些不够好的地方，却忘记了欣赏自己原本就足够好的地方”。增强学生对自己外貌的自信，引导学生欣赏自己的美好，接纳外表中的不完美之处，树立积极乐观的人生态度。

——观看视频或图片，了解医护人员在驰援武汉抗击新冠肺炎疫情之前，为减少感染而剪掉头发，因长时间佩戴口罩而造成面部严重压痕，歌颂和学习他们为了救护新冠肺炎病人而牺牲自己外表的高度敬业、无私奉献精神，从而认识内在美才是“美”的实质与内涵。

• 文化拓展（20 分钟）：训练学生的翻译能力，引导学生了解不同文化审美观的异同，提升文学艺术审美素养。

——分享东西方人物图片《唐宫仕女图》《洛神赋图》《形象生动 摄人心魄：著名西方经典人物画欣赏》，结合课前布置的 BBC 纪录片（*What is beauty*），组织学生讨论不同文化不同历史时期的审美，以及美容产品在进行跨国营销时要考虑哪些文化因素。

——讨论人类对美的追求，翻译并赏析以下例句。

英译汉：

例 1：

Beauty is not in the face；beauty is a light in the heart.

美丽不是表现在脸上，美丽是心灵的一盏明灯。

例 2：

Accept yourself and appreciate others.

悦纳自我，欣赏他人。

例 3：

Beauty is everywhere. It is not she that is lacking to our eye，but our eyes which fail to perceive her.

生活中从不缺少美，而是缺少发现美的眼睛。

汉译英：

例 1：

美育对塑造美好心灵具有重要作用。做好美育工作，要坚持立德树人，扎根时代生活，遵循美育特点，弘扬中华美育精神，让祖国青年一代身心都健康成长。

——《习近平：做好美育工作弘扬中华美育精神》（习近平 2018 年 8 月 30 日给中央美术学院老教授的回信）

Xi said that aesthetic education is of great importance，as it plays a significant role in shaping a beautiful mind. Higher moral standards must be upheld to pursue a better aesthetic education. Xi said，called on educators to stay rooted in the life of the new era，abide by the laws of aesthetics and carry forward the Chinese spirit of aesthetic education，to help the nation's young people develop in a fully rounded and healthy way.

例 2：

腹有诗书气自华。

——苏轼《和董传留别》

Wisdom in hold，elegance in mold.

例 3：

清水出芙蓉，天然去雕饰。

——李白《经乱离后天恩流夜郎忆旧游书怀赠江夏韦太守良宰》

Out of clear water lotus engraved by nature.

例 4：

出淤泥而不染，濯清涟而不妖。

——周敦颐《爱莲说》

How stainless it rises from its slimy bed! How modestly it reposes on the clear pool-an emblem of purity and truth!

第三，课后环节。提高语言应用能力，深化思想领悟。

任务要求：学生使用比较/对比法的语言和逻辑组织结构，表达和分析男性与女性在日常仪表修饰和打扮中的不同，巩固课上所学词汇、语句和文章结构，增强语言运用能力，具体如下。

Topic: How do women and men groom themselves?
Introduction: Women and men take care of their appearance in very different ways, which are mainly shown in three aspects
Body: · The variety of beauty tools and products they use · The number of clothes they have · The amount of time they spend on grooming themselves
Conclusion: Women and men behave differently in how they attend to their routine grooming chores

6.1.4.3 读写教学设计案例 3

（1）背景介绍。案例背景如表 6.22 所示。

表 6.22 背景介绍

授课教师	李军伟
授课对象	非英语专业本科二年级普通班。对大多数学生而言，创业属于较为陌生的话题，但同学们对中外知名企业家的事迹较为熟悉，因而可以从具体到抽象，逐步引导学生认识企业家精神
授课时长	90 分钟
教材	《新视野大学英语（第三版）读写教程 4（思政智慧版）》

续表

单元	Unit 3 Being entrepreneurial
思政融入点	时代精神（企业家精神）、社会主义核心价值观、文化自信
思政素材	习近平总书记讲话、中国企业和企业家案例、中华优秀传统文化精髓（仁义）

（2）教学目标。

第一，知识目标。

- 掌握同企业家精神、创业相关的英语词汇和表达方式。
- 了解优秀企业家的精神品质。
- 掌握传记的书写方法。

第二，能力目标。

- 能分析传记类文章的结构。
- 能使用与创业、企业家精神相关的英语词汇表达观点。
- 能比较中西文化中企业家精神的异同。
- 能撰写简单的创业计划。

第三，素质目标。

- 理解企业家的精神品质和成功之间的关系。
- 帮助学生树立创业精神和面对困难的勇气。

（3）教学方法。

第一，本次课采用任务型教学，鼓励合作学习。

第二，运用学习通慕课平台，实施混合式教学。

（4）教学环节。

第一，课前环节。设置线上综合训练任务，加强语言输入，激活背景知识。

- 阅读材料：2020 年 7 月，习近平总书记在企业家座谈会上的讲话。
- 观看视频：马云关于创业的观点。
- 讨论话题：成功企业家的标准及其拥有的优秀品质。

要求学生在慕课平台发表看法，鼓励学生相互评论留言，教师对精彩的留言予以积分奖励。

第二，课上环节（90 分钟）。

• 视频观看与讨论（30 分钟）：培养概括总结、评述与表述能力。

观看对百度首席执行官（CEO）李彦宏的采访视频，先就“所有成功的企业家都是冒险家”发表观点，并请学生结合李彦宏克服重重困难的创业经历，总结企业家应该具有的优秀品质。以小组为单位进行活动，并分享观点。

• 课文讲练，结合案例，培养分析能力、评价能力、表述能力（60 分钟）

——学习课文第 1—2 段，了解联邦快递 CEO Fred Smith（弗雷德·史密斯）的基本信息（15 分钟）。讨论为什么 Fred Smith 会受到周围人的高度尊敬，并引导大家讨论文中对成功企业家的定义标准。

——学习课文第 5—8 段，了解 Fred Smith 在大学时期的梦想（20 分钟）。同时提供著名美国企业家 Elon Musk（埃隆·马斯克）、乔布斯的案例，结合企业家的经历和名言组织讨论，引导学生理解坚持梦想、饱含激情对创业成功的重要性，并树立勇敢面对挫折的勇气。

——学习课文第 9 段，了解员工关怀对企业成功的重要性（15 分钟）。介绍中国餐饮行业著名企业海底捞及其在员工关怀方面的做法，并分享柳传志对人才重要性看法，同时加入《孟子·离娄上》对仁义的讲解，引导大家讨论为什么员工关怀对企业管理如此重要。

——分析文章的结构，引导学生解析文章写作方法（10 分钟）。

第三，课后环节：激励真实世界语言运用，实践育人。

任务要求：假定自己是一位创业者，撰写一个创业计划，包括创业点子和员工管理方面的奇思妙想，在下节课与大家分享。

6.1.4.4 读写教学设计案例 4

（1）背景介绍。案例背景如表 6.23 所示。

表 6.23 背景介绍

授课教师	张雪丹
授课对象	非英语专业本科二年级普通班。许多同学对此单元的主题比较有兴趣，环保意识比较强，有一定社会责任感，但可能对这个话题中的很多词汇并不熟悉
授课时长	90 分钟
教材	《新视野大学英语（第三版）读写教程 4（思政智慧版）》

续表

单元	Unit 4 Achieving sustainable environmentalism
思政融入点	环保意识和责任感、中西文化比较、政治认同
思政素材	中国古代哲学思想——“天人合一”、习近平总书记讲话

（2）教学目标。

第一，知识目标。

- 掌握同节约能源、环境保护相关的英语词汇和表达方式。
- 掌握议论文的基本结构。
- 了解中国古代哲学思想和当代环保问题的中国方案。

第二，能力目标。

- 能用议论文的结构组织并表达观点。
- 能使用有关环境和气候的相关英语表达个人观点。
- 能用英语表述中国政府对环保问题的态度和应对措施。

第三，素质目标。

- 培养学生的环境保护意识和责任感。
- 理解人与自然和谐关系的重要性。
- 对国家的环保措施有认同感和自信。

（3）教学方法。

第一，综合采用任务型教学、合作学习等教与学的方法。

第二，运用学习通慕课平台、腾讯会议等信息化手段，开展混合式教学。

（4）教学环节。

第一，课前环节。布置阅读和讨论任务，加大语言输入，激励语言输出。

- 讨论：课前教师在学习通慕课平台布置讨论题目（Is nature a thing apart from human? How often do you spend time outdoors?），要求学生在阅读课前给出个人见解，同时鼓励学生相互评论留言。教师查阅学生的留言，给学生点赞鼓励，并对精彩的留言予以积分奖励。

- 课前，在线上阅读以下短文并回答问题。

The natural environment has, of course, always conditioned technology. For example, the nature of an environment (polar, desert, jungle) engenders the development of technologies appropriate to that environment to enable man to adapt successfully to it. Further, emerging scarcity of some technological resource may ignite a research for, and gradual transition to, a new technology using resources present in the environment in greater abundance, as, for example, in the case of the gradual change from wood-based to coal-based technology in England that began in Elizabethan times and stretched until the end of the eighteenth century.

In modern Western society, environment has begun to condition technology in new ways, although admittedly more indirectly. The safety and quality of the environment and public perceptions of it have begun to translate into presidential politics and congressional mandates to regulatory agencies to protect or enhance environmental quality or safety, occasionally even at the cost of some perturbation of the tech-economic stares quo. In France, Italy, and recently the United States, political parties have been formed, organized around a complex of technology/environment issues. In general, in the last fifteen years, the gradual development of broad-based environmental awareness, the lobbying and litigious activities of environmental interest groups, and guidelines issued and reinforced by the EPA (Environmental Protection Agency) in response to congressional mandates have markedly increased the heed paid to the environment by many cooperations in going about their technological activities. Both research and development priorities and capital investment programs of the corporations have been affected by this.

Which of the following statements is TRUE?

a. Environment enables man to adapt successfully to new technology.

b. Technologies enable man to adapt successfully to his environment.

c. The development of technologies depends solely on the natural environment.

d. Lack of technologies to cope with the environment is caused by lack of natural resources.

第二，课上环节（90 分钟）。

● 以视听材料引入环保话题讨论，培养学生的概括归纳能力和表述能力（20 分钟）。

——播放一篇关于 *World Environment Day* 的简短语音材料，学生听后完成

“判断句子对错”的练习。

——简短发言，谈一谈对上文中“green city”的看法（a “green city” is a city or town that focuses on environmentally friendly practices），以及如何构建 green city（To build a green city，other measures may include water quality control，efficient recycling and waste management，use of renewable energy sources，increase of city residents’ awareness of environmental protection，and easy access to products and services that make green lifestyle choices easy）。

• 中西比较，深入思考人与自然和谐的主题，培养识别、提取关键信息的能力，综合分析能力和表述能力（20 分钟）。

——语言练习：学生观看杰昆·菲尼克斯（Joaquin Phoenix）在奥斯卡颁奖典礼上的获奖感言片段（主题为 *We've become very disconnected from the natural world*），并完成简要复述大意的练习。

——语言运用：本环节旨在通过设置与学生生活紧密相关的话题，“我家门外的自然”，使学生愿意使用英语进行讨论，在思想碰撞中进行深入思考：自然无须我们刻意寻找，走出家门，即便是在拥挤的城市中，也有自然的所在；爱护自然，就是爱护我们自己的家园。

——中西比较：本环节旨在通过比较中西方对人与自然关系的理解，使学生了解文化差异，建立正面积极的环保理念。学生通过观看纪录片片段，结合中国古代哲学思想“天人合一”的论述，对比中西方思想在人与自然关系上的异同。

——升华主题：本环节是通过观看纪录片 *Planet Earth* Ⅱ结尾片段，引导学生更深入地思考如何尽己所能，保护身边的自然，因为这是人类的责任与担当。以下为该纪录片结尾解说词。

Looking down on this great metropolis，the ingenuity with which we continue to reshape the surface of our planet is very striking，but it’s also sobering. It reminds me of just how easy it is for us to lose our connection with the natural world. Yet it is on this connection that the future of both humanity and the natural world will depend. It’s surely our responsibility to do everything within our power，to create a planet that provides a home not just for us，but for all life on earth.

• 课文解读及分析（50 分钟）。

——问题驱动，引导学生读懂文章大意，概括文章的主要内容（15 分钟）。

Q1: What is the theme of the essay? (Para. 1)

Q2: How can we make the right choicc among so many different and conflicting proposals put forward in the name of environmental protection? (Para.)

Q3: According to the author, what is the ultimate rule followed by rational environmentalism? (Para. 2)

Q4: The rule states that it is environmentally essential to fight against ecological change that directly does harm to the health and safety of human beings. How does the author explain environmental necessity? (Para. 3 –4)

Q5: According to Paragraph 5, why are ozone depletion and the greenhouse effect considered as urgent human disasters? (Para. 5)

Q6: According to Paragraph 6, what are the features of the environmentalism that is popular today? (Para. 6)

Q7: What does the author intend to do by citing the example of oil drilling in ANWR? (Para. 7)

Q8: On the issue of preserving the spotted owl in Oregon versus protecting the logging families there, which side does the author take? Why? (Para. 10)

Q9: What opinion does the author hold toward the relationship between man and nature? (Para. 11)

Q10: According to the author, under what circumstance should humanity accommodate nature? Examples? (Para. 12)

——分析文章结构，了解议论文的论证结构和方式（15 分钟）。

Introduction: Two questions are raised to show that people have conflicting ideas about environmental protection. (Para. 1)

Main body: The author tries to establish a rule for people to follow when they make environmental choices. (Para. 2 – 5). The author rebuts a different rule, called a sentimental environmentalism, which he says is characterized by excessive earth worship. (Para. 6 –10)

Conclusion: The author restates his central argument: Human interests should be given priority over those of nature. (Para. 11 –13)

教师可介绍议论文的基本结构如下。

Generally speaking, there are two ways to organize an argumentative essay featuring counter-arguments, namely, the block pattern and the point-by-point pattern.

In the block pattern, the author first lists in Block 1 all of the counter-arguments and their respective rebuttals, and then in Block 2 he presents his own arguments, which function as a supplement to the rebuttals in Block 1, and show that his thesis has been comprehensively considered and discussed.

Block pattern

Introduction:

a. Explanation of the issue

b. Thesis statement

Body

Block 1:

a. Summary of the other side' arguments

b. Rebuttal to the first argument

c. Rebuttal to the second argument

d. Rebuttal to the third argument

Block 2:

a. Summary of your own arguments

b. Your first argument

c. Your second argument

d. Your third argument

Conclusion

——深入主题讨论和文化拓展（20 分钟）：以小组讨论的形式，使学生深入思考人类活动给自然界带来的灾难，在思考解决方法的同时，学会用英语表述中国的方案。讨论话题如下。

What nature-related disasters are brought about by human activities? What environmental problems does the world face? What are the causes of these problems? Are there any ways to reduce such disasters and problems? How much do you know about the basic view held by Chinese government towards environmental protection?

教师可从习近平总书记讲话中节选段落（如下所示），着重让学生认知中国政府在环境问题上的态度和措施，并使学生学会使用英语表达。

例 1：

绿水青山就是金山银山。我们应该遵循天人合一、道法自然的理念，寻求永续发展之路。

——《共同构建人类命运共同体》（习近平在联合国日内瓦总部的演讲）

Clear waters and green mountains are as good as mountains of gold and silver. We must maintain harmony between man and nature and pursue sustainable development.

例 2：

像保护眼睛一样保护生态环境，像对待生命一样对待生态环境。

——习近平在全国生态环境保护大会上的重要讲话

We should protect the eco-environment like our own eyes and treat the eco-environment as our own lives.

第三，课后环节。应用所学语言知识，提高翻译能力和写作能力；实践育人。

任务要求 1：在总结课文内容的基础上，利用所学的词汇知识，翻译下列段落。

从地球上出现人类开始，人与自然之间的亲密关系也随之诞生，而且，这种关系每一世纪都比以前变得更为明智而深远。所以，我们求助于自然，并把自然视为人类的最年长和最有影响力的老师。从某种观点来看，自然曾一度是我们的监工，现在却变为我们的奴仆。

但从另一个观点来看，自然一直是我们最忠实的朋友、教导者和启发者。这种和谐紧密的关系，如果仅仅是少数人的特权，而大多数人并不能享有，则将使和谐紧密的关系失去神秘和情趣。对于少数人来说，这种关系在每个时代都充满了奇妙和美好；对多数人来说，这种关系只是理所当然的一件事。

任务要求 2：制订一项现实可行的环保计划，写出具体实施步骤，并在校园中加以推广。

6.1.4.5 读写教学设计案例 5

（1）背景介绍。案例背景如表 6.24 所示。

表 6.24 背景介绍

授课教师	贾颖
授课对象	非英语专业本科二年级普通班。文化是我们从出生就开始接触和体验的一个概念，本次课的目的是通过引导学生学习语言、行为，通过了解历史和价值观来理解文化的内涵
授课时长	90 分钟
教材	《新视野大学英语（第三版）读写教程4（思政智慧版）》
单元	Unit 5 Why culture counts
思政融入点	文化自信
思政素材	*China Daily* 精选文章

（2）教学目标。

第一，知识目标。

- 掌握和文化及文化差异相关的英语词汇和表达方式。
- 掌握英语长难句的结构。
- 了解中西文化差异的深层原因。

第二，能力目标

- 能正确分析、理解英语长难句的意思。
- 能理解课文论证方式：辩证法。
- 能用辩证的方法论证观点。

第三，素质目标。

- 培育学生文化自信。
- 培养学生的辩证思维。

（3）教学方法。

第一，综合采用任务型教学、合作学习等教与学的方法。

第二，运用学习通慕课平台、腾讯会议等信息化手段开展混合式教学。

（4）教学环节。

第一，课前环节。布置阅读和讨论任务，加大语言输入，激励语言输出。

- 讨论：课前教师在学习通慕课平台布置讨论问题如下。

Q1：Are all Chinese discreet and modest?

Q2：What stereotypes do the Chinese have about westerners? what are the stereotypes that westerners hold aloout the Chinese?

要求学生在阅读课前给出个人见解，同时鼓励学生相互评论留言。教师查阅学生的留言，给学生点赞鼓励，并对精彩的留言予以积分奖励。

• 阅读并回答问题：学生阅读课外材料（*Growing Popularity of "China Chic" Offers a New Twist on Nation's Ancient Culture*），读后概括文章大意并回答问题：如何用英文表达"两院院士"和"开门红"。

第二，课上环节（90分钟）。

• 课前讨论反馈（15分钟）：针对学生留言，教师导入主题（culture），归纳与文化差异相关的英语表达。对课前讨论问题Q2的回答情况进行点评，指出如何在面临文化差异时抛开固有成见，学会包容并辩证地处理文化差异。

• 课文讲练，培养学生归纳、分析能力（50分钟）。

——讲解课文（Text A），引导学生掌握课文主题思想和大意，在讲解Text A中的第1—9段时，插入以下两个问题并组织学生讨论，从而引导学生发现中西文化冲突的本质。

Q1：What are the common ways in which the Chinese express disagreement, rejection or refusal in daily communication?（中国人在日常生活中常用的表达谦虚、不赞同、反对和拒绝的方式是什么?）

Q2：What is the appropriate response to a compliment in American culture?（在美国文化中，对于别人的赞美，合适的回应方式是什么?）

——在分析完课文第10—20段后，引导学生小组讨论p124的如下问题，帮助学生了解中西方文化对赞扬的不同表达方式及其共性和差异。

Q1：What are the common sentence structures to compliment people in Chinese culture?（在中国文化中，赞扬别人时常用的句式是什么?）

Q2：When is it appropriate to compliment people in America?（在美国文化中，什么时候赞扬他人比较合适?）

——在完成课文21—31段后请同学们思考以下问题。

What are the effects of the stereotypes in cross-cultural communication?（刻板印象在跨文化交际中的影响?）

通过对该问题的讨论，引导学生在跨文化沟通中辩证地看待问题。中西文化存在差异的深层原因是中西方不同的文化背景和历史背景给人们带来思想、行为、价值取向等多方面的差异，从而容易引起文化冲突。要想尽量避免这种冲突，我们应当在实际学习中培养跨文化交际能力的同时建立文化自信。

——在分析整篇文章后，请同学思考（Why culture counts?），通过名人名言的学习，了解文化在人与人、国与国的沟通中扮演的重要角色，为了更好地进行跨文化沟通，应努力提升自己的跨文化意识及能力，避免用刻板印象和偏见去看待、评价和处理问题。教师给出如下名言例句。

a. Each of us is like everybody else in some ways (universal behaviors), like the people in our culture in some other ways (cultural behaviors), and like no one else at all in still other ways (personal behaviors).

b. Our incapacity to comprehend other cultures stems from our insistence on measuring things in our own terms.

• 拓展阅读（25 分钟）：通过对课前环节阅读材料的进一步学习，帮助学生理解随着中国综合实力的提升，文化自信也逐渐回归，从故宫 IP 爆火互联网，李宁携国产运动品牌登上纽约时装周，到北京冬奥会开幕式上的“二十四节气倒计时”和闭幕式上的“折柳寄情”，一股被称作国货新潮流（国潮）的趋势吸引了众多目光。传统文化与现代艺术因国潮而相遇，不同年龄、背景的人也因为国潮而从相遇到相知。

第三，课后环节：提高对外翻译和传播中国文化的能力。

任务要求：完成课本 p140 第 5 单元汉译英部分的作业，通过这段关于中国文化、中国元素的汉译英翻译，引导学生理解推动中国文化产业的发展，弘扬中国文化对提升国家形象的重要性。

中华文明曾对世界文明产生过重大影响。近年来，随着我国经济的发展和国际地位的提升，历史悠久的中国文化正引起世界新的关注。越来越多的中国元素为当今世界时尚、文学、影视作品等提供了创作灵感，成为热门题材。这一现象表明，世界需要中国文化。在这种背景下，我国决定实施文化“走出去”的战略，以加强中国与世界其他各国的文化交流。经过数年的努力，这项工程已经取得了很大成绩。文化“走出去”大力推动了我国文化产业的发展，正成为提升我国国家形象和综合实力的有效途径。

Chinese civilization once had a significant influence on world civilization. With the development of our country's economy and the rise of her international status in recent years, Chinese culture, which has a long history, is once again attracting global attention. More and more Chinese cultural elements provide inspiration for and become popular subjects of fashions, literature and movies around the world. This shows that the world needs Chinese culture. It was in this context that China decided to implement the "Culture Exporting" strategy so as to enhance her cultural exchanges with the rest of the world. After several years' efforts, great achievements have been made in this respect. "Culture Exporting" has greatly promoted the development of our cultural industries. It is becoming an effective approach through which China enhances her national image and comprehensive strength.

6.1.4.6 读写教学设计案例6

（1）背景介绍。案例背景如表6.25所示。

表6.25 背景介绍

授课教师	苏伟丽
授课对象	非英语专业本科二年级普通班。许多同学对此单元的主题比较有兴趣，并对男女平等问题有自己的看法，但对真正的男女平等还存在一些误解
授课时长	90分钟
教材	《新视野大学英语（第三版）读写教程4（思政智慧版）》
单元	Unit 6 Gender equality
思政融入点	社会主义核心价值观（平等）、中西文化比较
思政素材	党的十九大报告、社会主义核心价值观表述

（2）教学目标。

第一，知识目标。

- 掌握本单元中与男女平等主题相关的英语词汇和表达方式。
- 了解社会主义核心价值观中"平等"的内涵。

第二，能力目标。

- 能分析此类英语文章写作特点。
- 能描述男性女性在家庭和社会分工方面的差异，阐述男女平等的内涵和意义。

• 能用对比法撰写英语短文。

• 能就平等话题有理有据地表达个人观点。

第三，素质目标。

• 培育学生的平等意识，明确自己未来要承担的家庭和社会责任。

• 树立尊重女性、男女平等的观念。

（3）教学方法。

第一，综合采用任务型教学、合作学习等教与学的方法。

第二，运用学习通慕课平台、腾讯会议等信息化手段开展混合式教学。

（4）教学环节。

第一，课前环节：布置阅读和讨论任务，加大语言输入，激励语言输出。

• 组织学生在U校园进行在线学习和讨论，讨论话题：身边是否有重男轻女的人或事？男女平等的理念包括哪些方面？

• 让学生进行问卷调查，围绕以下两个问题。

——祖辈家庭中男性和女性的分工及其权利职责的基本情况。

——当代家庭中父母的分工及其权利职责的基本情况。

• 学生的阅读任务：中西方关于男女平等以及性别歧视的文章。例如：*What are traditional gender roles and how the society sees then in* 2019）和《70年，中国女性的生活发生了多大变化?》

第二，课上环节（90分钟）。

• 课前调研结果展示活动（20分钟），培养学生分析问题、解决问题的能力。学生展示问卷调查结果，通过对家庭中男女分工情况的分析，引导学生发现其中可能存在的男女不平等问题。

• 课文讲练活动（40分钟），培养学生的分析和评价、鉴赏能力。

——语言分析：引导学生阅读课文A第1—2段，注意文章中的动词和形容词，思考怎样用词可使描述变得生动明确。

——修辞分析：分析课文A第5段，找出文章中的平行结构，朗读并体会其在议论文写作中的作用。拓展案例：提供党的十九大报告（英文版），让学生找出其中的排比句。

——以如下课文A第5段中的问题为导向，培养学生的评述和表述能力。

Q1：What are the privileges that men have kept all the time?

Q2：What are the privileges of men you see in our daily life? What are the causes of the privileges?

——根据课文现象，设置如下与学生生活紧密相关的话题，拓展讨论，在思想碰撞中进行深入思考：同为男性，为什么会有这种差异（如阶级差别和贫富差距）？

The men on television seemed as remote and unreal to me as the figures in old paintings. VS The fates of lower-class men and women are equally bleak and grim.

——分析文章的对比写作手法，引导学生思考讨论不同的家庭模式和分工（如 Housewife/househusband；Breadwinning men；Homemaking women；Shared responsibility 等），以表达自己对未来家庭角色、责任和分工的看法。

- 综合听说读写训练，拓展中西比较，深化主题讨论（30 分钟）。

——引入如下中西平等观的比较，引导学生发现、了解文化差异，发现正面积极的价值观。

例 1：

人人生而自由，在尊严和权利上一律平等。他们富有理性和良心，并应以兄弟关系的精神相对待。

——《世界人权宣言》

All human beings are born free and equal in dignity and rights. They are endowed with reason and conscience and should act towards one another in a spirit of brotherhood.

例 2：

大道之行也，天下为公，选贤与能，讲信修睦。

——《礼记·礼运》

When the great way prevails, the world is equally shared by all. The talent and virtue are elected. Mutual confidence was emphasized and brotherhood was cultivated.

例 3：

天之道，其犹张弓与？

高者抑之，下者举之；有馀者损之，不足者补之。

天之道，损有馀而补不足。

——《道德经》

The Tao (way) of Heaven,

Is it not like the bending of a bow?

The top comes down and the bottom-end goes up,

The extra (length) is shortened, the insufficient (width) is expanded.

It is the way of Heaven to take away from those that have too much

And give to those that have not enough.

——通过观看视频（沃特森在联合国的演讲），以及阅读与思考（社会主义核心价值观中对“平等”的表述），使学生将平等观与社会责任感相联系，进行更深入的人生思考。

学生的任务如下。

——观看视频，就视频内容回答问题：沃特森提到了哪些男女平等的问题？她给出了怎样的解决性别歧视问题的建议？

——比较如下社会主义核心价值观中对平等的表述，并讨论问题：我们大学生有哪些责任？

平等是指人们平等享有社会权益，平等履行社会义务，追求经济、政治、文化、社会、生态权利的平等享有。平等指的是公民在法律面前一律平等，其价值取向是不断实现实质平等，它要求尊重和保障人权，人人依法享有平等参与、平等发展的权利。平等是通过平等的社会机制和价值引导，既保障公民个人享有平等的权利，也保障每个人基于社会贡献所要求得到的权利、利益和尊重。平等是要求社会有这样一个平台，让人人都有机会通过自己的努力来取得成功。坚持法律面前人人平等，任何组织和个人都没有超越宪法和法律的特权。

The equality of socialist core values refers to the equality of citizens before the law, and its value orientation is to continuously realize substantive equality. It calls for respect and protection of human rights and the right of everyone to equal participation and equal development in accordance with the law.

Equality refers to people's equal enjoyment of social rights and interests, equal performance of social obligations, and the pursuit of equal enjoyment of economic, political, cultural, social and ecological rights. Including that all citizens are equal before the law. Its value orientation is to continuously realize substantive equality. It requires respect and protection of human rights and everyone's right to equal participation and equal development in accordance with the law. Through equal social mechanisms and value guidance, we can not only ensure that individual citizens enjoy equal rights, but also ensure the rights, interests and respect required by each individual based on social contributions. The society is required to have such a platform so that everyone has the opportunity to succeed through their own efforts.

第三，课后环节。写作任务，巩固课堂所学，激励语言运用。

- 任务要求：以“新时代女性风采”为题，写作短文，展示“她”故事，感受“她”力量；开展小组间的写作作业互评（Write an essay about a female role model to show "She Power" in our society, using your personal experience and observation)。

6.2 大学英语读写课程思政教学效果分析

在本部分，笔者以某院校的大学英语读写课教学为研究对象，按照第5章提出的教学观测框架，对课堂教学进行评析和反思。

6.2.1 研究问题和研究方法

如第5章所述，对课程思政教学效果的评价可从教师和学生两个主体出发，采用文献分析、课堂观察和问卷调查等多种研究方法。本书主要回答以下三个研究问题。

第一，教师在大学英语读写课上如何融合课程思政?

第二，教师在实施英语课程思政时有哪些收获、困惑和困难?

第三，学生在教师实施课程思政教学下主要有哪些收获？面临哪些问题?

对于第一个问题，主要采取调阅教案、观察课堂教学实施过程来获取答案。对于第二个问题，主要通过教师反思总结、教师访谈等方法获取答案。教师在实施教学设计后，对教学设计的得失会有明确的体会，这将有助于改善后续的教学，也可为其他教师提供参考。对于第三个问题，则主要是从学生视角来看教师课程设计和课程实施的效果，与教师的感受相互印证，以找到教师期待和学生感受之间的不同，使教师后续教学调整和改革更有针对性。

6.2.2 研究对象和研究过程

笔者选取北京一所普通公立高等院校的大学英语教学课堂为研究对象，属于方便样本。该校大学英语教研部以《大学英语教学指南》为依据实施分级分类教学。分级教学是指大学一年级至二年级的课程分为A、B两级教学，其中A级实施学术英语教学，学生数占总体人数的1/3；B级实施通用英语教学，学生数为总体人数的2/3。分类教学是指大学英语课程分为读写课和听说课两类，前者侧重学生读写能力的培养，后者侧重听说能力的培养。本研究以B级学生的读写教学课堂为观察样本。

笔者选取大学英语教研部1名骨干教师作为研究对象（下称“A教师”），该教师具有硕士研究生学历，教学效果较好，在学评教中排名靠前，并且积极参加教学研究，参与过多项校级教改立项。

笔者查阅了A教师的教案，并在其授课班级听课90分钟。听课过程中依据观察量表（见表5.1）做笔记。课程结束后，笔者对学生进行了问卷调查，并对教师实施结构式访谈，深入了解其对课程思政的教学反思。

6.2.3 研究结果

6.2.3.1 读写课程思政的设计与实施

针对教师在大学英语教学中是否融入课程思政、如何融入思政元素的问题，笔者查看了A教师的教案。按照表5.1所列的指标，笔者从教学目标和教学内容的安排这两个方面，对A教师的教学设计进行了评价。其中，教学目标主要从育人目标的明确性、高阶性、融入度三个方面进行考量；教学内容主要从是否合理设置了课程思政内容所占的比例，是否使用了丰富的教学案例来支撑思政教学目标，思政教学素材是否具有一定挑战性，是否把最新的政策精神或时事要闻融入教学，是否充分考虑了学生的语言能力和认知水平等，方面进行评价。

本次课授课内容为《新视野大学英语（第三版）读写教程4（思政智慧版）》第三单元，教学对象为非英语专业二年级学生。单元和课文主题是*Being entrepreneurial*（Section B—*Building the dream of Starbucks*）。A教师将本次课的教学目标表述如下（图6.1）。

Objectives

- To master the reading skill
- To understand the text
- To practice the phrases and patterns
- To learn about writing a book report

图 6.1 第三单元教学目标

在这个表述中，可以看出该教师对阅读技巧、文章理解、语言知识和写作技巧的重视，涵盖了英语理解能力和表达能力的培养，但没有明确提出育人目标。此外，各部分教学目标的表述还不够具体，例如，在“understand the text”之下，就可以有多种具体的表述，可以教会学生“概述课文大意”，也可以教会学生“分析文章结构”。

从教学内容的安排上看，本次课主要包括两大模块，每个模块又包括 2—3 个活动单元（见表 6.26）。从教学内容安排与教学目标的对应来看，出现了两个问题：一是教学内容中体现了对高层次思维能力的培养，但却没有将“critical thinking skills”写入教学目标中。二是教学目标中有对写作能力的要求，但在教学内容中并没有出现有关“book report”的教学内容。在“critical thinking”部分的教学内容中，A 教师使用了中国当代企业家名言和古今名人名言作为教学素材，并将其作为课堂翻译任务，任务非常有挑战性，既能培养学生的翻译能力，也能加深学生对名言中的思想内容的认识。由于这些名言与课文内容紧密相关，将其作为语言练习任务，也是顺理成章的。这部分内容计划占用 25% 的课堂教学时间，时间安排较为合理。

表 6.26 读写教学内容安排

Modules	Sections
Reading skill	Introduction
	Practice
Text study	Comprehension
	Language focus
	Critical thinking

为评价教学实施环节，笔者从教学表述、教学手段、课堂管理、反馈评价

几个方面对 A 教师的读写课堂进行了观察。首先，从教学表述上看，A 教师讲课有亲和力，线上授课开了摄像头，学生可以看到教师的表情。教师语音语调柔和，对学生非常熟悉，能流畅从容地主导课堂，学生与教师配合较好，课堂气氛活跃。其次，A 教师能够充分利用现代信息化手段辅助教学。听课期间正值线上教学，A 教师利用泛雅慕课平台组织拍照签到（检查课下任务）、利用腾讯会议组织互动、利用学习通 App 组织随堂练习等活动。教学课件制作简洁明了，重难点突出。

在课堂管理方面，笔者从四个方面进行了观察并得出结论。

第一，教师能结合现实引发思考，设问有挑战性。针对课文背景知识，对课文理解的 WH 类问题组织了 15 次课堂问答，其中有深度的问答持续时间为 5 分钟。例如，在结束课文结构和要点分析之后，要求学生思考问题（在两篇课文中提到的 FedEx 和 Starbucks 在企业管理中的“unconventional”的做法是什么?），对此学生需要读懂两篇文章并进行对比，这对学生的思维能力和语言理解能力要求都比较高。接下来的主题讨论话题是“Think about Schultz's benefits policy and Smith's P-S-P（people-service-profit）philosophy. What do they have in common? Why do they emphasize PEOPLE?”这个主题讨论要求学生基于现实问题，进行比较、分析和综合，然后上升到理念的深入探讨，非常具有挑战性。

第二，教师能围绕课程思政元素实施课堂活动，将思政内容与语言技能培养很好地融合在一起。A 教师以课文段落为切入点，讲解课文中的西方管理思想，并引入了《大学》第十一章中的段落，围绕中国传统人才管理思想，引导学生进行中西对比，树立文化自信。

课文内容：

At a time when other companies were trimming benefits as a cost-cutting measure, Schultz, who grew up in a family without any medical coverage, was vocal in his belief that genuinely caring about your employees is critical to building a sturdy workforce. （Para. 9, L15）

A 教师补充的思政材料：

是故君子先慎乎德。有德此有人，有人此有土，有土此有财，有财此有用。德者本也，财者末也，外本内末，争民施夺。是故财聚则民散，财散则民聚。是故言悖而出者，亦悖而入；货悖而入者，亦悖而出。（引自《大学》第十一章）。

接下来，A 教师引导学生赏析 James Legge（理雅各）和辜鸿铭对这段话的翻译，并讲解翻译技巧，包括如何选词，如何安置句子的主语，怎样组织句子的结构，等等。学生从中不仅学习了非常有教育意义的内容，而且关注了语言形式。A 教师在讲解中还提到，辜鸿铭用 10 年翻译《大学》，体现了他坚持和执着做学问的精神，是值得学习的品德和修养。

A 教师还利用学习通布置课堂翻译练习，并在课上针对学生的回复进行即时反馈。下列翻译材料的内容是关于企业家精神的定义，该练习能够使学生加深对企业家基本素质的印象，这对他们未来的职业发展有很好的教育意义。

企业家精神——爱国敬业是我国企业家群体的基本特质，遵纪守法是企业家安身立命之本，艰苦奋斗是企业家取得不断成功的法宝，这些都是企业家精神的具体体现。企业家精神的根本特征是创新精神，体现为提供高品质产品和服务，从而不断追求卓越。企业家不仅是经济活动的重要主体，而且在社会发展中也具有重要的示范引领作用，应当在履行责任、敢于担当、服务社会等方面，发挥相应的作用。

学生在学习通完成翻译之后，教师引导学生对企业家精神进一步理解，指出关键词分别为“entrepreneurship，patriotism，dedication，hard work，innovation，exemplary and leading role，daring”，以使学生将语言学习与思想精神的领悟结合到一起，学会用英语表达企业家精神。

第三，关于课堂互动，A 教师能够组织多种形式的师生互动，抓住学生注意力。本次课的互动形式包括：课文理解部分的问答、主题讨论时的即兴发言、思政材料的口头翻译等，其中既有学生主动发言，也有教师通过学习通选人回答。可能由于网络教学的原因，教师没有组织学生与学生之间互动。

第四，A 教师能根据学情及时调整教学策略。观察显示，A 教师能通过对课前预习任务的检查，让学生更好地跟上课堂节奏；在学生回答问题遇到困难的情况下，给以关键词的提示。同时，在关于课文问题的互动时，A 教师能够补充学生的回答，学生对 A 教师的补充（如要想创业成功，需要有管理智慧和能力，要以人为本，要具有企业家精神）表示认可。

笔者还就A教师课上对学生的点评和反馈进行了观察，结果显示，A教师能及时对学生的汇报、发言等表现进行适切评价，但没有组织生生互评。本次课程的授课对象为二年级学生，他们掌握了一定的翻译技巧，词汇量也有所增加，教师对学生翻译材料过程中出现的问题进行了汇总，比较有针对性。A教师很注意对学生的引导。比如，课文中提到 *New York Times*（《纽约时报》），教师提出的问题是“How much do you know about it?”对此学生的回答是不太清楚。针对这个情况，教师用一个例子给学生展示《纽约时报》的作用（Some appeared on the cover of *New York Times*），封面人物就是那些有一定影响力的、有荣誉的人，这样可以加深学生的印象。同时，A教师也注重对学生的价值引领。例如，A教师在评价学生对《大学》的翻译时，引导学生注意中西方理念的对比。例如，“德”在中国文化中是德行（virtue）的意思，在西方可能会从管理学的角度将其解读为企业家精神；“土”在中国文化中有疆土之意，在西方则可能将其理解为市场、业务等。A教师通过文化对比，有意去加强学生对中国文化和传统的理解。

6.2.3.2　教师视角

听课结束后，笔者对授课教师进行了简单的访谈，希望从教师反思的角度来观测本次课的育人目标是否实现，也从中了解教师在授课中遇到的困惑和困难。笔者的问题主要涉及A教师如何看待课程思政？认为怎么融入思政比较好？这节课是否达到预定目标？哪个环节感觉实施得比较好？实施课程思政的难点有哪些？等等。

就课程思政的理念而言，A教师认为，“课程思政从本质上来说就是在整个教学过程中都要有意识形态和政治立场的站位，从这个站位去组织各个环节的教学，组织教学的语言”。尽管她并没有道明课程思政的内涵，但明确表示教师本身持有的价值观和政治立场非常重要。在课程思政的融入方式上，她认为“最好的课程思政应该是好好把握和挖掘教材内容，理清其中的思想内涵，引导学生进行批判性阅读并分析文章观点”。从这番话可见，该教师认为挖掘教材是实施课程思政的基本路径，并认可对批判性思维能力的培养就是课程思政的抓手这个观点。此外，该教师比较重视语言理解能力的培养，但没有谈及如何将语言表达能力的培养融入课程思政，这与笔者在课堂观察中了解到的情况基本一致。

当问及A教师对教学目标的达成和教学实施的自我反思时，她认为“本节课基本达到预期的目标”，对自己的教学比较满意。但同时她也认识到教学中的不足，那就是“给学生自己思考、讨论和总结的时间不足，灌输的痕迹比较明显。课程思政最大的难点是将思政元素有机融入课程内容，而没有生硬加入的感觉”。该教师认为，自己在教学过程中的思想政治教育内容比较明显，在融入的方法上还需要改善，尤其是应当给学生足够的时间去自我领会和建构意义。作为一名教学经验丰富的教师，她仍然觉得在课程思政教学中存在一定的困难，例如“课时有限，需要花大量时间和精力做好内容、活动的取舍和侧重点安排”等。可见，根据学情，选择合适的内容和活动方式是教师的基本功，也是课程思政教学的难点所在。

6.2.3.3 学生视角

由于疫情，无法与学生面谈，笔者于听课结束后在学生微信群中发放了调查问卷，以获取学生对课程的反馈，问卷题项采用从“很不满意”到“很满意”五级制，主要为了解学生的获得感和满足感。本次课后收集了有效问卷39份，占本班学生总数的95%。笔者对问卷结果进行了百分比分析，将很满意和满意的百分比相加，结果如表6.27所示。

从表6.27中可见，学生对A教师授课观测点的评价基本都是“满意”或“很满意”。学生的反馈能够印证研究者对课堂的观察，说明A教师的授课有亲和力和感染力，对授课内容广度和深度把握恰当，课程具有吸引力，讲授的内容和提问能引起学生的思想共鸣并启发学生思考。在教学过程中，师生互动频率和互动方式、教师对学生回答问题时的反馈方式合理有效。当然，尽管学生的满意率比较高，但在“小组合作讨论和安排”“教师使用案例、故事、新闻等有吸引力”两项上的满意率低于其他题项。结合课堂观察和教师反思也能发现，教师在课程教学过程中还需要加强小组活动以及学生之间的交流，可适当安排生生互评，这样既可以让学生动起来，也可以如学生所希望的那样，在与同伴的交流中促进语言能力、批判性思维能力的提高。此外，教学中所使用的例句与课文内容相关性较强，但仍需要在趣味性上下些功夫。

表 6.27　学生对读写授课环节的满意度

题项	满意率（%）
教师授课有亲和力和感染力	92.31
教师对授课内容的广度和深度把握恰当	92.31
教师使用的案例、故事、新闻等有吸引力	76.92
教师讲授的内容能引起我的思想共鸣	89.74
教师能有效使用图片、视频等多媒体授课	92.31
教师课堂提问能有效启发我的思考	89.74
小组合作和讨论的安排	62.05
教师对学生回答问题的反馈方式	92.31
教师观点给我指点迷津	87.18
教师和学生的互动充分、合理	94.87
同学之间的互动能碰撞思想火花	84.62

除了满意度之外，笔者还围绕学生在知识、能力、素养方面的收获进行了调查，问卷中的12—27题采用了从“很不认同到非常认同”五级制的问答方式，笔者对问卷进行了百分比分析，按照认同度高低排列，结果如表6.28所示。

表 6.28　学生在读写课堂学习中的收获

题项	认同比率（%）
提高了英语理解能力	94.87
提高了英语表达能力	94.87
学到了英语语言知识	92.31
树立了社会主义核心价值观	94.87
增强了四个自信	94.87
丰富了中华优秀传统文化知识	92.31
明辨了中西文化的不同	89.74
提高了道德修养	87.18
能作出明智的人生选择	79.49
掌握了分析问题和解决问题的方法	74.35
增强了爱国情怀	64.10
养成了良好的社会行为习惯	69.23

续表

题项	认同比率（%）
树立了正确的理想信念	61.53
解开了对于党情、国情、世情的困惑	56.41
提高了运用新思想分析和解决问题的能力	51.28
确立了法治意识	38.46

根据表6.28所示，学生从本次课程学习中收获很大，在知识、能力、素养方面都有提高。其中，有关英语理解能力和表达能力方面的认同感达到了94.87%。与此同时，在此次调研中，尽管笔者将第5章中提到的各类思政元素基本上都列在了问卷中，但实际上是希望学生能够选出教师在教学中所讲授的内容。调研显示，学生认同感最高的几项思政教育效果分别为增强了四个自信（94.87%），丰富了中华优秀传统文化知识（92.31%），明辨了中西文化的不同（89.74%）、提高了道德修养（87.18%）。学生的感知与笔者在课堂观察中的感受类似，A教师在教学过程中主要引导学生比较了中西企业文化的不同，理解了企业家精神，并讲到了做学问的精神和修养，基本涉及上述思政教育内容。但同时令人不解的是，在其他题项上，即使是教师根本没提过的法治意识，也都有一定比例的学生作出了认同的选择，这说明学生对问卷题项中的概念可能存在不同的理解，也间接证明了教师向学生明确教学目标的重要性。

6.3 小结

首先，本章依据第3章论证的理论框架，展示了大学英语读写课程思政的24个教学案例设计，尽管这些案例并不完美，但体现了英语课程思政从理论到课堂呈现的中间环节。一个好的教学设计能否达成预期的教学目标，取得良好的教学效果，还要依靠课堂教学的有效落实。其次，本章借助第5章提出的英语教师课程思政教学评价指标，设计了观察量表，对大学英语读写的一节课堂教学进行了观察和评价，结合授课教师的反思和学生的反馈，确定了读写课程思政教学的有效性，发现问题并提出建议。

对本次英语课程思政教学的评价，主要采取了文献分析、课堂观察、访谈和问卷等调查法。研究发现，该教师在课堂教学活动中能够将思想政治教育内容融入语言教学，组织问答、讨论、翻译等互动活动，使学生在中西企业文化对比中树立文化自信。思政内容作为翻译练习的素材，使学生既能关注思想内容，又能注意语言形式；学生通过课程学习，既能使用相关英语词汇表达观点，又能比较中西文化中企业家精神的异同。教学中，教师通过引领学生阅读、分析和翻译文本，使之更加深入地理解企业家精神，并培育和塑造职业素养，以此实现课程的素质教育目标，做到了思政内容与语言能力培养的有机融合。同时，通过教学文本分析、教师反思也发现，教师在教学目标中并未明确表述育人目标、思维能力培养目标，这在一定程度上说明，教师尚未从理论上吃透课程思政，需要进一步加强教学理论素养，而这可能也代表了一个很大的教师群体的进步方向。课程思政是新事物，不少一线教师往往仅凭自己的直观理解和思政素养安排教学内容，并不擅长将自己的教学活动设计升华为合理的教学目标并将之有效传达给学生。实际上，教学目标在整个教学设计中非常重要，对教学内容起到了导向作用，如果教学目标表述不清楚、不明确，那可能会导致教学内容安排不合理，并且不利于学生把握学习的重点和难点。

7 大学英语视听说课程思政实践与反思

本章依据第3章确立的课程思政内涵和实施框架，进行大学英语听说课程思政的教学案例设计。在实施课堂观察的基础上，结合对大学英语教师和学生的调研，进行教学效果反思，并同时回答两个问题：一是教师在实施课程思政过程中都有哪些困难和困惑？二是大学生如何感知与评价大学英语课中的思政元素？

7.1 大学英语视听说课程思政教学案例设计

本章根据第3章对课程思政内涵和框架体系的论证，结合《新视野大学英语（第三版）视听说教程（思政智慧版）》教材，挖掘思政元素并将其归类、细化和层次化，构建英语课程思政教学设计案例库并给出具体例子。

大学英语视听说课程面向非英语专业一年级和二年级学生开设，连续开设四个学期，即大学英语视听说（1 4）。每册教材讲授六个单元，每个单元的话题各不相同。话题从人们非常熟悉的日常话题逐渐过渡到较为陌生和抽象的话题，听力材料的难度也逐渐加深。下文将呈现北京物资学院大学英语教研部部分教师的教学设计案例。

7.1.1 大学英语视听说1课程思政案例

7.1.1.1 视听说教学设计案例1

（1）背景介绍。案例背景如表7.1所示。

表7.1 背景介绍

授课教师	裴姝娟
授课对象	非英语专业本科一年级普通班学生。本单元的话题是大学生非常熟悉的话题，他们面临着从高中生到大学生的角色过渡，本单元对“过去”这一话题的思考将对他们快速适应大学生活产生积极的影响

续表

授课时长	90 分钟
教材	《新视野大学英语（第三版）视听说教程 1（思政智慧版）》
单元	Unit 1 Traces of the past
思政融入点	中华民族优秀传统文化、中西传统文化对比、坚定文化自信
思政素材	习近平总书记关于文化自信的名句、名人名言、中外壁画

（2）教学目标。

第一，知识目标。

- 掌握同历史、文化等相关的英语词汇和表达方式。
- 掌握听力中记录细节信息的方法。

第二，能力目标。

- 能听懂英语文化类访谈节目，记录要点。
- 能用英语介绍个人爱好并表述以往经历。
- 能用英语参加文化专题讨论，表达个人观点。

第三，素质目标。

- 培育和塑造学生正面积极的历史观。
- 理解传统文化对当下的传承教育意义。
- 坚定文化自信。

（3）教学方法。

第一，本次课采用任务型教学，鼓励合作学习。

第二，运用学习通慕课平台、腾讯会议等信息化手段实施翻转课堂教学。

（4）教学环节。

第一，课前环节。激活背景知识，激励语言产出。

讨论：课前教师在超星慕课平台布置如下讨论题目。

If you could come back to the past, which period of your life would you go to and what would you say to yourself at that moment?

要求学生在课前给出答案，同时鼓励学生相互评论留言。教师查阅学生的留言，并对精彩的留言予以积分奖励，以达到激发学生学习兴趣，为课堂教学作准备的目的。

第二，课上环节（90 分钟）。

• 热身环节（5 分钟）：检查课前讨论效果，培养表述能力。就课前布置的思考题，请学生表达观点，回答有哪些过去的习惯或者经历让此刻的自己受益。

• 视频素材学习（20 分钟）：掌握个人经历以及所爱好的英语表述方式。

——素材学习（10 分钟）：观看教材中的 viewing 部分（对一位知名芭蕾舞演员的访谈），并完成书内排序和填空练习，了解其个人经历和爱好。

——讨论对话（10 分钟）：通过小组讨论，帮助学生用英语介绍个人爱好，以及对自己当下生活的影响。

Discussion topic: Did your parents make you take up a hobby such as playing the piano, practicing calligraphy（书法）or playing table tennis when you were a child? Did you like it at that time? How do you think about it now?

• 听力技巧学习（20 分钟）：掌握在听力练习过程中记录细节信息的方法。完成教材 listening skills 部分的学习，教师给出如下相关技巧的补充和讲解。

——听数字练习，记录所听天气预报中的数字及其含义和用途。具体如下。

Additional tips: Listen for the important details you need.

e. g. When listening to a weather forecast, you are expected to hear the information about the temperature, description of the weather, such as clear, sunny, cloudy, overcast, rainy, hot, cold, windy, snow, storm, and chances of rain/snow.

——听一段访谈，并完成对细节信息的记录，然后由学生互相进行检查。

• 观看视频，进行中西文化比较，提高识别与提取关键信息的能力、概括能力和评述能力（40 分钟）。

——素材学习（15 分钟）：观看记录西班牙史前文明壁画的视频，并完成问答练习，了解文化历史。

——语言点学习（10 分钟）：在视频中出现了部分语言点和语法点，通过练习强化、提高学生的语言能力。

——主题思考（15 分钟）：通过思辨和讨论，帮助学生了解中华传统文化对当下的影响，从而对自己的人生有更深入的思考。以小组为单位进行如下讨论。

讨论话题 1：要求学生比较同时期的中国古代壁画和西班牙古代壁画，分析两国在同一时期的不同生活内容，及其所传递的人文价值和历史意义。

讨论话题 2：大学生在传承优秀文化和优良传统中的责任以及方法和举措。

- 主题升华（5 分钟）。

教师对学生的讨论加以总结和点评，并补充以下名人名言，使学生发自肺腑地接纳中华优秀文化和传统，并树立文化传承的责任感，进而达到坚定文化自信、传播中国文化的目的。

a. Forget the past, the future will give you enough to worry about.

—George Allen

b. Fear not for the future, weep not for the past.

—Percy Bysshe Shelley

c. Without full confidence in our culture, without a rich and prosperous culture, the Chinese nation will not be able to rejuvenate itself.

—Chinese President Xi Jinping

第三，课后环节。提高语言应用能力，传播中国优秀文化。

要求学生录制一段英文视频，挑选一项中国传统文化或其中的某一部分加以介绍，并将视频上传至学习通平台。

7.1.1.2 视听说教学设计案例 2

（1）背景介绍。案例背景如表 7.2 所示。

表 7.2 背景介绍

授课教师	樊娅楠
授课对象	非英语专业本科一年级普通班学生。本单元话题属于学生非常熟悉的话题。当然，尽管学生已掌握了常见休闲娱乐方式的英语表达，但仍缺乏文化层面较为深入的探讨
授课时长	90 分钟
教材	《新视野大学英语（第三版）视听说教程 1（思政智慧版）》

续表

单元	Unit 2 A break for fun
思政融入点	政治认同（中国梦）、中华民族优秀传统文化
思政素材	习近平总书记讲话节选（双语版）、名人名言（关于学习）

（2）教学目标。

第一，知识目标。

- 掌握与休闲、娱乐、爱好有关的英语词汇和表达方式。
- 了解中国梦的大意和英语表述方式。
- 了解中国传统乐器、传统歌曲、书画作品的历史和特点。

第二，能力目标。

- 能概述语音材料的主旨和大意。
- 能用英语就娱乐休闲活动话题参与讨论，表达观点。
- 能就中华传统文化的相关内容给出建议。

第三，素质目标。

- 培育和塑造学生正面积极的休闲娱乐观。
- 培养学生对中华民族传统文化的自信。

（3）教学方法。

第一，本次课采用任务型教学，鼓励合作学习。

第二，实施线上线下混合式教学。

（4）教学环节。

第一，课前环节。组织主题讨论，强化语言输出。课前教师在学习通慕课平台布置讨论题目如下。

There is an old saying "All work and no play makes Jack a dull boy." What do you think of this idea? What are your hobbies? What benefits can you get from them? How do you balance your study and hobbies?

要求学生在课前给出个人见解，同时鼓励学生相互评论留言。教师查阅学生的留言，给学生点赞鼓励，并对精彩的留言予以积分奖励。

第二，课上环节（90 分钟）。

- 检查和反馈课前学习效果（10 分钟）。教师对课前作业进行点评，分享质量较高的答案和留言，并引领学生认识正当的兴趣爱好是有益身心的，重要且必要的。

• 观看视频并组织讨论（25 分钟）：培养学生识别与提取关键信息的能力、进行评述和表述的能力。

——语音练习（15 分钟）：听课本的 Sharing 部分，并完成每节后的练习题，提炼总结、扩充与休闲、娱乐、爱好有关的词汇和表达。找出视频中反复出现的高频词和习惯表达，有意识地加强记忆和练习。

——语言运用（10 分钟）：本环节旨在通过设置与学生生活紧密相关的话题，使学生愿意使用英语进行讨论，并在思想碰撞中深入思考：你觉得什么样的娱乐休闲活动是合理且有益的？在大学，应如何平衡休闲娱乐与学习？好的休闲娱乐对身心的健康发展有哪些好处？

• 听力技巧练习（15 分钟）。

——观看视频（*Identifying words and expressions for describing people's appearance*），掌握如何通过关键词了解语音材料的主旨和大意。

——通过新闻报道，听国家主席习近平于 2015 年 9 月在美国西雅图市发表的讲话（英文名称：*Chinese dream is the people's dream*），通过定位关键词找出全文的主旨，并掌握中国梦的内涵及其英文表达方式（关键词包括：rejuvenation，socioeconomic progress，people-centered philosophy，socialist modernization 等）。

• 主题升华（20 分钟）。先观看介绍中国传统乐器和书法绘画的视频（*China talk*），然后请学生说一说自己了解的中国传统乐器、传统歌曲、书画作品，教师可以从“history，timbre，your favorite piece or work，the story that the piece or work tells”等方面给一些提示和引导。

本环节是通过思辨方式，帮助学生了解中华传统文化对修身养性、怡情益智的解释，从而对如何丰富自己的人生有更深入的思考，并从中华传统文化中汲取养分，提升民族自信和文化自信。

• 口语技能专项提升活动（20 分钟）。

首先，介绍谈话技巧，观看视频（*The skills for asking and giving recommendations*）。其次，分组练习问答对话，由一人扮演外国人，想要学习中国传统乐器/书法/戏曲，向中国人征询建议，由扮演中国人的一方给出推荐和建议。

第三，课后环节。夯实语言应用。

任务要求：学生继续练习课上的双人对话，并把双方都觉得满意的对话录制成音频，上传至学习通平台，教师听后给出分数和修改建议。

7.1.1.3 视听说教学设计案例 3

（1）背景介绍。案例背景如表 7.3 所示。

表 7.3 背景介绍

授课教师	田丽
授课对象	非英语专业本科一年级普通班学生。个人生活中的难忘时刻是学生比较熟悉的话题。当然，将个人体验与社会、国家的重大历史时刻相结合，并学会用英语表达民族自豪感，对学生来说还是具有一定挑战性的
授课时长	90 分钟
教材	《新视野大学英语（第三版）视听教程说教程 1（思政智慧版）》
单元	Unit 3 Life moments
思政融入点	家国情怀（历史的参与感和民族自豪感）、道德修养（感激）
思政素材	驻华大使谈中华人民共和国成立 70 周年伟大成就（*Ambassador's views on 70th anniversary of the Founding of People's Repwblic of China*）；中华人民共和国成立 70 周年阅兵式的图片和新闻；姚明在名人堂的演讲

（2）教学目标。

第一，知识目标。

- 掌握日常生活中表示兴奋、激动，感激、感谢的英语词汇和表达方式。
- 掌握获奖感言的基本原则：真诚的感激和幽默风趣的表达。
- 掌握听力材料中表示时间的信号词。
- 掌握打电话时用英语表明身份和意图的方式。

第二，能力目标。

- 能使用英语表达个人兴奋、激动之情。
- 能用英语翻译有关中国历史的句子。
- 能用英语做简短演讲，表达感激和感谢。

第三，素质目标。

- 培养学生的历史参与感和民族自豪感。
- 提高学生道德修养，培育仁爱之心，感受他人善意。

（3）教学方法。

第一，本次课采用任务型教学，鼓励合作学习。

第二，运用学习通慕课平台、腾讯会议等信息化手段，实施翻转课堂教学。

（4）教学环节。

第一，课前环节。布置小组活动，强化合作学习。

课前，教师在学习通慕课平台布置以下讨论题目，要求学生在课前给出答案并提交至学习通平台，同时鼓励学生相互评论留言。

Q1：Have you ever been praised? In what situation have you been praised?

Q2：Have you ever had exciting moments in your life? Describe the details.

Q3：Have you ever travelled around China or abroad? Did you have some special moments to remember?

Q4：Have you ever met a movie star? Or have you ever been to an art festival?

教师查阅学生的讨论留言，并对精彩的留言予以积分奖励，以达到激发学生的学习兴趣，为课堂教学作准备的目的。

第二，课上环节（90 分钟）。

• 对课前作业进行检查点评（10 分钟）。教师对学生的主题讨论留言进行综合评价，指出与兴奋、激动相关的英语词汇和表达方式，并引导学生认识：日常生活中有许多美好的，令我们感到激动和兴奋的时刻，尤其是当个人为党和国家作出贡献的时候。

• 分享活动（35 分钟）。

——听力训练（15 分钟）：先完成课本中相应的听力填空和对错判断练习，培养学生识别、提取关键信息和具体信息的能力。在此过程中，特别要引导学生关注那些有关表达“对某个城市喜好”的句型结构，为下一步的口语输出作准备。

——视频训练（20 分钟）：提高学生的翻译能力和概述能力。主要素材是驻华大使谈中华人民共和国成立 70 周年的伟大成就（*Ambassador's views on 70th anniversary of the Founding of PRC*），可以借此契机组织以下两项任务。

任务 1：翻译活动。由中华人民共和国成立 70 周年阅兵式（Military Parade）引入主题，翻译以下例句（汉译英）。

例 1：70 年来，中国经历了从一穷二白到世界第二大经济体的变迁。

例 2：没有一个国家像中国这样，有如此璀璨且绵延数千年的古代文明，并且至今还在增添活力和影响力。

例 3：中国已经是世界第二大经济体。

例 4：中国，从贫穷积弱的状况起步，经过 70 年发展，靠自身的努力取得了非凡的成就，为全世界作出了贡献。

通过上述例句的翻译，让学生潜移默化地感受自中华人民共和国成立以来，人民生活发生的翻天覆地变化，从而增强学生的民族自信心和自豪感。

任务 2：图片描述。学生通过图片回忆中华人民共和国成立 70 周年阅兵式和群众游行的热烈情景，并描述自己当时激动的心情。

10 月 1 日，庆祝中华人民共和国成立 70 周年大会、阅兵式、群众游行在北京天安门广场隆重举行。

China put on a grand celebration, followed by a military parade and mass pageantry at Tian'anmen Square on Oct. 1, the National Day, to mark the 70th anniversary of the founding of the People's Republic of China (PRC).

• 听力技能专项训练（15 分钟）。

——先通过观看学习 U 校园上视频（*Listening for time-order signal words and expressions*），了解如何在听英语的过程中获取表示时间的信号词。

——完成课本中的排序练习和填空练习，以进一步培养获取时间信息的能力。

• 口头表达技能专项训练（20 分钟）。

——通过观看学习 U 校园上的视频（*Making Phone calls*），学习如何用英语以恰当的方式表明自己的身份，同时表明自己打电话的意图。

——完成课本中的选择题、判断题，以进一步练习用英语进行电话沟通的能力。

——在完成语言输入后，2 人一组互相配合进行口语操练，从而掌握电话沟通的技巧。

• 观看视频，进行语言练习和运用（10 分钟）：培养学生提取关键信息的能力，教会学生用适宜的英语表达感激和感谢。

——观看姚明在名人堂的演讲，完成以下填空练习，掌握用英语表达感激、感谢的方式。

Please fill in the blanks with missing words based on your notes.

First of all, I would like to thank ____________, gives me ____________.

The __________ have made tonight a most __________ for me. Although my career ended too soon, for me, I __________ each and every moment. I'm ____________ for my time on court and for your ____________ tonight.

As you know, I'm from China and my basketball __________ began from there. My parents were basketball players back to 1970s. I hear so many stories about them as a player, for most importantly, as a good person. I'm so ____________ to be your son. The gift I get from you is not only the ____________, but the way you taught me ____________ and ____________.

My wife, Li is here tonight, we met when we were at high school age. You know how much you mean to me, and thank you to be my ____________. Our lovely daughter, Amy is a ____________ for both of us.

My basketball journey began on the back of Coach Li Zhangmin's ____________ when he gave me a ride to my very first basketball practice. I would like to ____________ to you for your very successful and very ____________ career because you're going to retire at the end of this year. Thank you for ____________ and so many ____________ including me benefit from you. You ____________ too much and you ____________ so much in those years even at the time when you ____________ in the battle of cancer. Thank you for that, for never ____________.

——语言知识应用：观看姚明的演讲之后，由学生来作一个表达感激之情的简短演讲，对曾经帮助过自己的人表示感谢，如父母、老师等。

第三，课后环节。真实语言应用任务，夯实语言技能，实践育人。

任务 1：以小组为单位，制作一期广播节目。采访组员，介绍他们人生中不平凡的时刻。采访参考问题如下。

Q1：Have you ever dived in the sea? If yes, how did you feel? /If no, would you like to try it?

Q2: Have you ever done bungee jumping? If yes, how did you feel? /If no, would you like to try it?

Q3: Have you ever ridden on a roller-coaster? If yes, how did you feel? /If no, would you like to try it?

Q4: Have you ever taken a cruise on the Yangtze River? If yes, how did you feel? /If no, would you like to try it?

Q5: Have you ever been to Tibet? If yes, how did you feel? /If no, would you like to try it?

该广播节目需要录制音频，并提交至学习通平台。具体要求参考如下。

a. Create a special name for the radio program.

b. Make a clear and interesting introduction to the program.

c. Present the most unusual experiences.

d. Summarize the survey results in an organized way.

e. Use correct pronunciation.

任务 2：通过如下 2020 东京奥运会我国知名运动员的图片，回忆自己在观看东京奥运会比赛时的激动心情和原因。以小组为单位制作 ppt，并做 3 分钟的课堂展示。

7.1.1.4　视听说教学设计案例 4

(1) 背景介绍。案例背景如表 7.4 所示。

表 7.4　背景介绍

授课教师	董时雨
授课对象	非英语专业本科一年级普通班学生。同学们来自全国各个省市，因此他们在寒暑假以及日常出行的交通方式选择上，有着自己的看法
授课时长	90 分钟
教材	《新视野大学英语（第三版）视听说教程 1（思政智慧版）》
单元	Unit 4 Getting from A to B
思政融入点	中国速度、脱贫攻坚战
思政素材	中国高铁官方宣传片视频；中国日报网（*Apple train brings prosperity to Yunnan farmers*）；*Xinhua Headlines*（*Paved road leads remote village to prosperous life*）

（2）教学目标。

第一，知识目标

- 掌握同交通方式相关的英语词汇和表达方式。
- 了解各种交通方式的优缺点。

第二，能力目标。

- 能够在听力练习时进行问题预判。
- 能够用英语得体地致歉和回应。
- 能够对比并用英语描述各种交通工具的优劣势。

第三，素质目标。

- 增强学生对中国速度的自豪感。
- 增强学生对交通改变生活的理解。

（3）教学方法。

第一，本次课综合采用任务型教学、合作学习的方法。

第二，运用学习通慕课平台、U 校园、腾讯会议等信息化手段，实施混合式教学。

（4）教学环节。

第一，课前环节。在慕课平台进行主题讨论（How did you get here when this semester started? How did you get to your former junior high in the past three years?），学生的回复会自动形成词云，这样便于了解大家的出行方式，也为

课堂讨论提供必要的材料。

观看学习 U 校园上视频（*Listening to the world*）并回答问题（How do they get to work? What do they do on their journey to work? What do/don't they like about their journey to work?），同时完成教材 p56—p58 上的选择和填空练习。

第二，课上环节（90 分钟）。

• 汇报与讨论（20 分钟）：培养学生的表述能力和评述能力。

——针对课前主题讨论，利用学习通选人功能，选取学生进行总结汇报。

——选取学生介绍自己家乡的交通出行情况，为接下来的口语活动作铺垫。

• 听力专项技能训练（20 分钟）。

——完成教材 p59 的练习，学习在听力技巧练习前进行问题预判。

——完成教材 p60—p61 的练习以进一步培养此项能力。

• 口头表达能力专项训练（20 分钟）。

——听对话，了解本单元对口语表达的要求。

——补充得体致歉和回应相关问题的表达方式。

——角色扮演：being late for a party；being late for a date；being late for a job interview；being late for an appointment（要求学生现场准备，每个场景选出一组进行展示，围绕得体、语言等方面进行学生互评和教师点评）。

• 主题升华，组织讨论（30 分钟）。

——小组活动：对比各种交通工具的优劣势。回答问题：假如你有三天假期，会如何安排自己的出行？

——观看视频：难得一见的中国高铁官方宣传片（*China High Speed Railway On Fast Track* 2015），要求学生边看边记录关键时间点和数字，了解中国高铁的发展历史，了解令国人为之自豪的中国速度。宣传片视频网址 https://www.bilibili.com/video/BV1Hs411B7db/.

——讨论发言（How do you think of the "Four New Inventions"—high-speed rail, online shopping, Alipay, and shared bicycles? Have they changed your lives?）。

2017 年，来自“一带一路”沿线的 20 国青年评选出了中国的“新四大发明”：高铁、网购、支付宝、共享单车。在这些来自五湖四海、不同国家的留学生眼里，“新四大发明”是当前中国便利生活方式的代表，已经深入他们的生活里。高铁跑出“中国速度”，拉近城市之间的距离；优质商品借助发达的电商平台，到达世界各地消费者的手中；扫码支付引领消费时尚，让不带钱包出门成为常态；共享单车为“最后一公里”提供解决方案，有效缓解交通拥堵……“新四大发明”是近年来中国科技创新的缩影，不仅改变了中国人的生活，也刷新了世界对中国的认识，生动阐释了中国创新模式给世界带来的启示。

第三，课后作业：激励语言应用，提高对外传播中华文化的能力。

• 完成口语作业（How can we realize green and low-carbon transportation in our daily life?），文本和录音同时上传至学习通平台。

• 完成以下自学内容，了解交通对我国脱贫攻坚战的意义，尤其是对那些偏远、交通不便的地区，交通基础设施的改善意味着什么?

补充材料节选 1：*Apple train brings prosperity to Yunnan farmers*（中国日报网 2021 -12 -16；作者：Yang Jun and Chen Meiling）。

A special train transporting apples from the deep mountains of Yunnan province brings wealth to farmers and promotes rural vitalization.

Every morning in winter, local farmers wait at Zhaotong Railway Station in Yunnan province with big bamboo baskets piled high with apples and hope for good sales.

The railway, which opened in 2003, reaches 407 kilometers between Zhaotong and Guiyang, Guizhou province. The ticket price is cheap and the speed is low — 40 kilometers per hour. The train, which passes over 10 stations in small villages located in mountainous areas, has become the most important channel for local rural residents to connect the outside world.

补充材料节选 2：Xinhua Headlines：*Paved road leads remote village to prosperous life*（2020 -07 -06）.

a. Abuluoha Village was once isolated for treating leprosy patients in the 1960s. With a population of merely 253 people, Abuluoha had long suffered from poverty and poor transport infrastructure due to the rugged mountainous terrain.

b. It was the country's last administrative village with the proper conditions to be linked with a paved road.

c. As part of the nationwide anti-poverty efforts, Abuluoha village started to build the road one year ago. On June 30, all the construction work was completed and the road officially opened to traffic.

7.1.1.5 视听说教学设计案例5

（1）背景介绍。案例背景如表7.5所示。

表7.5 背景介绍

授课教师	马卓
授课对象	非英语专业本科一年级普通班学生。近年来，我国的旅游事业兴旺发达，本单元话题是学生非常熟悉的话题
授课时长	90分钟
教材	《新视野大学英语（第三版）视听说教程1（思政智慧版）》
单元	Unit 5 Relax and explore
思政融入点	政治认同（一带一路倡议）、中国历史文化
思政素材	习近平总书记讲话节选（双语版）、一带一路视频

（2）教学目标。

第一，知识目标。

- 掌握度假的种类、如何谈论旅游等英语词汇和表达方式。
- 掌握用英文在餐厅点餐等表达方式。
- 了解丝绸之路的历史、“一带一路”的意义。

第二，能力目标。

- 能够用英语描述假期并表达感受。
- 能够从英语比较级的结构中判定说话者的喜好。
- 能够在餐厅就餐时用英语交流。
- 能够用英语从不同层面描述某个国家（地区）或城市。

第三，素质目标。

- 增强学生对中国治国理政方针战略的认同。
- 增强学生对世界文化经济合作交流的认识。

（3）教学方法。

第一，本次课采用任务型教学，鼓励合作学习。

第二，运用学习通慕课平台、腾讯会议等信息化手段，实施翻转课堂教学。

（4）教学环节。

第一，课前环节。布置结对子活动，强化合作学习。

• 课下看课本分享视频，做练习（p74—p77），掌握如下不同类型的假期旅游（活动）和人们对假期感受的表达方式。

——假期旅游（活动）：adventure holidays，beach holidays，city breaks，camping，reading books，wonderful nightlife，activity holidays，dancing，swimming，skiing，relaxing holidays，eating seafood，shopping，going to an amusement park

——对假期的感受：relaxing，fantastic，lovely，amazing，thoroughly enjoyed，nervous，burdensome，tedious，compulsory，optional，creative，open-minded

• 根据自己的旅游经历，基于上述词汇，按照下面的模式，在 U 校园中提交口语作业。

I like 1）__________（type）holidays. On my last holiday，I went to 2）__________（place）. I went there with 3）__________（people）and stayed for 4）__________（how long）. I 5）__________ and 6）__________（activities）. The weather was 7）__________（describe the weather）and I 8）__________（how you like the holiday）the holiday.

• 完成教材 p78—p79 的听力技巧练习，掌握用比较的表达方式来体现人们的喜好。基于话题（Which do you prefer to visit，a Chinese city with cultures and histories，or a city with rich sceneries?），2 人一组准备对话，并在课堂上进行展示。

第二，课上环节（90 分钟）。

• 口语作业点评（10 分钟），检查学生课前作业完成情况，使学生学会用英语谈论旅游活动和个人感受。

• 介绍以下关于旅游主题的中外名人名言（5 分钟），使学生认识旅游的意义，同时提高汉英翻译能力。

例 1：

旅游是不同国家、不同文化交流互鉴的重要渠道，是发展经济、增加就业的有效手段，也是提高人民生活水平的重要产业。

——习近平在联合国世界旅游组织第 22 届全体大会上的贺词

Tourism is an important channel for different countries and cultures to exchange and learn from each other, an effectivc means to develop economy and increase employment, and an important industry to improve people's living standards.

例 2：

旅行是偏见、固执和心胸狭隘的死敌。

——马克·吐温

Travel is fatal to prejudice, bigotry and narrow-mindedness.

例 3：

旅行对青年人而言是一种教育；对老年人来说，是一种经历。

——弗朗西斯·培根

Travel, in the younger sort, is a part of education; in the elder, a part of experience.

• 小组对话展示（15 分钟），主题（Which do you prefer to visit, a Chinese city with cultures and histories, or a city with rich sceneries?）。

学生展示后，根据教材 p78 的提示和指导总结听力技巧，培养学生通过比较级来表达个人喜好的能力。

• 观看关于阿根廷及其首都的视频，完成教材 p80—p81 中的练习（15 分钟），帮助学生掌握对某个国家、城市的描述方法，可以从地理位置、名人、美食、景点等角度展开。

• 引导学生完成教材 p82 的模仿和角色扮演练习，并学习 p83 的口语表达技能，使学生掌握就餐时的英文表述（15 分钟）。

• 介绍以下习近平总书记讲话和著述中关于丝绸之路的内容，培养学生用英语表达相关内容的能力，并增强学生对中国文化的自信（15 分钟）。

例 1：

早在两千多年前，古老的丝绸之路就让远隔万里的中国和古罗马联系在一起……一部《马可·波罗游记》在西方掀起了历史上第一次“中国热”。马可·波罗成为东西方文化交流的先行者，为一代代友好使者所追随。

——《东西交往传佳话 中意友谊续新篇》（习近平 2019 年 3 月在意大利媒体发表的署名文章）

As early as over 2, 000 years ago, China and ancient Rome, though thousands of miles apart, were already connected by the Silk Road... *The Travels of Marco Polo* roused the first wave of "China fever" among European countries. That pioneer of cultural exchanges between East and West was followed by a long list of personages in search of friendship over centuries.

例 2：

中国的造纸术、火药、印刷术、指南针四大发明带动了世界变革，推动了欧洲文艺复兴。

——习近平 2014 年 3 月在联合国教科文组织总部的演讲

China's Four Great Inventions—papermaking, gunpowder, printing and the compass, brought drastic changes to the whole world, including the European Renaissance.

• 观看一带一路的视频介绍（15 分钟），根据其取得的成效，引导学生谈谈对外开放、开展国际合作交流的作用，使大家充分认识世界文化经济合作交流的价值和意义。

第三，课后环节。提升语言运用能力，深化价值引领。

• 任务 1：听 p85 的录音，完成练习 1 和练习 2，掌握描述一个国家、城市的方法（如 where it is, places to visit, things to do, typical food 等），并运用练习 2 中的表达方式，结合课堂上关于阿根廷及其首都的视频，介绍"一带一路"上的一个国家或城市，并展示"一带一路"带给它的变化。

• 任务 2：4 人一组完成角色扮演，本单元学习了有关假期休闲活动、人们感受的英语词汇，比较不同国家、城市文化风俗的表达方式，文明的就餐礼仪，以及如何描述一个具有悠久文化历史背景的国家（地区）或城市。

活动场景：一个文化氛围浓郁的中国城市（如成都、西安等）的餐馆。

学生角色：一位餐厅服务员、两位中国大学生和一位外国游客。

活动内容：三位客人点餐的过程，就餐期间谈论该城市乃至中国的文化，并就中外文化进行比较。

7.1.1.6 视听说教学设计案例 6

（1）背景介绍。案例背景如表 7.6 所示。

表 7.6　背景介绍

授课教师	谢桂梅
授课对象	非英语专业本科一年级普通班学生。学生对大学阶段的运动和知识学习能够很好地平衡，需要引导和培养的是他们的家国意识、为人民服务意识和体育精神
授课时长	90 分钟
教材	《新视野大学英语（第三版）视听说教程 1（思政智慧版）》
单元	Unit 6 Wit and fit
思政融入点	家国情怀（体育精神、国家服务意识和民族使命感），中西文化比较
思政素材	视频《健身达人习近平》、《谷爱凌采访》和《谷爱凌自我介绍》

（2）教学目标。

第一，知识目标。

- 掌握同运动、健身相关的英语词汇和表达方式。
- 掌握英语听力中预测和转折的表达方法及词汇。
- 理解运动与个人成长、运动精神、家国意识、人类命运共同体之间的关系。

第二，能力目标。

- 能使用英语表述基本的体育运动、健康信息。
- 能用英语就体育、健身锻炼与他人交流观点。

第三，素质目标。

- 培育和塑造学生正面积极的体育锻炼和健身理念。
- 培养学生为国家、人民服务的意识和民族使命感。

（3）教学方法。

第一，本次课采用任务型教学，鼓励合作学习。

第二，运用学习通慕课平台、腾讯会议等信息化手段，实施翻转课堂教学。

第三，在互动教学中进行批判性思考的锻炼和表达。

（4）教学环节。

第一，课前环节。布置小组活动，自学相关词汇，表达自我观点，强化合作学习。课前教师在学习通慕课平台布置以下讨论题目。

Q1：What do you usually do to keep you and your friends fit and healthy?

Q2：What is your purpose of doing workout?

要求学生课前在讨论区给出各自见解，同时鼓励学生相互评论留言。教师在上课前查阅学生的留言，课上对重点词汇、表达和句式、观点等精彩的留言予以积分奖励，进行总结并鼓励相互学习。这样可以了解学生的状态，激发学生的学习兴趣，并为课堂教学作准备。

第二，课上环节（90 分钟）。

• 检查课前学习效果（10 分钟）。请学生分享所喜欢的运动和原因，以及怎样和周围的人一起运动。在分享过程中熟悉各种不同运动的英语表达方式。如 ice and snow sports（冰雪运动），indoor ice rinks（室内冰场），ski resorts（雪场）等。

• 语言知识拓展（10 分钟）。教师提供链接，学生在微信群自主学习并掌握冬奥会以及冰雪体育娱乐项目等相关词汇，拓展语言的知识面和深度。

• 语言运用活动（20 分钟）。师生互动，讨论运动对人的作用，对团队和国家、社会的作用。学生分享自己喜爱的项目，说出其中吸引自己的地方，教师再进行体育精神和国家服务意识的引导。

• 中西比较（20 分钟）。以小组为单位，选择一个体育项目（如足球、自由式滑雪等）进行中西文化根源、运动意义等方面的比较（可以同以前的时代相比较，也可以同西方的运动思想进行比较，还可以介绍自我思想改变的过程），如就中外足球发展及其对民族精神的提升等话题，表达自己的观点。该环节不仅可增加学生使用语言表达思想的机会，也可增强学生的民族自豪感、紧迫感和奋起直追的意识。

• 观看视频，组织研讨，提高语言表述能力，深化价值引领（30 分钟）。本环节是通过观看视频《健身达人习近平》、《谷爱凌采访》和《谷爱凌自我介绍》，引导学生深入讨论与思考服务国家意识、民族精神、个人自豪感的意义及其关联。

该环节可以师生互动的形式或者小组讨论的形式进行，要求学生概述视频大意，并说出从视频中获得的启发。通过观看谷爱凌的视频，可以引导学生认识个人之学业和运动的平衡，既在运动中找到了自我，又给国家带来了荣誉，同时圆满了人生。讨论过程中，引导学生将个人与社会责任感进行关联，思考个人对社会的意义，即怎样才能在此基础上过一个有意义的人生。从有关习近平总书记的视频中，体会他对国人健康的关爱和对足球等体育事业的支持，由此引导学生深入思考体育运动背后的社会意义，体育精神的功能及其对提高国家综合实力的价值等。

第三，课后环节。提高语言应用能力和思辨能力，深刻体悟体育精神。

任务要求：以第一人称的叙事角度，对体育精神（sportsmanship）发表见解，可以写作或录制音频，上传到慕课平台，以培养学生的思辨能力、表达观点的能力，并树立为国家和民族而运动、奋斗的精神。

7.1.2 大学英语视听说2课程思政案例

7.1.2.1 视听说教学设计案例1

（1）背景介绍。案例背景如表7.7所示。

表7.7 背景介绍

授课教师	邱林林
授课对象	非英语专业本科一年级普通班学生。学生对本单元主题比较熟悉亲切，大多数学生乐于分享学习经历和学习方法，教师需要做的是引导他们树立正确的学习理念和态度，掌握合理表达建议的方法
授课时长	90分钟
教材	《新视野大学英语（第三版）视听说教程2（思政智慧版）》
单元	Unit 1 Life is a learning curve
思政融入点	中华民族优秀传统文化、民族精神和使命感
思政素材	《双语要点：纪念五四运动100周年习近平讲了这些》、名人名言、两会相关新闻报道

（2）教学目标。

第一，知识目标。

- 掌握与学习经历、学习方法、教学方法相关的英语词汇和表达方式。
- 了解中华民族优秀传统文化中有关学习的理念。
- 掌握听力中表示列举的英语信号词。

第二，能力目标。

- 能用英语以恰当的方式提建议。

- 能听懂他人用英语提出的建议，获取关键信息。
- 能用英语对他人的建议进行得体的回复。

第三，素质目标。

- 培育和塑造学生积极的学习态度。
- 激发学生自主学习的内在动力。
- 以实际行动践行青年学生的学习使命和责任。

（3）教学方法。

第一，本次课采用任务型教学，鼓励合作学习。

第二，运用学习通慕课平台、腾讯会议等信息化手段，实施翻转课堂教学。

（4）教学环节。

第一，课前环节。鼓励口头语言产出，突出价值引领。

小组活动：课前教师在学习通慕课平台布置题目，要求每组抽取下列名言中的一句，根据题目要求完成时长在2分钟以内的视频作业，并在学习通平台提交。具体如下。

Explain the meaning conveyed in the citations. Which aspect of learning has been talked about? Do you support the idea or opposc it? Tell your reasons to justify your own view. Tell an anecdote about the learning experience of the speaker.

例1：

学而时习之，不亦说乎？

——孔子

例2：

夫学须志也，才须学也。非学无以广才，非志无以成学。

——诸葛亮

例3：

读书是学习，使用也是学习，而且是更重要的学习。

——毛泽东

例 4：

情况是在不断变化的，要使自己的思想适应新的情况，就得学习。

——毛泽东

例 5：

加紧学习，抓住中心，宁精勿杂，宁专勿多。

——周恩来

例 6：

为中华之崛起而读书。

——周恩来

例 7：

学习和研究好比爬梯子，要一步一步地往上爬，企图一脚跨上四五步，平地登天，那就必须会摔跤了。

——华罗庚

例 8：

学习要有三心，一信心，二决心，三恒心。

——陈景润

例 9：

书本上的知识而外，尚须从生活的人生中获得知识。

——茅盾

例 10：

学习外语并不难，学习外语就像交朋友一样，朋友是越交越熟的，天天见面，朋友之间就亲密无间了。

——高士其

例 11：

在学习上做——眼勤、手勤、脑勤，就可以成为有学问的人。

——吴晗

第二，课上环节（90 分钟）。

- 对课前作业进行检查点评（10 分钟）。

教师对视频内容、质量、创意等方面进行综合评价并总结：学习要选择适当的方法，学习在个人成长中起到的重要作用。个人的学习提高同国家民族发展紧密相关。

- 分享活动（25 分钟）。

——听力训练：先完成课本中相应的听力填空和对错判断练习，在此过程中，提醒学生关注谈到具体学习内容时使用的句型结构，以及讲述学习经历时表示个人态度判断的用词，为下一步的口语输出作准备。

——讨论：请学生围绕话题（What are you learning at the moment? Do you enjoy learning it? Why?）进行讨论，培养口头表述能力。

教师可通过以下习近平总书记对新时代中国青年提出的学习要求作总结。

新时代中国青年要努力学习马克思主义立场观点方法，努力掌握科学文化知识和专业技能，努力提高人文素养。

Young people should work hard in learning the Marxist stance, viewpoints and methods, mastering scientific and cultural knowledge and professional skills, and improving their humanistic quality.

- 听力专项技能训练（15 分钟）。

——通过观看 U 校园上的视频（1－3 Listening, *Get the skills: listening for signal words for listing*），了解如何在听英语的过程中获取表示列举的信号词。

——完成课本中的排序练习和填空练习，以进一步培养获取关键信息的能力。

——观看一段 2022 年全国两会相关的新闻报道（*The topics go viral during China's Two Sessions*），让学生找出新闻中所提 2022 两会期间最热的三个词（enterprise, employment, women）。然后请全体学生投票，从这三个主题词中选出最令他们感兴趣的那个词，并利用学习通的“选人”功能，请几位同学解释自己的选择理由。

- 口头表达能力专项训练（15 分钟）。

——通过观看 U 校园上视频（1－6 *Role-playing*, *Get the skills: Giving and responding to advice*），学习如何以恰当的方式提建议，并对他人的建议进行得体的回复。

——完成课本中的选择题、判断题，以进一步练习提建议和回复建议的能力。

——在完成充分的语言输入之后，由 2 人一组互相配合进行口语操练，从而提高口头建议、得体回复建议的能力。

- 观看视频，进行讨论（25 分钟）。

——语言练习（15 分钟）：培养学生复述和概述关键信息的能力。学生观看 TED 视频（主题为 *Why should we learn new languages*），练习边听边做笔记。笔记示例如下：

Topic：*Why should we learn foreign languages*?

Languages channel your thoughts.

Languages shape world view.

If you want to imbibe the culture, you have to be able to control the native language used in the culture.

Language is the ticket for being able to participate in the culture of people who speak them.

Dementia would be less difficult to set in, and it would be easy for you to be a multi-tasker.

Langnages are just an awful lot of fun. Much more fun than we are often told.

At present, it is easier for you to learn a new language with thc hclp of tcchnology.

——引导和思考（10 分钟）：学生在语言的输入后反思自己学习英语的原因。教师引导学生认识学习英语的目的：除了习得英语的综合应用能力，更重要的是获得对外交流的能力，以使中华文化在世界范围得到更多的认同。通过再次观看视频结尾片段，引导学生更深入地思考科技进步如何推动学习变革。

第三，课后环节。强化口语表达，提出合理建议。

任务要求：阅读有关 HSK（中国汉语水平考试）的英文介绍，假设你有个留学生朋友已经通过了 HSK 中级考试，现在需要尽快通过 HSK 高级考试，作为一个本族语者，你有什么好建议吗？此作业以音频形式在学习通平台上提交（HSK 官方网站：www. hsk. org. cn）。

7. 1. 2. 2　视听说教学设计案例 2

（1）背景介绍。案例背景如表 7. 8 所示。

表 7.8 背景介绍

授课教师	潘爱琳
授课对象	非英语专业本科一年级普通班学生。学生基本都有过在国内外旅行的经历。通过分享旅行经历可以让大家对中外地理、文化、历史有基本的了解，开阔眼界
授课时长	90 分钟
教材	《新视野大学英语（第三版）视听说教程 2（思政智慧版）》
单元	Unit 1 Journey to the unknown
思政融入点	生态文明建设、爱国主义精神
思政素材	国家主席习近平在 2022 年世界经济论坛的主旨演讲《坚定信心 勇毅前行 共创后疫情时代美好世界》、红色旅游

（2）教学目标。

第一，知识目标。

- 掌握与旅行经历、旅游景点等相关的英语词汇和表达方式。
- 掌握听力理解时的基本技巧，获取表示问题及解决方法的信号词。
- 了解中国生态文明建设的方针政策。

第二，能力目标。

- 能用英语复述和概述有关生态旅游话题的语篇大意。
- 能用英语以恰当的方式询问方向。
- 能用英语对别人的询问予以指引。
- 能用英语参与一些与旅行相关的话题讨论。
- 能用英语讲述自己家乡的历史文化故事。

第三，素质目标。

- 培养学生的环保意识。
- 激发学生的爱国主义精神。

（3）教学方法。

第一，本次课综合采用任务型教学、合作学习等方法。

第二，运用学习通慕课平台、腾讯会议等信息化手段，实施混合式教学。

（4）教学环节。

第一，课前环节。开展如下小组活动：

Work in groups and design a travel plan for a three-day break. The plan should cover detailed schedule, transportation, and necessities for travel.

要求学生在听说课前查阅资料，分工合作完成汇报，准备课堂展示讨论。

第二，课上环节（90 分钟）。

- 小组汇报与讨论（20 分钟）：培养学生的表述能力和评述能力。针对课前任务，进行小组汇报，之后进行小组互评，利用学习通投票选出 2 个最佳计划。

- 听力专项技能训练（20 分钟）。

——先观看 U 校园上视频（*Listening to the world-Venice*），学习如何在听英语的过程中获取表示问题及其解决方法的信号词（如 problem，difficulty，barrier，solution，address 等）。

——完成课本中 p25—p27 的判断练习、单选和填空练习，以进一步培养此能力。

- 口头表达能力专项训练（20 分钟）。

——听对话，完成 p29 的填空练习，了解本单元口语表达要求。

——补充与询问和指引方向相关的表达方式。

——角色扮演：I can't find my way；Can you show me the direction?（现场准备并完成 4 组展示，即时完成学生互评和教师点评）。

- 主题升华，组织讨论（30 分钟）。

——观看视频《旅行的重要性》，学生边看边记笔记，思考旅行对自己的意义（What benefits have you gained from your previous traveling experience?）。使用学习通组织主题讨论，可以选择 2 个学牛进一步分享经历及收获。要点参照如下。

a. It's a break from everyday life.

b. It's fun and fulfilling.

c. It's better to spend your money on experiences rather than on material things.

d. Memories are like treasures.

e. Look at life from a different point of view.

f. You get out of your comfort zone.

g. You meet new people，other travelers and locals.

h. You are exposed to different cultures.

i. Travelling makes you smarter.

j. Travelling helps you know yourself better.

——使用学习通布置如下课上作业，进行听写练习，培养复述和概述能力。通过听写训练，了解旅游的类型有哪些？什么是生态旅游？怎样做才能兼顾旅行和环保？

Nowadays, many of us try to live in a way that would damage the environment as little as possible.

We recycle our newspapers and bottles, we take public transport to get to work, and we try to buy locally produced fruit and vegetables, and we want to take these attitudes on holiday with us.

This is why alternative forms of tourism are becoming popular in the world.

There are lots of names for these new forms of tourism: responsible tourism, nature tourism, adventure tourism, educational tourism and more.

Although everyone may have a different definition, most people agree that these new forms of tourism should do the following.

First, they should conserve the wildlife and culture of the area.

Second, they should benefit the local people.

Third, they should make a profit without destroying natural resources.

And finally, they should provide an experience that tourists want to pay for.

听力练习后，教师总结 ecotourism 的意义在于它可以提供环境教育，促进当地遗产和环境的保护和改善。

——补充材料学习：中国坚定不移推进生态文明建设。从中思考，我们个人可以为此做些什么？补充材料如下所示。

中国将坚定不移推进生态文明建设。我经常说，发展经济不能对资源和生态环境竭泽而渔，生态环境保护也不是舍弃经济发展而缘木求鱼。中国坚持绿水青山就是金山银山的理念，推动山水林田湖草沙一体化保护和系统治理，全力以赴推进生态文明建设，全力以赴加强污染防治，全力以赴改善人民生产生活环境。中国正在建设全世界最大的国家公园体系。中国去年成功承办联合国《生物多样性公约》第十五次缔约方大会，为推动建设清洁美丽的世界作出了贡献。

——国家主席习近平在2022年世界经济论坛发表的主旨演讲

《坚定信心勇毅前行 共创后疫情时代美好世界》

China will stay committed to promoting ecological conservation. As I have said many times, we should never grow the economy at the cost of resource depletion and environmental degradation, which is like draining a pond to get fish; nor should we sacrifice growth to protect the environment, which is like climbing a tree to catch fish. Guided by our philosophy that clean waters and green mountains are just as valuable as gold and silver, China has carried out holistic conservation and systematic governance of its mountains, rivers, forests, farmlands, lakes, grasslands and deserts. We do everything we can to conserve the ecological system, intensify pollution prevention and control, and improve the living and working environment for our people. China is now putting in place the world's largest national parks system. Last year, we successfully hosted COP15 to the Convention on Biological Diversity, contributing China's share to a clean and beautiful world. contributing to the promotiorfot a clean and beautiful world.

第三，课后作业。激励语言应用，增强对外传播中华文化的能力。

任务要求：指定两篇关于红色旅游的阅读材料，让学生进一步了解红色旅游对培养爱国主义思想，牢记历史、砥砺前行的重要作用。口语作业为介绍自己家乡的历史、文化古迹、红色故事或红色遗迹，完成后文本和录音同时上传至学习通平台。

文章1：2021年“红色旅游”搜集热度增长176%（中国日报网）；

文章2：Red tourisma special coarse in history.（China Daily，2021－05－07）。

7.1.2.3　视听说教学设计案例3

（1）背景介绍。案例背景如表7.9所示。

表7.9　背景介绍

授课教师	张铮
授课对象	非英语专业本科一年级普通班学生。学生对本单元主题比较熟悉，大多数学生乐于分享休闲经历和休闲方法，但仍有待掌握正确的放松方式、理念与态度，掌握合理表达意愿的方法

续表

授课时长	90 分钟
教材	《新视野大学英语（第三版）视听说教程 2（思政智慧版）》
单元	Unit 3 Time out
思政融入点	中华民族优秀传统文化、家国情怀
思政素材	国家主席习近平发表的主旨演讲《齐心开创共建“一带一路”美好未来》

（2）教学目标。

第一，知识目标。

- 掌握与放松休闲、活动计划相关的英语词汇和表达方式。
- 掌握在计划、规划时常用的英语表达方式。
- 了解中国的传统节日习俗。

第二，能力目标。

- 能用英语介绍常见的休闲活动。
- 能使用正确的英语时态和语态表达愿望、希望以及计划。
- 能使用英语介绍中国的传统节日习俗。

第三，素质目标。

- 培养学生正确认识学习与娱乐的关系。
- 培养学生的家国情怀，将个人计划与国家的发展和需要联系起来。

（3）教学方法。

第一，综合采用任务型教学、合作学习等方法。

第二，运用学习通慕课平台、腾讯会议等信息化手段，实施混合式教学。

（4）教学环节。

第一，课前环节。激活背景知识，鼓励语言运用。

讨论：课前教师在学习通慕课平台布置讨论题目（What kinds of activities would you usually do during your leisure time? What are they?），要求学生在阅读课前给出个人见解，同时鼓励学生相互评论留言。

第二，课上环节（90 分钟）。

- 对课前作业进行检查点评（10 分钟）。

教师对视频内容、质量、创意等方面进行综合评价并总结：休闲放松有多种方式，应合理调节学习、休闲在日常学习、生活中的时间分配，并思考如何有效地进行时间规划。

- 分享活动（40 分钟）。

——听力训练，培养识别与提取关键信息的能力（10 分钟）。先完成课本中相应的听力填空和对错判断练习，在此过程中，提醒学生关注谈及具体学习内容时所使用的句型结构，以及讲述学习经历时表示个人态度判断的用词，为下一步的口语输出作准备。

——听说活动，培养总结和评述能力（15 分钟）：播放一篇关于 *Robin Hood Festival* 的短文，学生听完后完成练习（blanked cloze），并简短发言，谈一谈对文中“Robin Hood Festival”的看法（The event celebrates the life and times of one of the most popular outlaws in the world：Robin Hood），以及在这一传统节日中的传统活动（Activities and entertainment include children's theater，strolling players，jesters，jousting，and music）。

——讨论（15 分钟）：请学生围绕话题（What kinds of traditional festivals do our Chinese have? And how would we celebrate them? What kinds of traditional activities would we do? ）进行讨论，培养口头表述能力，培养学生用英语传播中国文化的能力。

- 观看视频，组织讨论（40 分钟）。

——语言练习（5 分钟）：学生观看本单元第二部分的视频（*What do you like doing in your free time and what are you going to do this weekend*?），并完成简要复述大意的练习。

——语言运用（10 分钟）：本环节旨在通过设置与学生生活紧密相关的话题（How would I kill my spare-time?），使学生愿意使用英语进行讨论，并在思想碰撞中进行深入思考：学习与休闲娱乐之间有无关联？如何正确对待学习与娱乐的关系？如何在娱乐中发现自己的兴趣所在，并进行深入学习研究？

——升华主题（25 分钟）：本环节旨在通过对双语材料（国家主席习近平主旨演讲《齐心开创共建“一带一路”美好未来》）的学习，使学生了解并掌握一些关于未来规划安排的英文表达，并引导学生深入思考如何合理有效地进行时间规划。

第三，课后环节。合理规划、实践育人。

任务要求：学生分组讨论，为班级制定一项现实可行的班级户外团建计划，列出具体实施步骤，并向同学们宣讲；录制口语音频并上传到学习通慕课平台。

7.1.2.4 视听说教学设计案例 4

（1）背景介绍。案例背景如表 7.10 所示。

表 7.10 背景介绍

授课教师	万静静
授课对象	非英语专业本科一年级普通班学生。学生对本单元主题比较熟悉，大多数学生乐于分享自己欣赏和崇拜的名人，但有的学生存在盲目崇拜的问题。因此，需要引导学生以更加客观的态度看待名人生活，学习名人的榜样特质和人生态度，树立健康的人生观；并指导学生掌握听力技巧中因果关系的结构特点，以及口语技巧中表达合理寻求与提供帮助的方法
授课时长	90 分钟
教材	《新视野大学英语（第三版）视听说教程 2（思政智慧版）》
单元	Unit 4 Life under the spotlight
思政融入点	科学的思维方法、人生观、中华优秀传统文化
思政素材	《习近平总书记 2020 年新年贺词》、《习近平谈治国理政》（第二卷）、《习近平 2019 年 9 月在国家勋章和国家荣誉称号颁授仪式上的讲话》，以及李子柒访谈、A radio program on *China Talk*（*The life story of a famous Chinese doctor*）等

（2）教学目标。

第一，知识目标。

- 掌握用英语谈论关于名誉的不同观点、态度时的相关表达方式。
- 掌握描述名人生活的英语词汇和表达方法。
- 掌握听力中因果关系的结构特点，并识别相关信号词。

第二，能力目标。

- 能在英语口语中使用恰当的方式寻求帮助。
- 能听懂他人请求，并用英语进行得体的回复，以提供相应帮助。
- 能使用相关英语分析表达成名之利弊。

第三，素质目标。

- 培养学生的思辨能力，客观看待成名，理解事物的利弊并存性。
- 学习名人榜样的特质及人生态度，树立健康的人生观。

（3）教学方法。

第一，恰当运用学习通慕课平台、腾讯会议等信息化手段，以及 U 校园上的音频、视频等数字资源，实现课堂的翻转。

第二，以学生为中心，采用任务型教学，激励合作学习。

（4）教学环节。

第一，课前环节。激发学生兴趣，鼓励口头语言产出。课前教师在学习通慕课平台布置题目，要求学生就话题（Who is your favorite celebrity? Why? What will you do if you meet him/her?）完成时长在 2 分钟以内的口语音频作业，并在学习通平台上传提交。教师查阅学生的留言，对精彩的留言予以积分奖励，同时鼓励学生相互评论留言。

第二，课上环节（90 分钟）。

- 师生一起对课前作业进行讨论、点评（10 分钟）。

结合课前讨论点赞环节，先询问学生在观察同辈留言中有哪些发现。接着，教师对音频内容、质量、创意等方面进行综合评价；之后再补充开放性问题：自己接近名人的动机为何？以此启发学生思考。

本环节旨在通过设置与学生生活紧密相关的话题，使学生愿意使用英语进行讨论，并在思想碰撞中进行思考：想结识名人的原因，是单纯地羡慕、崇拜，还是想借机了解这些榜样真实的特质，以便自己在生活中学习？

- 听说训练（30 分钟）。

——导入分享（15 分钟）：搭设语言脚手架，提高英语表述能力。请学生围绕话题（What are the positive and negative things about being famous?）先进行初步讨论，再学习相应的表达句式、词汇，搭设语言的脚手架。参考回答（Possible answers）如下。

Positive：

· Fortune

One of the greatest advantages of being famous is that fame generally brings with it lots of fortune. So celebrities usually live a comfortable and even luxurious life.

· Opportunity

Being famous opens up many opportunities in life. Many celebrities embark upon the entrepreneurship path as soon as they achieve stardom.

· Privilege

Celebrities get special treatment wherever they go, for example, special seats at theaters or special tables at restaurants.

Negative:

· Lack of privacy

Lack of privacy is one of the biggest disadvantages of being a celebrity. Celebrities cannot lead lives of ordinary people because they are constantly watched and followed by paparazzi who have little or no respect for the privacy of celebrities or their family members.

· Pressure

Celebrities experience great pressure owing to their fans' expectations. Some fans may expect celebrities to be absolutely perfect in every aspect of their lives.

· Harassment

Celebrities are often harassed by phone calls, emails or messages from fans or followers who cross the line and become obsessed.

在此基础上，让学生借助语言脚手架进行最后一轮的输出口语陈述。本环节旨在使学生学习并运用相关英语表达、分析“出名是一把双刃剑”的主题，培养口头表述能力，并意识到事物的利弊并存性，以此提醒学生对其负面影响要有充分认识，并进一步客观看待出名。在此基础上，希望学生通过学习和思考，理解从不同角度看待问题的重要性，认同生活中的事物利弊并存性这一普遍规律。

——复述和概述训练（7 分钟）。

播放一段关于 *People's idea towards fame* 的音频，学生听完后完成“blank-filling”的练习，并简短发言，完成简要复述大意的练习。本环节旨在通过搭设语言听力输入的脚手架，学习谈论人们关于 fame 之不同观点、态度的相关表达方式，为个人表达观点进行词汇积累，继续练习口语输出。

——以语言输入促使语言产出（8 分钟）。

观看U校园上的视频（4－4 *Watch a program about Lewis Hamilton*），学生听完后完成“blank-filling”的练习，并简短发言，完成简要复述大意的练习。

本环节旨在通过搭设语言听力输入的脚手架，练习口语，输出谈论一级方程式赛车手刘易斯·汉密尔顿（Lewis Hamilton）拥有哪些特质，教师要重点提醒学生观察这一名人的榜样特质，以使自己在生活中有针对性地学习（更多拓展启发式问题包括：Why do you think people say Lewis Hamilton is a “hero”? Do you think he is a hero? Which sporting hero do you admire? Why? Why does Lewis Hamilton say his dream now comes true?）。

• 听力专项技能训练（15分钟）：识别关键信息，掌握文章结构。

——先通过观看U校园上的视频（4－3 *Listening*，*Get the skills*：*Understanding cause and effect*），掌握听力中因果关系的结构特点，并识别相关信号词。

——继续完成4－3上Use the skills的选择练习和填空练习，以进一步培养理解因果结构特点的能力。

——继续完成4－3上的Think and speak练习，思考问题（Can you think of a famous person who also has made a life-changing decision? Share the story with the class.）后，用口语作答并上传。本环节旨在通过各种输入输出练习，使学生掌握听力技巧中的cause and effect结构，并促成口语产出，进一步为课后作业作准备。

• 口头表达能力专项训练（15分钟）。

——通过观看U校园上视频（4－6 *Role-playing*，*Get the skills*：*Making requests and offers*），学习如何使用恰当的方式寻求帮助，以及如何通过得体的回复来提供相应帮助的技巧。

——继续完成4－6上的角色扮演练习，听过示例对话后自行上传口语，以初步练习用英语表达寻求帮助与提供帮助的能力。

——在完成充分的语言输入之后，2人一组互相配合进行口语操练，从而进一步练习并掌握用英语口头寻求帮助与提供帮助的能力。

本环节旨在通过各种输入输出练习让学生掌握Making requests and offers的英语口语技巧，并促成口语产出。

• 音频听力练习，深化讨论，突出价值引领（20分钟）。

——语言练习（10分钟）：通过学习U校园上音频（4－11 *China Talk*），

学生听一段广播，主题为（*The life story of a famous Chinese doctor*），练习边听边做笔记，并完成选择题；然后学习其中的 new words 并完成汉译英的词组翻译；接下来请学生围绕话题（What impresses you most in the audio and why? Are there any consistent qualities that all heroes possess? What do you think makes a national hero?）进行讨论，培养口头表述能力。本环节旨在通过各种输入输出练习，帮助学生掌握描述名人生活的词汇和表达方法；同时通过了解疫情期间一位中国著名医生的人生故事，让学生在语言输入后，开启对名人人生态度的反思。

——引导思考，升华主题（10 分钟）：教师可呼应此前课上环节抛出的思考，我们身为普通人，了解了这些名人榜样的特质和人生态度，自己应如何在生活中加以借鉴和学习？对这一问题的思考，教师可以《习近平总书记 2020 年新年贺词》中“许许多多无怨无悔、倾情奉献的无名英雄，以普通人的平凡书写不平凡的人生”（Numerous unsung heroes, with neither complaint nor regret, work with dedication. They are ordinary people living extraordinary lives.）这一金句进行总结和引导。

本环节旨在通过对中国传统文化中的文本翻译，以及双语材料《习近平谈治国理政》（第二卷）、主旨演讲《习近平 2019 年 9 月在国家勋章和国家荣誉称号颁授仪式上的讲话》等的学习，使学生了解并掌握一些关于名人榜样的特质、人生态度，如甘愿做平民英雄等的英文表达；同时引导学生认识到，我们身为普通人，只要敢于奋斗，那么在人生的道路上一样能取得成功硕果，从而树立健康的人生观。

第三，课后环节。强化语言应用，实践育人。

口语任务要求：通过超星平台布置观看英文视频（*Exclusive Interview with Li Ziqi*）。问题如下。

Think about the following questions: What is Li's life story? And why is she famous? What qualities have you learned from Li?

学生完成后，以音频形式上传时长 2 ~ 3 分钟的口语作业至学习通平台，注意要使用表达因果关系的“cause and effect”句式结构。

7.1.2.5　视听说教学设计案例 5

（1）背景介绍。案例背景如表 7.11 所示。

表 7.11 背景介绍

授课教师	邱林林
授课对象	非英语专业本科一年级普通班学生。同学们对本单元主题比较熟悉，大多数同学对城市生活有所认识，但仍有待加强引导，使之认识城市生活的两面性
授课时长	90 分钟
教材	《新视野大学英语（第三版）视听说教程 2（思政智慧版）》
单元	Unit 5 Urban pulse
思政融入点	科学思维方法；政治认同（习近平的人民城市观）、中国传统文化
思政素材	习近平总书记讲话、中国城市介绍

（2）教学目标。

第一，知识目标。

- 掌握同城市生活相关的英语词汇和表达方式。
- 掌握英语听力中表示优缺点的信号词。
- 认识事物发展的两面性，掌握全面认识事物的方法。

第二，能力目标。

- 能用英语以恰当的方式提出投诉。
- 能用英语对他人的投诉进行得体的回复。

第三，素质目标。

- 培养学生具备科学的思维。
- 正确认识文化差异。
- 具备政治认同感和道路自信。

（3）教学方法。

第一，本次课采用任务型教学，鼓励合作学习。

第二，运用学习通慕课平台、腾讯会议等信息化手段和数字资源，实施翻转课堂教学。

（4）教学环节。

第一，课前环节。鼓励口头语言产出，突出价值引领。

小组活动：课前教师在学习通慕课平台布置题目（8 *Great Things about Living in a City*），阅读链接里的文章，总结城市生活的优点，并以小组形式讨论城市生活存在什么缺点。

要求学生在听说课前查阅资料，分工合作完成各组关于城市生活优缺点的汇报，并在学习通平台提交相关音频资料，准备课堂展示讨论。

第二，课上环节（90 分钟）。

- 对课前作业进行检查点评（5 分钟）。

展示提交的音频作业，总体分析城市生活的利弊。之后，思考这一问题：同一座城市的生活既有利也有弊，这反映了什么哲学原理?

教师总结：看待事物要一分为二，通过同一事物的两面性，理解全面客观认识事物的重要性。

- 分享活动（25 分钟）。

——听力训练：先完成课本中相应的听力填空、匹配练习和对错判断，在此过程中，提醒学生注意视频中在探讨城市生活优点、缺点时使用的句型结构（如 I do like… ; I really enjoy… ; I absolutely hate… ; much prefer… ; I think X X is one of the best thing, the main problems I'd say are probably… ），为下一步的口语输出作准备。

——讨论：请学生围绕话题（What are the good things about living in your hometown? How to promote the development of your hometown?）进行讨论，锻炼口头表述能力。

教师可以用习近平总书记在北京考察时的讲话（节选）作总结。

a. History and culture are the soul of a city and people should cherish historical and cultural heritage as treasuring their own lives.

历史文化是城市的灵魂，要像爱惜自己的生命一样保护好城市历史文化遗产。

b. We must properly handle the relationship between urban reconstruction and development and the protection and utilization of historical and cultural heritage, and ensure that urban development and heritage protection are well coordinated.

要处理好城市改造开发与历史文化遗产保护利用的关系，确保城市发展与遗产保护相协调。

- 听力专项技能训练（20 分钟）。

——先通过观看 U 校园上视频（5－3 *Listening*，*Get the skills*：*Understanding pros and cons*），了解如何在听英语的过程中获取有关优缺点的信号词。

——完成课本中的填空练习，以进一步培养获取关键信息的能力。

——观看一段视频（*It's a China thing*：*Alternatives to plastic straws*），让学生听三遍并找出新闻中提到的替代塑料吸管的五个选择（metal straw，glass straw，paper straw，PLA degradable straw，edible straws），并分别记下每个选择的优缺点。然后，请全体学生回答以下问题。

By 2025，the end of China's 14th Five-Year Plan period，the country aims to effectively contain plastic pollution. What can you do daily to reduce the use of plastic?

- 口头表达能力专项训练（20 分钟）。

——通过观看 U 校园上视频（5－6 *Role-playing*，*Get the skills*：*Making and responding to complaints*），学习如何以恰当的方式投诉及回应投诉。

——完成课本中的选择题、填空题，以进一步练习用英语投诉及回应投诉的能力。

——在完成充分的语言输入之后，由 2 人一组互相配合进行口语操练，从而掌握用英语进行口头投诉及回应投诉的能力。

- 观看视频，组织讨论（20 分钟）。

——语言练习（10 分钟）：学生观看视频（*Guide of Life in Xi'an*），主题为西安的城市生活，练习边听边做笔记，运用 Listing 相关听力技巧，记录视频中讲到的西安城市生活的诸多方面（如 delicious food，tourist attractions，convenient transportation，desirable educational resources，rich chances for career in innovating technology 等）。

——引导和思考（10 分钟）：本环节学生进行语言的输出练习，指出西安城市生活中的优势，讨论哪个优势可能会吸引你去西安生活。教师引导学生认识：一方面，像西安这样的大城市确实为个人的生活和发展提供了便利的条件；另一方面，如果去基层小城镇工作生活，则能领略不同的风景，个人在成长的舞台上依然可以有精彩的表现。

第三，课后环节。强化口语表达，提出合理建议。

任务要求：阅读网络平台链接里的文章（*Tradition or humiliation*：*Chinese wife's complaint triggers kowtow debate*），了解中国南北方在“磕头”上的文化差

异。设计一段对话，大意是：新婚妻子（或丈夫）向好友抱怨新年时去丈夫（或妻子）的老家被要求磕头，好友则对此作了体贴合理的回应。

7.1.2.6 视听说教学设计案例 6

（1）背景介绍。案例背景如表 7.12 所示。

表 7.12 背景介绍

授课教师	王颖
授课对象	非英语专业本科一年级普通班学生。学生对英语学习较重视，能较好地接受线上教学手段，在线上教学的过程中大多数同学能够积极参与互动。通过分析学习通慕课平台所发布讨论题目的回复情况可知，很多同学对此单元的主题比较有兴趣，并随着问题思索有关工作的事情，对未来充满期待
授课时长	90 分钟
教材	《新视野大学英语（第三版）视听说教程 2（思政智慧版）》
单元	Unit 6 Climbing the career ladder
思政融入点	中华民族优秀传统文化、民族精神和使命感
思政素材	关于理想、奋斗、担当的真实案例；习近平总书记寄语青年双语汇总；关于责任的名人名言

（2）教学目标。

第一，知识目标。

- 掌握同工作、工作经历相关的英语词汇和表达方式。
- 了解中华民族优秀传统文化中有关责任、担当的理念。
- 培养在听英语演讲或者进行英语会话时识别举例的能力。

第二，能力目标。

- 能听懂他人用英语表达的“喜欢或不喜欢”，并获取关键信息。
- 能使用不同的英语动词和语句来表达自己的“喜欢或不喜欢”。

第三，素质目标。

- 培养学生及早进行职业规划，勇担家庭和国家责任的内在动力。
- 以实际行动践行青年学生的使命和担当，树立积极向上的职业观。

（3）教学方法。

第一，本次课采用任务型教学，鼓励合作学习。

第二，运用学习通慕课平台、腾讯会议等信息化手段，实施翻转课堂教学。

（4）教学环节。

第一，课前环节。鼓励口头语言产出，突出价值引领。

小组活动：课前教师在学习通慕课平台布置题目，要求每组抽取以下名言中的一例，并根据题目要求（Explain the meaning conveyed in the citations. Do you agree or disagree? Give your reasons.），完成时长在 2 分钟以内的视频作业并在学习通平台提交。

例 1：

天下兴亡，匹夫有责。

——顾炎武

例 2：

这个社会尊重那些为它尽到责任的人。

——梁启超

例 3：

我们是国家的主人，应该处处为国家着想。

——雷锋

例 4：

各出所学，各尽所知，使国家富强不受外侮，足以自立于地球之上。

——詹天佑

第二，课上环节（90 分钟）。

• 对课前作业进行检查点评（5 分钟）。

教师对视频内容、质量、创意等方面进行综合评价并总结：我们每个人都要有责任心，有担当；责任心不光体现在报国救民的大事上，也体现在我们的日常生活中，比如，积极就业，发挥自己的价值，不做“啃老族”，就是对父母、对家庭的责任。同样，要想成就大事，也可以先从小事做起。正所谓：不扫一屋，何以扫天下（One who is unwilling to do trifles can't make a big success.）。

• 分享活动（25 分钟）。

——听力训练：先完成课本中相应的听力填空和对错判断练习，在此过程中，提醒学生关注当用英语谈及喜欢或不喜欢做的事情时所使用的句型结构，以及讲述个人喜好时所使用的动词，为下一步的口语输出作准备。

——讨论：请学生围绕话题（What is your dream job? What do you think are the best things or the worst things about the job?）进行讨论，培养口头表述能力。

教师可以习近平总书记对中国石油大学（北京）克拉玛依校区首届118名本科毕业生（他们选择了留在新疆，并写信给习近平总书记，表达了扎根西部、建设边疆的坚定决心）的回信做总结，提醒学生关注划线句子。

习近平总书记在信中写道："这场抗击新冠肺炎疫情的严峻斗争，让你们这届高校毕业生经受了磨练、收获了成长，也使你们切身体会到了'志不求易者成，事不避难者进'的道理。前进的道路从不会一帆风顺，实现中华民族伟大复兴的中国梦需要一代一代青年矢志奋斗。同学们生逢其时、肩负重任。希望全国广大高校毕业生志存高远、脚踏实地，不畏艰难险阻，勇担时代使命，把个人的理想追求融入党和国家事业之中，为党、为祖国、为人民多作贡献。"

He pointed out that college graduates this year have learned a lot from the arduous fight against the COVID - 19 epidemic.

"There will be ups and downs along the road ahead, and the great rejuvenation of the Chinese nation can only be achieved through the hard work of generations of youth." Xi said.

Xi encouraged college graduates to aim high, be down-to-earth, brave difficulties and obstacles, shoulder the mission of the times, integrate their pursuit of ideals into the cause of the Party and the country, and make more contributions.

- 听力专项技能训练（15 分钟）。

——通过观看 U 校园上的视频（1 - 3 *Listening*, *Get the skills*: *Listening for examples*），了解如何在听英语的过程中获取表示举例的信号词。

——完成课本中的排序练习和填空练习，以进一步培养获取关键信息的能力。

- 口头表达能力专项训练（20 分钟）。

——通过观看U校园上视频（1－6 *Role-playing*，*Get the skills*：*Expressing likes or dislikes*），学习如何用英语以恰当的方式表达喜欢做某事或不喜欢做某事。

——完成课本中的填空题、判断题来进一步练习表达喜好的能力。

——在完成充分的语言输入之后，由2人一组互相配合进行口语操练，从而掌握用英语表达喜欢、不喜欢或者不介意的方法。

• 观看视频，进行讨论（25分钟）。

——语言练习（15分钟）：训练学生复述和概述关键信息的能力。学生观看TED演讲（主题：一个人，如何由内而外发生改变?），练习边听边做笔记。笔记参考如下。

a. ... at their core they felt deeply frustrated，their creativity was not being realized，their career had somehow taken a wrong turn. What they actually wanted was something larger，a real and substantial change in their careers and in their lives.

b. All of these experiences added up to rich layers of knowledge and practice that had altered me from the inside out.

c. When we look at the changes and transformations in other people's lives，we see the good luck that someone had in meeting a person like...，with all of the right connections and the funding.

d. What really allows for such dramatic changes are the things that occur on the inside of a person and are completely invisible.

e. The slow accumulation of knowledge and skills，the incremental improvements in work habits and the ability to withstand criticism. Any change in people's fortune is merely the visible manifestation of all of that deep preparation over time.

——引导和思考（10分钟）：学生在语言输入后思考一个人事业成功的原因。教师引导学生认识这一点，我们往往只看到了成功人士所获得的一切好处，比如金钱，名望等，而忽视了他们为成功所付出的一切，如经验的积累，知识的积累，以及为了成功所作的一切准备。通过再次观看视频的结尾片段，引导学生更深入地思考——要想成就一番事业，离不开脚踏实地的努力，从而使学生树立积极向上的职业观。

第三，课后环节。激励语言运用，实践育人。

任务要求：制订一项现实可行的校园创业计划，列出具体实施步骤，并按照计划具体实施；将该计划录制成音频，并上传至学习通慕课平台。

7.1.3 大学英语视听说 3 课程思政案例

7.1.3.1 视听说教学设计案例 1

（1）背景介绍。案例背景如表 7.13 所示。

表 7.13 背景介绍

授课教师	穆育枫
授课对象	授课对象为非英语专业大二学生。通过分析学习通慕课平台所发布讨论题目的回复情况可知，许多学生对此单元的主题比较有兴趣，渴望在学习和今后的工作中取得成功；同时在正面积极的成功观方面，仍有待引导
授课时长	90 分钟
教材	《新视野大学英语（第三版）视听说教程 3（思政智慧版）》
单元	Unit 1 Access to success
思政融入点	中华民族优秀传统文化、价值观（成功）
思政素材	中国古代诗词双语版、TED 演讲（*Secrets of Success*）

（2）教学目标。

第一，知识目标。

- 掌握与成功、成就、挑战相关的英语词汇和表达方式。
- 掌握使用关键词大纲记笔记的能力。
- 理解成功与失败之间的关系。

第二，能力目标。

- 能使用英语就成功这一话题表达个人观点。
- 能提取所听篇章的具体信息。
- 能够概述所听篇章的要点。

第三，素质目标。

- 培育和塑造学生正面积极的成功观。

（3）教学方法。

第一，本次课综合采用任务型教学、合作学习等教与学的方法。

第二，运用学习通慕课平台、腾讯会议等信息化手段实现课堂的翻转。

（4）教学环节。

第一，课前环节。通过课前讨论，激励语言运用。

课前教师在学习通慕课平台布置讨论题目（What leads to success?），要求学生在阅读课前给出个人见解，同时鼓励学生相互评论留言。教师查阅学生的留言，对精彩的留言予以积分奖励。

第二，课上环节（90 分钟）。

• 对课前作业进行检查点评（5 分钟）。

教师对课前作业的内容、质量、创意等方面进行综合评价，之后进行总结。

• 分享活动：诗歌赏析（25 分钟）。

提升翻译能力，同时引导学生思考成功与失败、成功者与失败者的含义，并学会使用英语表达个人观点。

——诗词赏析（5 分钟）。

夏日绝句 （作者 李清照；许渊冲 译）

生当作人杰，Be man of men while you're alive;

死亦为鬼雄。Be soul of souls even if you're dead!

至今思项羽，Think of Xiang Yu who would not survive;

不肯过江东。His men whose blood for him was shed!

——小组讨论（10 分钟）。问题如下。

Q1：What is your understanding of this poem?

Q2：How do you define success and failure，winner and loser?

——小组报告（10 分钟）。

每组派一个代表，简要阐述本组观点。

• 听力专项技能训练（20 分钟）。

——讲解记笔记技巧，获取关键信息。

——完成 p7 中的 exercise 2：深化上述技巧。

——完成 p7 中的 exercise 3：利用课本中的提纲，再听并完成练习，以培养学生识别和提取信息的能力。

• 口头表达能力专项训练（20 分钟）。

——口语表达技巧讲解如下。

Very often in a conversation, you need to refer back to what you said earlier, to make yourself better understood and eliminate potential misunderstandings. To refer to what you said earlier helps focus on the topic and strengthen your point of view.

教师在讲解中补充 useful expressions 如下。

That's what I was saying; Like I said; Having said that; As I said at the beginning...

——完成 p12 中的 exercise 4：使用口语表达技巧进行角色扮演活动，应用所学口语表达技巧。

• 观看视频与讨论（20 分钟）。通过如下环节，培养概述和表述能力。

——观看视频（5 分钟）：学生先观看 TED 短篇演讲视频（*Secrets of Success*）一遍，了解大致内容。

——使用关键词记笔记（5 分钟）：再次播放视频，要求学生边观看边快速使用关键词记笔记，完成一个视频大纲。本环节旨在训练学生于听力训练的同时，快速记笔记的能力，同时深入理解视频的内容。

——分享笔记内容（5 分钟）：在教师的带领与提示下，师生一起完成视频的内容大纲。在这个过程中，学生可自主发言、互相补充，贡献自己的关键词笔记内容。

——讨论与发言，实施价值引领（5 分钟）：本环节训练学生的口语表达能力。首先，在简短的小组讨论之后，每组派一个代表，从视频中提到的成功八要素中选出一个其最赞成的要素，并说明理由。其次，汇总意见，票选出全班同学最认可的导向成功的三个因素。最后，由教师作总结发言，启发学生比较中西方对成功看法的异同，倡导正确的成败观。

第三，课后环节：深化主题，学以致用。

任务要求：参考本节课上所学有关成功的词汇与表达方式，录制一个音频（主题为 What have you achieved in your life or study that makes you feel proud ?）。

7.1.3.2 视听说教学设计案例 2

（1）背景介绍。案例背景如表 7.14 所示。

表 7.14 背景介绍

授课教师	贺君婷
授课对象	课程授课对象为非英语专业大二学生。学生对英语学习尤其是听力口语部分较重视，能比较好地接受线上教学手段。在线上教学的过程中，大多数学生都能够积极参与互动
授课时长	90 分钟
教材	《新视野大学英语（第三版）视听说教程 3（思政智慧版）》
单元	Unit 2 Emotions speak louder than words
思政融入点	道德修养、社会责任、中西文化比较
思政素材	2022 北京冬奥会开幕式上国家主席习近平和国际奥委会主席的致辞；英文视频“12 种可以感知却无法形容的情绪”“如何控制自己的情绪”；表情符号的使用

（2）教学目标。

第一，知识目标。

- 掌握与情绪相关的英语词汇和短语表达方式。
- 掌握识别问题和解决方案的英语听力技巧。
- 了解中西方表达情绪的语言差异。

第二，能力目标。

- 能使用得当的英语语言和技巧告知“好”消息和“坏”消息。
- 能熟练使用正确、地道的英文表达自己的情绪。

第三，素质目标。

- 培育和塑造学生正面积极的态度来对待和处理情绪。
- 理解个人情绪与社会责任之间的关系。

（3）教学方法。

第一，本次课综合采用任务型教学、合作学习等教与学的方法。

第二，运用学习通慕课平台、腾讯会议等信息化手段实现课堂的翻转。

（4）教学环节。

第一，课前环节。教师在慕课平台布置讨论题目（What are the emotions

that you experience lately? Please give some examples.）并要求学生发送语音跟帖。鼓励学生结合时事说明自己的情绪缘由（如观看北京冬奥会，看新闻了解全国疫情防控现状，神舟九号飞船成功返航等），同时鼓励学生相互评论留言。教师查阅学生的留言，给学生点赞鼓励，并对精彩的留言予以积分奖励。

第二，课上环节（90 分钟）。

- 热身活动：成语匹配，启发主题思考（10 分钟）。

把视听说课本中“导入”部分的 6 幅图片展示出来，先让学生用如下汉语（四字成语）来描述他们所感受的图中人物的情绪，再请同学把这些成语与相应的英文翻译进行匹配。之后，教师对学生进行引导和思考：中国人与外国人的情绪表达是否共通？汉语里表达情绪的方式和英文中表达情绪的方式有什么不同？

笑逐颜开：beam with joy

大吃一惊：drop one's jaw/get a shock

目瞪口呆：to gaze with eyes wide open and speechless

怒火中烧：fly into a rage/burst into anger

忧心忡忡：have all the cares of the world on your shoulders

闷闷不乐：emotionally and mentally depressed

失声痛哭：break down and weep

- 听力训练（25 分钟）：夯实语言输入和输出。

——听力练习，学习语言知识：完成课本中“Listening to the world”板块的听力练习，提醒学生关注与情绪表达相关的词汇和句型结构，为下一步的口语输出作准备。

——组织讨论：本环节旨在通过设置与学生生活紧密相关的话题，使学生愿意使用英语进行讨论，有效应用语言知识。首先，学生通过链接观看英文视频（12 *Emotions You Might Feel But Can't Explain*），了解 12 种可以感知却无法解释的情绪，同时记录与之相应的英文表达。其次，学生分组讨论，你对以上 12 种可以感知却无法解释的情绪有没有体会？能不能结合时事用英文分享一下具体的情境和心绪？

- 听力技巧专项训练（25 分钟）。

——观看 U 校园上视频（*Identifying the problem-solution pattern*），了解在听英语的过程中识别问题并解决的方法和技巧。

——完成课本中的判断对错练习和填空练习，以进一步培养获取关键信息的能力。

——观看 2022 北京冬奥会开幕式上国家主席习近平的致辞和国际奥委会主席的致辞，请学生分别找出上述致辞在表达中的不同措辞和方式，并解释为什么会有这样的差异。

- 口头表达能力专项训练（30 分钟）。

——观看 U 校园上的口语表达技能视频（*Giving news*），学习如何以恰当的方式告知他人“好”消息和“坏”消息。

——通过角色扮演（role-play）的方式进行小组口语操练，并鼓励学生使用得当的方式告知对方不同的消息。

——讨论：本环节是通过观看与思考，使学生将个人情绪与社会责任感进行关联，进行更深入的人生思考。先通过链接观看视频（*How to master your emotions*）并简短回答与视频内容相关的问题，如：为什么我们需要控制自己的情绪？怎样做才能控制自己的情绪？通过提问的方式强调情绪对人乃至社会的影响，引导学生正确认识生活中的各种情绪，并积极乐观地处理消极情绪。

第三，课后环节。中西文化比较，学以致用。

通过链接（网址：https：//www. sohu. com/a/61049480_ 252546）阅读一则新闻，了解中西方在表情符号（emoji）使用中的异同。本环节旨在通过比较中外网友对表情符号的使用，帮助学生了解中西文化差异，避免因文化差异而产生不必要的误会。学生需要以视频的形式，讲述一段自己使用表情符号的趣事或“糗事”。

7. 1. 3. 3　视听说教学设计案例 3

（1）背景介绍。案例背景如表 7. 15 所示。

表 7. 15　背景介绍

授课教师	杨润芬
授课对象	非英语专业本科二年级普通班学生。本单元主题对学生来说比较熟悉亲切，大多数学生也乐于分享邻里关系和邻里趣事，对构建和谐社区也有一定的想法，但仍需要学习合理表达建议的方式方法

续表

授课时长	90 分钟
教材	《新视野大学英语（第三版）视听说教程 3（思政智慧版）》
单元	Unit 3 Love your neighbor
思政融入点	中华民族优秀传统文化、社会主义核心价值观（和谐）
思政素材	习近平总书记讲话、疫情期间邻里守望相助的故事、相关谚语

（2）教学目标。

第一，知识目标。

- 掌握与邻里社区相关的英语词汇和表达方式。
- 了解中华民族优秀传统文化中有关睦邻友好的理念。
- 掌握用英语讲好故事的口语表达技巧。

第二，能力目标。

- 能区分观点和事实。
- 能使用恰当的方式用英语提建议。
- 能用英语对他人的建议进行得体的回复。
- 能使用恰当表达技巧用英语讲述中国故事。

第三，素质目标。

- 培育和塑造学生正确的邻里相处原则和态度。
- 理解和谐社区与社会安定之间的关系。
- 树立社会主义核心价值观。

（3）教学方法。

第一，本次课综合采用任务型教学、合作学习等教与学的方法。

第二，运用学习通慕课平台、腾讯会议等信息化手段，实现课堂的翻转。

（4）教学环节。

第一，课前环节。鼓励语言产出，突出价值引领。

小组活动：课前教师在学习通慕课平台布置题目，听一首歌曲（*Love your neighbor*），要求学生在学习通慕课平台采用跟帖讨论的形式，进行回复，学生之间可以互评并点赞，鼓励学生通过对歌曲内容的理解，表达自己的想法和睦邻友好的重要性。

第二，课上环节（90 分钟）。

- 对课前作业进行检查点评（5 分钟）。

教师对讨论帖的内容、语言质量等方面进行综合评价；之后进行总结，指出睦邻友好对于和谐社区建设、追求美好生活至关重要，从而培育和塑造学生正确的邻里相处原则和态度。

- 主题导入（10 分钟）。

通过如下英汉与汉英翻译练习，学习中外对和谐邻里关系的一些习语表达。通过中英语言形式对比，提高学生翻译能力，同时也使之了解中西方的文化异同。

英译汉：

1. A good neighbor is better than a brother in the next village.

   远亲不如近邻。

2. No one is rich enough to do without a neighbor.

   没有邻居，再富无助。

3. A good neighbor is my nearest relation.

   好邻即至亲。

4. A good neighbor, a good morrow.

   好邻生好景。

5. A bosom friend afar brings a distant land near.

   海内存知己，天涯若比邻。

汉译英：

6. 德不孤，必有邻。

   Virtue is not left to stand alone. He who practices it will have neighbors.

7. 睦邻友好。

   Good neighborly relationship

8. 守望相助。

   neighborhood watch

互动话题：Explain the meaning conveyed in the citations and expressions. Which one impressed you the most and why?

• 听力专项训练（25 分钟）：讲解听力技巧，提升比较和分析能力。

引领学生完成课本中与 *Listening to the world* 相应的听力练习，在此过程中，提醒学生注意区分观点和事实。

a. Firstly，determine if the information can be proved.

b. At the beginning，ask questions like Who? What? When? Where? Why? And How? If you can get answers from the information you hear，it probably contains facts. Then，determine if the statements can be checked and verified to be true.

c. I saw a science-fiction movie last night about aliens invading the earth. (fact)

d. The truth of the matter is that frozen foods are just as good-tasting as fresh foods are. (opinion)

• 课堂讨论活动（30 分钟）。

围绕以下三个话题逐层深入讨论，提高英语口语表述能力，同时了解国家治理方式，产生认同感和自信。

Topic A：请学生围绕话题（What makes a good neighbor?）进行讨论，培养口头表述能力。

Topic B：Think about your neighborhood. What would make it safer? More beautiful? More interesting? Better for your health? More of a community?

通过讨论如何构建更美好、更宜居的社区，对社区建设提建议，帮助学生掌握恰当的建议表达方式以及如何对他人的建议进行得体的回复。

Topic C：Does a harmonious community contribute to the stability of the whole society?

通过讨论社区和谐对社会稳定的重大意义，进一步巩固邻里守望、睦邻友好等表达方式，让学生充分认识到社区是基层基础，城市治理的“最后一公里”在社区，只有基础牢固，国家大厦才能稳固，人民的幸福生活才有保障。教师可以习近平总书记在广西桂林考察时，与当地村民王德利的一段对话来总结。

— “You are so busy with your work but still make time to see us. We are so grateful,” Wang Deli，a resident of a rural mountainous village in Guangxi，said when he received Xi in his home in the spring of 2021.

— “That is exactly what I am busy with,” Xi replied. “People’s happy lives—that is the matter of the most fundamental importance to the country.”

“我忙就是忙这些事”，习近平说，“‘国之大者’就是人民的幸福生活”。

- 口头表达技巧专项训练（20 分钟）。

——学习课本中 role-play 部分的故事，完成相应的听力练习，并学习如何用形象生动的语言讲好故事。

——以一个中国故事（疫情期间的邻里守望相助）为例，教会学生讲好故事的一些实用技巧。以下为教师给出的一些实用的叙事方法。

Telling a story

Some tips to use in telling an impressive story:

a. Start with a catchy beginning to draw listeners in.

It is advisable for the storyteller to begin with tension and immediacy.

b. Use hand gestures to emphasize the story.

To make the storytelling more exciting and attractive, hand gestures should be incorporated when the story calls for it.

c. Use facial expressions.

Pay attention to the mood of the story as well. Let the mood flow into your expressions.

d. Allow your voice to be expressive.

Give the characters different voices. Your tone should be adjusted according to the mood. If your audience is young children, speak slowly and lovely.

e. Use humor.

If you can use humorous language in your story to make the listeners laugh, you are more likely to keep their interest.

f. Involve the audience.

Asking rhetorical questions is a perfect way to do so. For example, “You’d want a place to rest if you had been walking all day, right? So did the little girl.”

——在完成充分的语言输入之后，由 2 人一组互相配合进行口语操练，从而掌握如何吸引听众，讲好故事开头部分。

第三，课后环节：强化对外传播中国文化能力的培养。

任务要求：讲好中国故事，传播中国声音，展示真实、立体、全面的中国，这也是加强我国国际传播能力建设的重要任务。作为当代大学生，要带头加强传统文化的学习，增强文化自信。指定两个小组中的每位同学都准备一个中国好故事，下节课分享给全班同学，将课堂上所学的讲故事技巧付诸实践。

7.1.3.4 视听说教学设计案例 4

（1）背景介绍。案例背景如表 7.16 所示。

表 7.16 背景介绍

授课教师	田甜
授课对象	非英语专业本科二年级普通班学生。学生对英语学习较重视，能较好地接受线上教学手段。在线上教学的过程中，大多数学生能够积极参与互动。从学生的日常学习和生活中可以看出年轻人都具备一定的创新意识
授课时长	90 分钟
教材	《新视野大学英语（第三版）视听说教程 3（思政智慧版）》
单元	Unit 4 What's the big idea?
思政融入点	中华优秀传统文化、家国情怀（创新、社会责任感）
思政素材	中国好故事、习近平总书记讲话、《中国日报》关于华为的报道

（2）教学目标。

第一，知识目标。

- 掌握与创造、创新观念相关的英语词汇和表达方式。
- 掌握有关原因的英语句型结构及描述性形容词。
- 掌握听前预测相关主题问题和词汇的技巧。
- 了解中国重视创新与发展的理念。

第二，能力目标。

- 能使用有关创新与社会责任感等相关英语表达个人观点。
- 能读懂有关创新题材的英语短文，并进行评述。
- 能使用声音、肢体语言和视觉辅助手段来增强演讲的影响力。

第三，素质目标。

- 帮助学生理解发明创新与个人发展、社会发展之间的关系。

- 培育和塑造学生的创新观念。
- 帮助学生树立家国情怀。

（3）教学方法。

第一，本次课采用任务型教学，鼓励合作学习。

第二，运用学习通慕课平台、批改网和U校园等数字资源平台，实现翻转课堂教学。

（4）教学环节。

第一，课前环节：鼓励口头语言产出，突出价值引领。

阅读与讨论：课前教师在学习通慕课平台布置文章（*Textile Worker Shows Talent in Technical Innovation*），阅读文章之后，每名学生在学习通讨论平台中提交音频作业，回答问题（What benefits will meaningful inventions and innovations bring to people and society?）。教师查阅学生的留言，给学生点赞鼓励，并对精彩的留言予以积分奖励。

第二，课上环节（90分钟）。

- 对课前作业进行检查点评（10分钟）。

教师对视频内容、质量、创意等方面进行综合评价并总结：现代社会中，在我们身边，有很多创造创新是在平凡生活中产生并服务于社会的。解决问题、革新创新是社会责任感和爱国心的体现。

- 分享活动（20分钟）。

——听力训练：先完成课本中相应的听力填空和对错判断练习。在此过程中，提醒学生关注谈到具体原因时所使用的英语句型结构，以及讲述尝试新事物时表示个人态度的用词及一些描述性形容词，为下一步的口语输出作准备。

——讨论：请学生围绕话题（How do you feel trying new things? What stops you trying new things?）进行讨论，培养口头表述能力。教师可以如下习近平总书记提倡创新和发展的金句作为总结。

例1：

中国高度重视科技创新工作，坚持把创新作为引领发展的第一动力。

——习近平向第三届世界顶尖科学家论坛（2020）视频致辞

China has attached great importance to sci-tech innovation，taking innovation as the primary driving force of development.

例 2：

只有创新才能自强、才能争先。

——习近平 2021 年 4 月 25 日至 27 日在广西考察时的讲话

Innovation is the only way to make China stronger and become a frontrunner.

• 听力技巧专项训练（20 分钟）。

——教师提示：在听之前，预测演讲、谈话、采访等的主题和词汇可以帮助提高理解能力；假定我们将听到一篇关于创新的文章，可以提前想到什么问题和关键词呢？例如：

Q1：What is creativity？（productive；creative；original；imaginative；inventive；artistic…）

Q2：How to be a creative person？（always try new things；read more；be positive；be interested in a lot of things；be skeptical；develop critical thinking…）

Q3：Why do we need creativity？（solve problems；discover and invent new things；express ourselves in better art forms；change the world…）

Q4：Who can be regarded as a highly creative person in the history？（Albert Einstein；Thomas Edison；Qian Xuesen；Yuan Longping…）

——学生完成课本中的排序练习和填空练习，以进一步练习提前预测话题和词汇的能力。

• 口头表达能力专项训练（20 分钟）。

——通过观看 U 校园上第四单元"*Speaking for communication*"部分的视频，学习演讲者如何使用声音、肢体语言和视觉辅助手段来增强演讲的影响力，同时又不会分散听众的注意力。

——完成课本中的演讲文本（*The iPhone：a great invention of the 21st century*）的问题回答部分，思考如何根据此演讲稿加入肢体语言，并关注各个部分的演讲音调，如必要可现场辅以思维导图等形式。

——2 人一组，把该文本转为口头演讲，互相关注并点评对方的声音、肢体语言及其他辅助手段等，从而掌握演讲的技巧。

• 观看视频，升华主题（20 分钟）。

——语言练习（10 分钟）：学生观看 TED《马斯克南加大 2014 毕业典礼演讲》，关注上一小节中提到的演讲技巧的运用。

——引导和思考（10 分钟）：通过引导学生关注马斯克的演讲内容（趁着年轻创业，要敢闯、勤奋，更要肩负责任），从而将这一话题引申至更高层面的创造和科技创新上。教师同时提出，这不仅是对自己、对家庭的责任，更是对国家、社会责任的一种体现。

第三，课后作业。

任务要求：将下列段落翻译成汉语，结合本单元主题（*big idea*）思考华为公司开发鸿蒙系统的商业理念，以了解华为的企业文化并进行讨论和点评。

Chinese telecom giant Huawei on Wednesday officially launched its operating system HarmonyOS 2 for smartphones, providing customers worldwide with a competitive alternative that works on a diverse range of devices. As a next-generation operating system for smart devices, HarmonyOS provides a common language for different kinds of devices to connect and collaborate, providing users with a more convenient, smooth, and secure experience. "HarmonyOS greatly enhances the interactive speed between devices and improves the efficiency of their computing power, thus providing customers with a more optimized cross-device user experience," said Zhao. Chinese industries, including home appliances, sports and fitness, travel, entertainment, and education, have welcomed the launch of HarmonyOS.

7.1.3.5 视听说教学设计案例 5

（1）背景介绍。案例背景如表 7.17 所示。

表 7.17 背景介绍

授课教师	俞莹
授课对象	课程授课对象为非英语专业大二学生。学生对英语学习较重视，能比较好地接受各种教学手段。在教学的过程中，大多数学生能够积极参与互动。通过分析学习通慕课平台所发布讨论题目的回复情况可知，许多学生对此单元的主题比较有兴趣，对大学毕业后的就业充满了期待，但也对未来能否获得理想的职业普遍缺乏信心
授课时长	90 分钟
教材	《新视野大学英语（第三版）视听说教程 3（思政智慧版）》

续表

单元	Unit 5 More than a paycheck
思政融入点	时代精神；正面积极的工作认知和人生观
思政素材	《命运共同体：耐盐碱水稻——哺育未来》中的袁隆平及其团队事例、TED 演讲

（2）教学目标。

第一，知识目标。

- 掌握与不同职业相关的英语词汇和表达方式。
- 理解工作种类与人生价值之间的关系。

第二，能力目标。

- 能使用英语参与讨论。
- 能使用有关职业的相关英语表达个人观点。

第三，素质目标。

- 培育和塑造学生正面积极的工作认知和人生观。
- 树立精益求精、求实创新、勇攀高峰的科学精神。

（3）教学方法。

第一，本次课采用任务型教学，鼓励合作学习。

第二，运用学习通慕课平台和 U 校园等数字资源平台，实现翻转课堂教学。

（4）教学环节。

第一，课前环节。加强视听输入，鼓励语言输出。

课前教师在学习通慕课平台布置视频任务（观看 TED 演讲《为什么我们要工作》）。要求学生在视听说课前观看并回答问题（Why do we work?），同时鼓励学生相互评论留言；教师查阅学生的留言，给学生点赞鼓励，并对精彩的留言予以积分奖励。

第二，课上环节（90 分钟）。

- 对课前作业进行检查点评（10 分钟）。

教师围绕视频内容、学生留言内容和质量、创意等方面进行综合评价并总结：学生要形成并树立正确积极的工作观和人生观，热爱工作、保有热情，这是每个大学生都应时刻谨记的。在面对未来的择业时，要有全局意识和大局观念，将党和全国人民的未来扛在肩头。

- 内容分享（20 分钟）。

——语言知识学习（10 分钟）：结合 TED 演讲《为什么我们要工作》的内容，介绍、讲解相关词汇。

——头脑风暴（5 分钟）：就演讲中提到的“technology of ideas”引发学生思考，可在课堂上由学生就此谈谈感想。

——表达观点（5 分钟）：利用学习通的“抢答”功能激励学生主动。回答问题（How do you understand the technology of ideas and technolgy of things? And why do people work in your mind?）。

- 专题训练（30 分钟）。

——先观看学习视频《命运共同体：耐盐碱水稻——哺育未来》，初步了解袁隆平及其团队的伟大贡献。

——着重引导学生掌握具有关键意义的内容，如下所示。

例 1：

联合国粮农组织衡量粮食安全程度有四大维度：可供量、获取、利用、稳定性。

According to the UN's Food and Agriculture Organization, there are four dimensions to food security: physical availability of food, economic and physical access to food, food utilization, and stability of the other three dimensions over time.

例 2：

科技创新是促使这一巨大转变发生的重要原因之一。

Innovation in science and technology is one of the driving forces behind this change.

例 3：

杂交水稻之父。

father of hybrid rice.

例 4：

粮食是国计民生的头等大事。我是学农的，我应该在这方面尽我的努力。

Food (safety) is of paramount importance to the national economy and people's livelihood. As an agronomist, I felt that I should focus on this area.

——根据视频内容，引导学生深入思考：面对未来的就业选择，应该端正工作态度，树立正确积极的人生观。同时倡导学生学习袁隆平的工作精神，爱岗敬业、攻坚克难、不断进行技术创新，秉持永不知足、精益求精的精神追求和求实创新、勇攀高峰的科学精神。

• 观看视频，进行讨论（30 分钟）。

——分组观看 TED 演讲《工作万岁，无分贵贱》（15 分钟），并由组内成员协作完成词汇学习和内容理解。

——词汇学习（5 分钟）。结合 TED 演讲《工作万岁，无分贵贱》的内容，将视频分为前后两个部分，即工作无分贵贱和认真工作的意义，以小组为单位分别介绍和讲解相关阐词汇。

——小组观点阐述（10 分钟）。每组选派一名同学，代表本组阐述如何认识并理解基础工作的重要性，并以“工作不分贵贱，应公平待之”为主题做一个“mini-speech”。

第三，课后环节。强化口语表达，提出合理建议。

任务要求：以“What is your ideal job? What will you strive to achieve in the future?”为题说一段话，并以音频形式提交至学习通平台。

7.1.3.6　视听说教学设计案例 6

（1）背景介绍。案例背景如表 7.18 所示。

表 7.18　背景介绍

授课教师	韩红
授课对象	非英语专业本科二年级普通班学生。一方面，很多学生对此单元的主题表现出浓厚的兴趣，有从历史中汲取养分和经验教训的意识。另一方面，学生在语言学习方法和策略方面依然需要引导，学以致用的理念需要进一步推进，语言表达的准确性也有待提高
授课时长	90 分钟
教材	《新视野大学英语（第三版）视听说教程 3（思政智慧版）》
单元	Unit 6 Histories make men wise
思政融入点	中华民族尊重历史、注重学习和传承历史的优良传统
思政素材	2016 年，习近平总书记在中国共产党成立 95 周年大会上的讲话；中国历史人物故事

（2）教学目标。

第一，知识目标。

- 熟练掌握和应用用英语表达不确定性的方法。
- 了解中华民族优秀传统文化中有关学史的重要性。

第二，能力目标。

- 能根据所听资料，进行合理推论。
- 能依据空间变换或时间顺序讨论重要的历史事件、历史人物。

第三，素质目标。

- 培育和塑造学生正确的历史观。
- 使学生理解中华民族优秀传统文化中有关学史重要性的理念。

（3）教学方法。

第一，本次课采用任务型教学，鼓励合作学习。

第二，运用学习通慕课平台、腾讯会议等信息化方式，实施翻转课堂教学。

（4）教学环节。

第一，课前环节。鼓励口头语言产出，突出价值引领。

话题讨论：课前教师在学习通慕课平台上布置如下讨论题目，要求学生在课前完成讨论，同时鼓励学生相互评论留言。

Do you agree with the quote "Histories make men wise." by Francis Bacon? Why or why not? Who is your favorite historical figure in China's history? Why?

教师评阅：教师课前查阅学生留言，给学生点赞鼓励，并对精彩的留言予以积分奖励，为课堂教学作准备。

第二，课上环节（90 分钟）。

- 对课前作业进行点评（10 分钟）。

针对第一道讨论题：教师总结归纳学生的观点。

针对第二道讨论题：根据学生提到的“最喜欢的中国历史人物”和原因，教师列表分类，引导学生了解历史人物的功过及其对后世的影响，以及从中可获得的借鉴。

- 分享活动（25 分钟）。

——听力训练：先完成课本中相应的听力填空和连线练习。练习开始以前，提醒学生关注两个方面，为下一步的口语输出作准备。一是时态转换；二是在讨论历史事件或历史人物时，表示空间变换或时间顺序的词汇与表达。

——主题讨论：请学生围绕话题（Do you enjoy learning history? Why or why not?）进行讨论，培养口头表述能力。

教师总结说明历史学习的重要性。中国人自古以来一直重视“以史为鉴”，可以古语“前事不忘，后事之师（Past experience，if not forgotten，is a guide for the future.）”为证。同时，教师引用2016年习近平总书记在中国共产党成立95周年大会上的如下重要讲话，总结“不忘初心，牢记使命”的重要性，从而引导学生认识、了解中国历史，特别是中国近现代史以及中国共产党党史的重要性。

一切向前走，都不能忘记走过的路；走得再远、走到再光辉的未来，也不能忘记走过的过去，不能忘记为什么出发。

——2016年习近平在中国共产党成立95周年大会上的讲话

We shall move forward，but we shall not forget the path we have taken in the past. No matter how far we go towards a bright future，we should not forget why we set out in the first place.

- 听力技巧专项训练（20分钟）。

——观察三幅照片：披头士乐团成员演奏乐器、阿姆斯特朗登上月球表面和电影《阿甘正传》的海报，要求学生推测照片拍摄的历史年代并阐述理由。教师就如何作出准确推断，给出如下五点策略。

a. Catch the literal meaning first.

b. Pay attention to the words used by the speaker.

c. Ask questions that may help you make inferences.

d. Use your prior knowledge of the topic to help you make inferences.

e. Pay attention to the speaker's tone and try to identify the specific emotion in his or her voice.

——听U校园平台上的录音（*Listening to the world*）推测三位说话人成长的时代以及他们对那个时代的态度（“大体肯定”或者“大体否定”）。

在music，mobile phone，sports，technology和learning当中任选一个主题

词，介绍它对你的成长所产生的影响。

- 口头表达能力专项训练（15 分钟）。

——学生 2 人一组，一问一答，回答以下五道问题。提醒学生不仅要关注答案，而且要关注答题者回答问题的方式。

Q1：Which writer was once kidnapped in France?

A. Geoffrey Chaucer　　B. Isabelle Allende

Q2：Which political thinker was famously messy?

A. Karl Marx　　B. Machiavelli

Q3：Which actor and film-maker was stopped by the US government from entering the States?

A. Harrison Ford　　B. Charlie Chaplin

Q4：Which scientist was also a good violinist?

A. Galileo　　B. Albert Einstein

Q5. Which artist invented lots of stuff but never actually produced any of it?

A. Pablo Picasso　　B. Leonardo da Vinci

——观看 U 校园视频（*Speaking for Communication*），找到正确答案。引导学生学会有关"不确定性"的表达。

——2 人一组继续进行口语对话，回答以下问题。在"地理"问题部分，由学生 A 问问题，学生 B 回答，并由学生 A 就答案作出回应。在"历史"问题部分，学生对换角色。对于不能肯定的答案，答题者要注意使用表示"不确定性"的表达。

Geography

Q1：What is the capital of Australia? Is it Sydney，Melbourne or Canberra?

Q2：Which country has the second biggest population? Is it China，India or Russia?

Q3：Which one of these countries is not next to the sea? Is it Brazil，Poland or Switzerland?

History

Q1：Which football team won the first World Cup in 1930? Was it Brazil，Argentina or Uruguay?

Q2：What was discovered in the Alps mountain range in 1991？Was it the body of a 5,000-year-old man，the body of a hairy elephant，or a World War Ⅱ airplane？

Q3：When did the European Union introduce the euro？Was it in 1979，1989 or 1999？

- 观看视频，完成练习（20 分钟）。

观看 TED 演讲"*Powerful Stories that shaped Africa*"（1:46－4:22），分步骤完成以下任务。

——第一次听材料以后，学生找出关键词，教师补充词汇和背景知识。

关键词：history，Mali，Mali Empire

补充词汇：专有名词 al Qaeda，Ansar Dine，the Hague，Timbuktu；活跃词汇：affiliate，indict，notorious，genocide，instigator，vandalism，envisage，shrine，mosque，manuscript，conversely，insurgency，secrete，uprising

背景：2012 年，伊斯兰极端组织伊斯兰卫士企图破坏马里古城廷巴克图的历史遗迹。

——第二次听材料以后，依据听力材料，在空白处填写内容（答案：charged；ethnic；destroy；heritage；thoughtless；court；graduate；systematic；attempted；communities）。

——第三次听材料以后，回答以下三道问题。

Q1：Why did the al Qaeda-affiliated Ansar Dine try to destroy Mali's cultural heritage？

Q2：Why weren't the Malians give up their history easily？

Q3：What did the local people in Timbuktu do to protect their cultural heritage？

第三，课后环节。强化口语表达，提出合理建议。作业题目如下。

Based on the Ted speech *Powerful Stories that shaped Africa*，discuss the following question：What should be our attitude toward Chinese history？

作业以音频形式在学习通平台提交，录音时长控制在 1 分钟以内。

7.1.4 大学英语视听说 4 课程思政案例

7.1.4.1 视听说教学设计案例 1

（1）背景介绍。案例背景如表 7.19 所示。

表 7.19 背景介绍

授课教师	韦美璇
授课对象	非英语专业本科二年级普通班学生。本单元讨论公共场合的不文明行为、健康的生活方式、东西方肢体语言等话题。学生对本单元主题比较熟悉，能够进行一般性的讨论，但仍有待拓展相关词汇、知识和技巧，以提高英语综合应用水平，培育和塑造积极豁达的人生观
授课时长	90 分钟
教材	《新视野大学英语（第三版）视听说教程 4（思政智慧版）》
单元	Unit 1 How we behave is who we are
思政融入点	社会主义核心价值观（文明）、道德修养、中西文化比较
思政素材	*Chinadaily* 上几篇有关不文明行为的双语新闻报道、名人名言

（2）教学目标。

第一，知识目标。

• 掌握不同文化对礼貌、礼节、不文明行为界定的异同及其相关的词汇和表达方式。

• 掌握尴尬场合和社交困境中常用的应对策略和语言表达。

• 掌握劝说类演讲的组织结构和常用语言表达。

• 理解礼貌、文明行为的概念和内涵以及不同文化对文明社会的期待。

第二，能力目标。

• 能使用英语表达东西方礼貌和生活方式的基本概念、术语以及个人观点。

• 能使用恰当策略和语言表达应对尴尬场合和社交困境。

• 能使用劝说类演讲结构组织语言进行表达。

第三，素质目标。

• 培育和塑造学生正面积极的人生观，促使学生成为文明有礼的公民。

• 正确认识文化差异，开阔学生的国际视野，培养跨文化沟通意识。

（3）教学方法。

第一，本次课采用任务型教学，鼓励合作学习。

第二，运用 U 校园和学习通慕课平台的数字资源，实施翻转课堂教学。

（4）教学环节。

第一，课前环节。强化语言输入、知识拓展和表达能力。

• 学生通过U校园完成视听说课程第一单元的视频、听力训练，掌握礼貌、礼节、不文明行为、肢体语言、健康生活方式等相关的词语和表达方式，掌握劝说类演讲的组织结构和常用语言表达。

• 学生完成教师在学习通慕课平台布置的拓展学习任务，了解中国的不文明行为及管控措施，了解不同文化对礼貌的理解差异并掌握有关词汇。

——北京将建“不文明游客”黑名单；“上榜”游客或被禁入公园

（Parks in Beijing want to blacklist “uncivilized” visitors）；A blacklist would block “loutish travelers” from visiting the city’s parks.

——北京地铁内逃票、进食、霸座等行为将被禁止；

（Uncivil behaviors will be prohibited, such as fare dodging, eating or drinking, one person occupying multiple seats and etc.）

——“北京比基尼”引外媒围观！“膀爷”出动，小心被罚；

（“Beijing Bikini” attracts foreign media! “bangye” or “topless guys” would be fined.）

——白领必修课：各国餐桌礼仪大盘点。

（A must for white collar: dining etiquette in various countries.）

• 学生在学习通慕课平台书面参与讨论下列问题，鼓励学生相互评论留言。

Q1：What kind of behavior in public places gets on your nerves?

Q2：What good or bad manners did you experience recently?

Q3：What do you usually do when you see someone behave inappropriately in public places?

Q4：How do you comment on the saying “Early to bed, and early to rise, makes a man healthy, wealthy and wise”?

Q5：Is there any body language which would be important for a visitor to your country to know?

• 教师评阅。教师查阅学生的留言，给学生点赞鼓励，并对精彩的留言予以积分奖励，以达到激发学生学习兴趣，为口语课输出作准备的目的。

第二，课上环节（90 分钟）。

- 检查课前学习效果（15 分钟）。

要求学生口头回答课前在学习通发布的如下讨论题，教师适当作总结和点评。

Q1：What kind of behavior in public places gets on your nerves?

Q2：What good or bad manners did you experience recently?

Q3：What do you usually do when you see someone behave inappropriately in public places?

- 小组讨论（20 分钟）：夯实语言应用。

学生就下列话题进行讨论，教师应注意引导学生使用正确的语言形式。

Q1：How do you comment on the saying "Early to bed, and early to rise, makes a man healthy, wealthy and wise"? Talk about why you like being a morning person or an evening person.

Q2：What advice would you give to people in order for them to get a good night's sleep?

Q3：Is there any body language which would be important for a visitor to your country to know?

Q4：Since there are so many different forms of greeting in the world, how do you make sure you do it properly with different people?

- 演讲（To make a speech on the topic：Don't stay up late）（35 分钟）。

小组内演讲，评出最佳演讲者；再由每组的最佳演讲者在全班展示，引导学生熟悉并掌握劝说类讲话的技巧和结构。

- 文化拓展（20 分钟）。

分享以下关于礼仪礼貌的中外名人名言，引导学生分析中西文化不同，培育、塑造学生正面积极的道德规范和人生观。

例 1：

不学礼，无以立。

——孔子

If you don't learn etiquette/understand the rites, you can't take your stand. /

Manners make the man.

例 2：

人有礼则安，无礼则危。

——《礼记》

If people are polite, they will be safe, and if they are rude, they will be in danger.

例 3：

凡人之所以贵于禽兽者，以有礼也。

——《晏子春秋》

The reason why mortals are more valuable than animals is to be polite.

例 4：

良好的礼貌是由微小的牺牲组成的。

——爱默生

Good manners consist of small sacrifices.

例 5：

礼貌是人类共处的金钥匙。

——松苏内吉

Politeness is the golden key to human coexistence.

例 6：

礼貌使有礼貌的人喜悦，也使那些受人以礼貌相待的人们喜悦。

——孟德斯鸠

Politeness delights those who are polite and those who are treated politely.

第三，课后环节。增进小组合作，综合提高语言水平和知识素养，强化口语表达能力。

任务要求：以小组为单位，制作一个面向来华外国人的小视频，介绍公共场合需要注意的礼节，以及肢体语言的禁忌等。

7.1.4.2 视听说教学设计案例 2

（1）背景知识。案例背景如表 7.20 所示。

表 7.20　背景介绍

授课教师	黄爽、韦美璇
授课对象	非英语专业本科二年级普通班学生。学生对本单元主题比较熟悉，能够进行一般性的讨论，但仍有待拓展相关词汇、知识和技巧，提高英语综合应用水平。教师应引导学生理性智慧地看待生命的不同阶段，培育健康生活态度和方式，塑造积极豁达的人生观
授课时长	90 分钟
教材	《新视野大学英语（第三版）视听说教程 4（思政智慧版）》
单元	Unit 2 Getting older，getting wiser
思政融入点	中华民族优秀传统文化
思政素材	孔子对人生各阶段使命的见解

（2）教学目标。

第一，知识目标。

- 掌握与年龄段、未来计划相关的英语词汇和表达方式。
- 掌握优缺点分析的语言表达方式。
- 了解人生各阶段的特点和使命。

第二，能力目标。

- 掌握边听边记的技巧。
- 能用英语对人生各阶段特点发表个人观点。

第三，素质目标。

- 培育和塑造学生正面积极的人生观。
- 促使学生明确目标，合理规划人生。

（3）教学方法。

第一，本次课采用任务型教学，鼓励合作学习。

第二，运用 U 校园和学习通慕课平台等数字资源，实施翻转课堂教学。

（4）教学环节。

第一，课前环节。

语言输入：学生在 U 校园完成“Sharing；Listening；Viewing”部分，在教材上做好笔记，熟悉词汇和句型，了解 Viewing 部分介绍的长寿老人的生活方式和生活智慧。

教师评阅：教师查阅学生的课前练习完成情况。

第二，课上环节（90 分钟）。

• 边听边记技巧讲练（10 分钟）。针对学生练习情况，教师对听力篇章和听记练习的要点及重点词语进行如下解释，包括根据听力篇章体裁或内容确定笔记结构，适当使用下划线、大写字母、大字号、缩格等格式工具使笔记整洁、逻辑性强等。

a. How to organize notes: certain formatting techniques can be used.

e. g. the titles of main sections may be indicated by underlining, capitalization, or a larger font, while subsection titles or detailed information can be noted down in a regular font and lower case letters.

b. Notes should be neatly and logically laid out.

c. The notes can be divided into several major parts.

e. g. the notes of a story may include: time, setting, characters, and events/actions.

e. g. the notes of a process of doing something may include: materials or tools, steps involved, and key details or actions at each step.

• 重点词语应用（15 分钟）：学生练习用如下已学的词汇和句型，模仿听力材料给自己写信（p27），并在小组内朗读信的内容。

a. Dear Future Me, I hope this letter has found its way to you.

b. I fancied Tom Squires...

c. It all seems very shallow looking back and...

d. I as my 20-year-old self have sort of grown up and matured...

• 文化拓展，培养中国文化翻译能力，实现价值引领（20 分钟）。

——教师简要介绍孔子及其学说如下。

a. Confucius: thinker, educator, statesman, philosopher

b. Founder of the Confucian school and Confucianism

c. Symbol of Chinese culture

d. Basics of Confucianism: Benevolence, Righteousness, Manners, Wisdom, Credit

——要求学生思考并分组讨论解释以下孔子关于人生阶段的论述。

子曰："吾十有五而立志于学，三十而立，四十而不惑，五十而知天命，六十而耳顺，七十而从心所欲，不逾矩。"

本环节旨在通过同伴交流，让学生更充分了解孔子对人生各阶段重要目标及使命的见解，以此为参照思考自己的人生并进行合理规划。教师有针对性地讲解这段话的大意。

——听写练习。先由教师朗读英译本，学生填空，再由教师讲解词语难点。题目如下。

The Master said, "At fifteen, I had my mind ________ on learning. At thirty, I was ________. At forty, I had no ________. At fifty, I knew the ________ of Heaven. At sixty, my ear was ________ for the reception of truth. At seventy, I could follow what my heart ________, without transgressing what was right."

参考答案如下。

The Master said, "At fifteen, I had my mind <u>bent</u> on learning. At thirty, I was <u>established</u>. At forty, I had no <u>doubts</u>. At fifty, I knew the <u>decrees</u> of Heaven. At sixty, my ear was an <u>obedient organ</u> for the reception of truth. At seventy, I could follow what my heart <u>desired</u>, without transgressing what was right."

- 综合训练（45 分钟）：训练逻辑表述能力。

以小组为单位，组织听说读写综合训练活动。要求学生阅读教材 p33 段落，讨论不同年龄段（如 5 岁、20 岁、45 岁）的幸福之处与所面对的问题。学生在代表小组发言时应尽量通过说理与事实论证个人观点，做到观点明确、表达清楚、逻辑合理。教师应引导学生认识人生不同阶段各有各的特点和不完美之处，应该采取豁达乐观的态度对待自己当下所处的人生阶段。

——边讨论边以如下格式记笔记，见表 7.21。

表 7.21　笔记格式

Ages	Good things	Bad things
5	· Care-free · Having lots of playmates at kindergarten · Having many toys to play with	· Unable to do things alone · Too young to protect oneself · Under strict control of parents & grandparents all the time

续表

Ages	Good things	Bad things
20	· Living away from home · Interesting lectures · Diverse clubs & activities	· Academic pressure · Financially dependent on parents · Lack of privacy in dorms
45	· Having a fulfilling career · Having a happy family · Financially secure	· Too busy to visit parents · Constant need to update knowledge & skills · Need to save money for children's education

——每个小组的成员分别选择不同的年龄段，在小组内汇报该年龄段的特点及理由，其他成员倾听并进行补充。见表 7.22。

表 7.22　汇报内容

Age 5	
Best thing：Care-free	Worst thing：Unable to do things alone
Reasons： · No schoolwork · Parents decide everything · Loving parents	Reasons： · Not allowed to go out alone · Parents decide everything · Not old enough to explore the world on one' own
Age 20	
Best thing：Diverse clubs & activities	Worst thing：Lack of privacy in dorms
Reasons： · Make friends · Develop new interests and hobbies，which may be helpful for future career	Reasons： · Limited dorm space · Limited space for personal activities
Age 45	
Best thing：Financially secure	Worst thing：Too busy to visit parents
Reasons： · Own a house · Maintain a comfortable life · Well-established in career and family	Reasons： · Busy with job responsibilities · Take care of our own family

——训练口语技能（Asking for clarification），教师提供可用的语言范式供学生参考使用，如下所示。

Asking for clarification is an important speaking skill which gives you a chance to correctly understand the other party in a conversation. To clarify something, we can offer back the messages as how we understand them. Here are some expressions we can use.

· If I understand you correctly, you mean... · Do you mean (that)... · Does this mean (that) ... · Would it be correct to say that... · Can I conclude from this that...	· May I assume that... ? · Am I right in assuming that... ? · Let's see if I understand/understood you correctly... · When you say …, do you mean... ?

Another approach to asking for clarification is to asking the speaker to repeat, rephrase or summarize what he/she has been said. Some useful expressions are as following.

· Could you repeat that again, please? · Could you tell me what it means, please? · Can/Could you explain what... is? · Could you say that again? · Would you mind repeating that?	· I didn't follow that. Could you clarify... for me? · What exactly do you mean by... ? · Again, please. · Say it again.

第三，课后作业。布置基于生活的口语任务，夯实表达能力。

任务要求：学生结对子进行口语技能训练，结合下列生活场景进行对话（p32），下次课抽查完成情况。

Situation A: Is 13 too young to wear make-up? (Student A is parent of a 13-year-old girl. Student B is the presenter of a radio phone-in).

Situation B: Is 50 too old to start college? (Student A and Student B are watching a TV report telling a story of a man who will start college at 50).

Situation C: Is 16 old enough to travel without parents? (Student A is the husband/wife of Student B. You are talking about your 16-year-old daughter who wants to have a week-long trip with some friends).

7.1.4.3 视听说教学设计案例 3

（1）背景介绍。案例背景如表 7.23 所示。

表 7.23 背景介绍

授课教师	李军伟
授课对象	非英语专业本科二年级普通班学生。学生对本单元主题感到比较熟悉亲切，大多数学生乐于分享自己的旅游经历，但对有关旅游业词汇的积累有待加强，同时要掌握合理表达自己观点的方法
授课时长	90 分钟
教材	《新视野大学英语（第三版）视听说教程 4（思政智慧版）》
单元	Unit 3 Discovering your niche holiday
思政融入点	爱国情怀、积极生活观、健康生活方式
思政素材	《改革再难也要向前推进》（*Push Ahead with Reform Despite More Difficulties*）（2014 年 2 月 7 日，国家主席习近平在接受俄罗斯电视台专访时答问节选）；*Lifestyles of the Young*（中华人民共和国驻尼泊尔大使馆网页专栏文章）等

（2）教学目标。

第一，知识目标。

- 掌握有关假期休闲活动以及旅行的英语词汇和表达方式。
- 掌握对特定话题进行探讨并分享个人观点的思辨技能和语言表达技巧。

第二，能力目标。

- 用英语准确流利地描述自己在假期最喜好的休闲活动。
- 用英语准确流利地描述流程和过程。
- 在听力过程中进行高效的笔记记录和整理。

第三，素质目标。

- 培养学生的爱国情怀。
- 培育和塑造学生正确的生活观。
- 理解健康的生活方式对个人和社会的意义。

（3）教学方法。

第一，本次课采用任务型教学，鼓励合作学习。

第二，运用 U 校园和学习通慕课平台等数字资源，实施翻转课堂教学。

（4）教学环节。

第一，课前环节。鼓励培养思辨能力，训练口头语言产出。

小组活动：课前教师在学习通慕课平台布置题目，每个小组应根据如下题目要求，完成时长在2分钟以内的视频作业并通过学习通平台提交。

Read the statements. Which one do you think you agree with the most? Why? And what is wrong with the other statements?

a. Leisure only means a chance to do other jobs that demand attention.

b. Extra-curricular activities are essential for a well-rounded education.

c. Technology has created less free time rather than more.

d. Homework reduces the amount of time for students to do other activities.

第二，课上环节（90分钟）。

- 对课前作业进行检查点评（10分钟）。

教师对视频内容、质量、创意等方面进行综合评价并总结：休闲活动和假期带来的益处不仅仅是对个人而言的，对社会也有着重要意义。从而为接下来的听力和口语技巧作铺垫。

- 听力技能专项训练（20分钟）。

完成课本 *Listening to the world* 中的 Sharing 部分。在此过程中，提醒学生关注谈及具体度假方式时所用到的句型结构和词汇，从而为下一步口语输出作准备。

完成课本中 *Listening to the world* 中的 listening 部分，掌握在听力过程中记录和整理笔记的技巧。教师通过学生的复述来检查笔记完成情况。

- 口语技能专项训练（25分钟）。

——先听对话并完成 p50 的填空练习，了解本单元口语表达要求。

——补充描述与流程和程序相关的表达方式。

——角色扮演：Guess the game show/sport（现场准备并完成4组学生展示，且即时完成学生评价和教师点评）。

- 主题升华，组织讨论（35分钟）。

播放 BBC 新闻“*Do we need more holidays?*”（https：//www. bilibili. com/video/av720568872），结合教材 p44 中第五题的短视频，请同学们按小组完成总结，其内容包括：如何在日常生活中找到合适的结合点，使个人和社会都可以同时享受假期和休闲活动带来的益处，从而形成良好的生活方式。小组选派代表将讨论结果分享给大家。

第三，课后环节。激励语言运用，实施价值引领。

任务要求：

• 完成下面两段材料的阅读，掌握大意和关键表达方式。

• 小组活动，完成一个调查：同学们的休闲活动有哪些？不同年龄段的选择有哪些不同？这些不同的选择有什么含义？

• 调查结果分享。

阅读材料 a（*Push Ahead with Reform Despite More Difficulties*）：以下是国家主席习近平接受俄罗斯电视台专访（exclusive interview）的节选。

谈到爱好，我个人爱好阅读、看电影、旅游、散步。你知道，承担我这样的工作，基本上没有自己的时间。今年春节期间，中国有一首歌，叫《时间都去哪儿了》。对我来说，问题在于我个人的时间都去哪儿了？当然是都被工作占去了。现在，我经常能做到的是读书，读书已成了我的一种生活方式。读书可以让人保持思想活力，让人得到智慧启发，让人滋养浩然之气。比如，我读过很多俄罗斯作家的作品，如克雷洛夫、普希金、果戈里、莱蒙托夫、屠格涅夫、陀思妥耶夫斯基、涅克拉索夫、车尔尼雪夫斯基、托尔斯泰、契诃夫、肖洛霍夫，他们书中许多精彩章节和情节我都记得很清楚。

Speaking of hobbies, I like reading, watching movies, traveling and strolling. As you know, I almost have no private time in the position I am in. A song titled, "Where Did the Time Go" became popular in China during this Spring Festival. For me, the question is where my private time goes. I spend all of it on my work. Now, the only thing I have managed to keep as a hobby is reading, which has become my way of life. Reading invigorates my mind, gives me inspiration and cultivates my moral force. I have read many works by Russian writers, including Ivan Krylov, Alexander Pushkin, Nikolai Gogol, Mikhail Lermontov, Ivan Turgenev, Fyodor Dostoyevsky, Nikolay Nekrasov, Nikolay Chernyshevsky, Leo Tolstoy, Anton Chekhov and Mikhail Sholokhov. I remember clearly many of their excellent chapters and stories.

说到体育活动，我喜欢游泳、爬山等运动，游泳我四五岁就学会了。我还喜欢足球、排球、篮球、网球、武术等运动。冰雪项目中，我爱看冰球、速滑、花样滑冰、雪地技巧。特别是冰球，这项运动不仅需要个人力量和技巧，也需要团队配合和协作，是很好的运动。

Speaking of sports，I like swimming and mountaineering. I learned to swim at the age of four or five. I also like football，volleyball，basketball，tennis and martial arts. Among snow and ice sports，I like to watch ice hockey，speed skating，figure skating and free-style skiing. Ice hockey is my favorite. It requires not only individual strength and skill but also teamwork and collaboration. It is indeed a good sport.

阅读材料 b（2003：*Lifestyles of the Young*）：材料链接如下。

https：//www. fmprc. gov. cn/ce/cenp/eng/feature/t167291. htm.

7.1.4.4 视听说教学设计案例 4

（1）背景介绍。案例背景如表 7.24 所示。

表 7.24 背景介绍

授课教师	张雪丹
授课对象	非英语专业本科二年级普通班学生。学生对幸福和金钱的关系有着自己的理解，但表达观点的逻辑性有待加强。学生掌握了一些基本词汇，需要在句型方面加强指导
授课时长	90 分钟
教材	《新视野大学英语（第三版）视听说教程 4（思政智慧版）》
单元	Unit 4 Solving problems & seeking happiness
思政融入点	社会主义核心价值观（友善）；道德修养（直面困境、幸福感、金钱观）
思政素材	纪录片（*The Me You Can't See*）、视频（*What Makes You Happy?*）

（2）教学目标。

第一，知识目标。

- 掌握与解决问题、寻求与幸福相关的英语词汇和表达方式。
- 掌握表达身处困境时所用的英语词汇和句型结构。
- 掌握日常生活中的基本交际技巧。

第二，能力目标。

- 能听懂有关幸福、金钱等话题的英语篇章，并能复述或概述大意。
- 能就幸福、金钱等话题正确表达个人观点。

第三，素质目标。

- 引导学生树立对幸福和金钱的正确看法。

- 培养学生分析、解决问题的能力。
- 培养学生直面困难的勇气。

（3）教学方法。

第一，本次课采用任务型教学，鼓励合作学习。

第二，运用学习通慕课平台、腾讯会议等信息化手段，实施翻转课堂教学。

（4）教学环节。

第一，课前环节。组织主题讨论，激励语言输出。教师在学习通慕课平台布置讨论如下题目。

Q1：What's bothering you now?

Q2：Is there anything you can do to solve that problem?

要求学生在听说课前给出个人见解，同时鼓励学生相互评论留言。教师查阅学生的留言，给学生点赞鼓励，并对精彩的留言予以积分奖励。

第二，课上环节（90 分钟）。

- 检查点评课前学习效果，实现价值引领（10 分钟）。

教师对学生在讨论区的回帖、评论、留言进行综合评价并总结：直面生活的种种困境，在探寻真相中成长，自我救赎，这是人生重要的功课；对他人友善、对他人疾苦感同身受并伸出援手，体现人性的光辉。

- 分享活动（25 分钟）。

——语言知识建构：先完成课本中相应的听力填空和对错判断练习，在此过程中，教师提醒学生关注谈论困境时所使用的有关句型结构、讲述办法及表示个人态度的用语，为下一步的口语输出作准备。

——培养语言表述能力，并实施价值引领，树立正确的幸福观、金钱观。请学生围绕话题“Does more money really make you happier?”进行讨论，培养口头表述能力。

教师点评如下。

Evidence shows that, on average, wealthier people are happier. But making lots of money will not inevitably boost your happiness. How you spend, save, and think about money shapes how much joy you get from it.

- 听力技能专项训练（15 分钟）。

播放一段题为"*What Makes You Happy?*"的街头采访，学生听后完成复述练习，加强复述和概述能力。选取学生进行简短发言，讨论对幸福的看法（What is happiness, anyway?），以及幸福的构成要素（What makes me really happy?），从而进一步培养学生正确的三观。

- 口语专项训练（20 分钟）。

——学生观看短视频（*How to Remember Names and Faces*），完成简要复述大意的练习。

——语言运用：本环节旨在通过设置与学生生活紧密相关的话题"如何避免社交中忘记人名的尴尬"，使学生愿意使用英语进行讨论，并在解决问题过程中进一步深入思考：日常生活中的很多"社死"并非不可避免，解决问题需要智慧、情商和细致入微的思考。

- 观看视频，进行讨论（20 分钟）。

本环节主要培养学生复述和概述关键信息的能力。先观看纪录片（*The Me You Can't See*）片段，训练学生边听边做笔记。接下来以小组为单位进行讨论，引导学生更深入地思考人的内心困境与挣扎，并寻找治愈的方法以提升幸福感，从而培养学生直面困境的勇气。

第三，课后环节。强化合作学习和口语表达。

任务要求：组织 5 ~7 人的分享会（主题：Happiness Depends on Ourselves），要求学生就生活的幸福程度发言（"Taking all things together, how happy would you say you are?" on a scale from 0 - 10, with 0 = not at all and 10 = extremely）。组员轮流发言，或谈谈近期感受与困惑，或分享"What is the happiest thing that has happened to you recently?"此作业需要以音频形式通过学习通平台提交。

7.1.4.5 视听说教学设计案例 5

（1）背景介绍。案例背景如表 7.25 所示。

表 7.25 背景介绍

授课教师	贾颖
授课对象	非英语专业本科二年级普通班学生。本单元讨论了艺术对人们眼界和生活的影响，如何辩证地看待形形色色的艺术和城市生活是本课讨论的重点，当然这个话题比较抽象，学生理解起来有一定的难度

续表

授课时长	90 分钟
教材	《新视野大学英语（第三版）视听说教程 4（思政智慧版）》
单元	Unit 5 Art expands horizons
思政融入点	中国民族优秀传统文化（传统艺术）、文化自信
思政素材	《你好，中国》（*Hello China*）；京剧（Peking opera）

（2）教学目标。

第一，知识目标。

- 掌握与艺术相关的常见英语词汇和表达方式。
- 了解中国传统艺术中有关学习的理念。
- 掌握介绍中国京剧的主要英文表达方式。

第二，能力目标。

- 能用英语对各类型艺术的优缺点发表个人观点。
- 能用英语合理提出诉求，并应对他人抱怨。
- 能够使用英语简单介绍一种中国传统艺术形式。

第三，素质目标。

- 加强学生的艺术修养。
- 树立文化自信。

（3）教学方法。

第一，本次课采用任务型教学，鼓励合作学习。

第二，运用学习通慕课平台、腾讯会议等信息化手段，实施翻转课堂教学。

（4）教学环节。

第一，课前环节。教师向学生展示一组中国优秀艺术作品的图片，要求学生课前就这些图片进行描述，并结合个人具体情况谈谈自己在平时接触这些艺术形式的概率及原因。

第二，课上环节（90 分钟）。

- 结合课前任务组织个人展示活动，检验课前学习效果（10 分钟）。

教师邀请 3 位学生就中国优秀艺术作品作英文展示，每人 3 分钟；之后教师就展示内容和效果进行总结：提示学生在做个人展示时应采取的方法，并启发大家欣赏中国优秀艺术作品的魅力。

- 分享活动（20 分钟）。

——先完成课本中的听力填空和对错判断练习，在此过程中，教师提醒学生掌握当谈论具体艺术形式和作品时所使用的句型结构，以及表示个人喜好的用词，为下一步的口语输出作准备。

——请学生围绕以下话题进行讨论，在培养学生口头表述能力的同时，引导他们合理表达自己的观点及喜好。

Q1：Which activity would you like to try most in the next few months? Why?

Q2：Do you think the arts are important? Why?

- 听力专项技能训练（20 分钟）。

——针对学生练习情况，教师对听力篇章和听记练习的要点及重点词语进行解释，包括根据听力篇章体裁或内容确定笔记结构，适当使用下划线、大写字母、大字号、缩格等格式工具，使笔记整洁、逻辑性强。

——引导学生掌握重点词语（exhibition，messy，artistic，unique，acceptable，convey，creation，misleading）。

- 口头表达能力专项训练（20 分钟）。

——重点讨论赞成和不赞成的表达方式。

——完成课本中的选择题、判断题，以进一步培养在讨论中表明自己观点和立场的能力，归纳总结人们对“涂鸦”艺术的不同态度。

——在完成充分的语言输入之后，由 2 人一组进行角色扮演（role-play），完成口语练习（giving a tour）。同时提醒学生注意对话中要包含指路、具体建筑物的介绍以及个人观点。

- 观看视频，进行讨论（20 分钟）。

——观看视频 *Hello China* 系列之 13：京剧（*Peking Opera*），通过复述和概述活动，使学生掌握介绍中国京剧的主要表达方式。视频文本节选如下。

Jingju，or Peking Opera，is an ancient performance art with a history of 200 years. Jingju has four kinds of roles according to different identities and personalities. The lyrics of jingju are performed with swinging or rhythmic speaking，accompanied by dozens of musical instruments. Now jingju still enchants many Chinese people and foreigners with its unique charm.

——价值引领：教师引导学生认识这一点：学习英语时，除了习得英语的综合应用能力之外，更重要的是获得对外交流的能力，并以此向世界介绍中国的优秀传统文化和艺术。此外，向学生提供介绍中国各类传统文化艺术的英文网址，使大家拓展传统艺术的英语表达方式，提高对外传播中国文化的能力。

第三，课后环节：深化主题思考，夯实语言应用。

以结对子的形式就“What is art for?”这个话题进行对话练习，并在下节课抽查。该练习旨在帮助学生通过本单元学习，理解艺术作为一种形式所起到的沟通作用；好的艺术作品能打破国度、肤色、人种的界限，应当积极推动中国优秀艺术作品走出去，建立与世界文化艺术相沟通的桥梁。

7.1.4.6　视听说教学设计案例 6

（1）背景介绍。案例背景如表 7.26 所示。

表 7.26　背景介绍

授课教师	苏伟丽
授课对象	非英语专业大学本科二年级普通班学生。通过分析学习通慕课平台所发布讨论题目的回复情况可知，许多同学对此单元的主题比较有兴趣，对媒体传播也有自己的看法，但对媒体传播的内涵和意义仍有待深入了解，教师应着重培养学生的媒体意识
授课时长	90 分钟
教材	《新视野大学英语（第三版）视听说教程 4（思政智慧版）》
单元	Unit 6 Mass media：24/7 coverage
思政融入点	治国理政（媒体融合发展理念）、媒体意识
思政素材	习近平总书记在党的新闻舆论工作座谈会上发表的重要讲话

（2）教学目标。

第一，知识目标。

- 掌握本单元媒体传播的相关英语词汇和表达方式。
- 了解媒体传播的问题所在，理解媒体传播的内涵和意义。
- 了解如何在英语表达中加强语气。
- 了解听力材料中的跟随叙述。

第二，能力目标。

- 能用英语谈论不同形式的新闻媒体。
- 能用英语谈论自己喜欢的电视节目。

第三，素质目标。

- 培育学生的媒体意识。

（3）教学方法。

第一，本次课采用任务型教学，鼓励合作学习。

第二，运用学习通慕课平台、腾讯会议等信息化手段，实施翻转课堂教学。

（4）教学环节。

第一，课前环节：主题讨论，合作学习。

教师在学习通慕课平台布置讨论题目，包括：媒体传播有哪些形式？什么是媒体传播？媒体融合发展的关键是什么？由学生准备并在课上分组做汇报。

第二，课上环节（90分钟）

- 对课前作业进行检查点评（15分钟）

抽查小组课前学习效果，教师对 presentation 的内容、质量、创意等方面进行综合评价。

教师引用习近平总书记讲话进行总结。

推动媒体融合发展，做大做强主流舆论，巩固全党全国人民团结奋斗的共同思想基础，为实现“两个一百年”奋斗目标、实现中华民族伟大复兴的中国梦提供强大精神力量和舆论支持。

——2019年1月25日，习近平在中共中央政治局第十二次集体学习时的重要讲话

Efforts should be made to boost integrated media development and amplify mainstream tone in public communication so as to consolidate the common theoretical foundation for all Party members and all the people to unite and work hard. The move will provide strong spiritual strength and public support for the realization of the Two Centenary Goals and the Chinese Dream of national rejuvenation.

- 分享活动（25分钟）

——听力训练。先完成课本上相应的听力填空和对错判断练习，在此过程

中，提醒学生关注谈及媒体形式时所使用的词汇和句型结构，为下一步的口语输出作准备。

——讨论。请学生围绕给定话题进行讨论，锻炼口头表述能力：How do you usually get your news? How has the Internet changed our relationship with the news? And in your opinion, does the media use its power responsibly?

教师可以习近平总书记对媒体宣传工作的要求作总结。

当前，世界百年未有之大变局和新冠肺炎疫情全球大流行相互交织、彼此影响，国际格局演变深刻复杂。如何正确回答时代课题，广泛凝聚世界共识，媒体肩负着重要社会责任。

——2021年11月22日，习近平致第四届世界媒体峰会的贺信

The world at present is under the intertwined impact of once-in-a-century global changes and unprecedented pandemic, and the international landscape is undergoing profound and complex evolution. Media bears important social responsibilities in seeking correct answers to the major questions of our times and building wide consensus around the world.

• 听力技能专项训练（15分钟）。

——通过讲解“Listening skills（Following a narrative）”，了解故事讲述人遵循的如下三个步骤。

When a person tells a story, he/she often follows the three steps to show its development:

a. Orientation: This part alerts the listener to what is to follow, usually by introducing the main character or characters in a setting of time and place.

b. Complication: In this stage a sequence of events, which may begin in a usual pattern, is disrupted or changed in some way so that the pattern of events becomes a problem for one or more of the characters.

c. Resolution: The problem or the complication is resolved or attempted to be resolved.

——完成课本中的排序练习和填空练习，以进一步加深学生对新闻故事的结构的认识。

——观看一段新闻报道，让学生记下新闻中提到的主要信息以及主要表达

方式，然后分组讲述新闻故事，从中训练复述和概述能力。

- 口头表达技能专项训练（20 分钟）。

——听对话，完成连线和划线练习。

——技能介绍：引导学生注意在讲话中加强语气的四种表达类型和结构。

——在完成充分的语言输入之后，由学生 2 人一组互相配合，围绕以下场景进行口语操练.

Situation A：Talking about something impressive in recent news（Student A tells Student B something impressive in recent news. Student B gives comments）.

Situation B：Being upset about a low exam score（Student A feels upset about a low exam score. Student B is tries to comfort Student A）.

Situation C：Recommending an interesting campus activity（Student A invites Student B to join a campus activity. Student B promises to try it next semester）.

- 口头表达练习（15 分钟）。

学生 4 人一组，分享自己喜欢的电视节目，然后每组选择一位代表向全班同学介绍一款电视节目，并解释理由。

第三，课后环节。夯实课堂所学，传播正能量。

任务要求：利用课上所学的新闻故事结构，将一则对你有积极影响的新闻故事用英语讲述出来，并将音频上传至学习通平台。

7.2 大学英语视听说课程思政教学效果分析

在这一部分，笔者以大学英语视听说课教师的课堂教学为研究对象，按照第 5 章提出的教学观测框架，对课堂教学效果进行了评析和反思。

7.2.1 研究问题和研究方法

如第 5 章所述，对课程思政教学效果的评价可从教师和学生两个主体出发，采用文献分析、课堂观察和问卷调查等多种研究方法。本书主要回答了以下三个研究问题。

第一，教师在大学英语视听说课上如何融合课程思政？

第二，教师在实施英语视听说课程思政时有哪些收获、困惑和困难？

第三，学生在教师实施英语视听说课程思政教学中主要有哪些收获？

对于第一个问题，主要采取调阅教案、观察课堂教学实施过程来回答。对于第二个问题，主要通过教师反思总结、教师访谈等方式获取答案。教师在实施教学设计后，对教学设计的得失会有明确的体会，这将有助于其改进后续的教学，并可为其他教师提供参考。第三个问题，主要是从学生视角来看教师课程设计和课程实施的效果，与教师的感受相互印证，以发现教师期待和学生感受之间的不同，使教师后续教学调整和改革更有针对性。

7.2.2 研究对象和研究过程

笔者选取北京某普通公立高等院校的大学英语视听说课教学课堂为研究对象，属于方便样本。该校大学英语教研部以《大学英语教学指南》为依据实施分级分类教学。分级教学是指将大学一年级至二年级的课程分为 A、B 两级教学，其中 A 级实施学术英语教学，学生数占总体人数的 1/3；B 级实施通用英语教学，学生数为总体人数的 2/3。分类教学是指将大学英语课程分为读写课和听说课两类，前者侧重学生读写能力的培养，后者侧重听说能力的培养。本研究以 B 级学生的视听说教学课堂为观察样本。

笔者选取大学英语教研部一名骨干教师作为研究对象（下称“B 教师”），该教师具有硕士研究生学历，教学效果较好，在学评教中排名居前 50%，并且积极参加教学研究，曾参与多项校级教改立项。

笔者查阅了 B 教师的教案，并在其授课班级听课 90 分钟。听课过程中依据观察量表做笔记。课后，笔者对学生进行了问卷调查，并对该教师实施了结构式访谈，以深入了解其对课程思政的教学反思。

7.2.3 研究结果

7.2.3.1 课程思政教学设计与实施

第一，笔者针对教师在大学英语教学中是否融入课程思政，如何融入思政元素的问题，查看了 B 教师的教案。按照表 5.1 的指标，笔者从教学目标和教学内容的安排这两个方面，对 B 的教学设计进行了评价。

本次课听课章节为新视野大学英语视听说教程第四册第三单元（*Discovering your niche holiday*）。B 教师将本次课的教学目标表述为：

a. Talk about leisure time

b. Identify the meaning of a new word or term in listening

c. Describe procedures

d. Talk about leisure activities and their meaningfulness

e. Make a persuasive speech organized in the motivated sequence

从字面上看，B 教师没有明确表述思政育人目标，对其他教学目标的表述也没有区分知识、能力和素养，而更像是教学任务的安排，因此笔者无法判断其教学目标的高阶性和思政育人目标的融入度。

从教学内容的安排来看，本次课主要包括三个模块，每个模块下又分为 3 ~4 个活动单元（见表 7.27）。

表 7.27　视听说课教学内容安排

modules	tasks
Opening up	Statements (leisure and extracurricular activities) to elicit opinions
Listening to the world	Watch a podcast for its general idea
	Watch the video and get the details
	Work in pairs and discuss the questions
Speaking for communication	Speaking skills
	Role-play the situation
	Group discussion (read and discuss)
	Presentation and presentation skills

如表 7.27 所示，本次教学内容主要包括听力理解和口头交际两大部分，两部分技能之间相互交织。整体教学安排体现了从语言技能的阐述到引导学生应用技能的逻辑顺序，引导学生从模仿、复述、概述、评述他人观点到表述个人观点，体现了对学生能力由低到高循序渐进的培育过程。但就思政教育内容来说，其所占比例略小。该教师只在听和说的讨论环节涉及个人休闲方式与家庭、社会关系等教育内容，其他环节的内容均以教材内容为主，反复进行听说技能的训练。在本次教学设计中，以课本中的视听说材料为主，没有添加课外素材，也没有将最新的政策精神或时事要闻结合进来。对于普通班的学生来说，教学内容的整体安排较为充实，内容的循序渐进也符合学生的语言能力和认知水平。

针对课堂教学方法的有效性，笔者对 B 教师的视听说课堂进行了观察，主要从教学表述、教学手段、课堂管理、反馈评价等几个方面进行观察。从教学表述来看，B 教师讲课投入，精神饱满，语音清晰，能清楚地表述教学内容。教师对学生非常熟悉，提问时语调平缓，没有压迫感。从教学手段来看，教师能够充分利用腾讯会议、学习通 App 和 U 校园等平台和工具实施教学，对现代信息化手段的利用较为充分。听课期间正值线上教学，部分学生的 U 校园课程没有激活，教师授课期间利用了泛雅慕课平台组织群码签到和口语练习，通过腾讯会议共享 U 校园进行课程学习、互动等活动。

对于课堂管理，笔者主要从设问、互动、教学策略等方面进行了观察。教师先针对听力材料进行了提问，主要是要求学生复述、概述听力理解内容的大意和细节，同时没有仅仅停留在这些 WH 问题上，而是设置了一些开放性问题，以引导学生结合现实生活进行思考。本单元主要讨论的是休闲娱乐和假期等几个方面，因此课程中教师要求学生就以下主要问题发表个人的观点。由于普通班学生的英语口语表达能力相对比较弱，这些开放性问题对他们具有一定的挑战性。

Q1：How would you spend your free time differently if you had more time, money or opportunities?

Q2：What are the meanings and benefits of the leisure activities and hobbies?

Q3：What are the benefits to the society of giving more downtime or more holidays?

第二，在课堂活动组织方面，笔者主要观察了教师围绕思政案例组织课堂活动的情况和互动的方式、频率和有效性。本次课上教师一直在邀请学生参与回答问题，发表自己的看法，对不主动参与活动的学生则利用学习通选人功能进行邀请。从这位教师的课堂组织过程可以看出，她在努力实现以教师为主导，学生为主体的课堂教学。本次课以听力能力训练和口语能力训练为切入点，其中 Listening to the world 部分是边看视频边记笔记，了解 leisure activities 的表达方式，比如 music，playing football，playing golf，traveling 等。同时让学生分享自己度过业余时间的方式。关于“What are the benefits to the society of giving more downtime or more holidays?”这个问题，教材中已经有一些提示，比如“learn more about themselves，become more educated，travel more，more creative，less stressed，more time with friends or families，develop new interests"。教师让学生在自己的笔记基础上组织自己的语言，表达自己的观点，同时在学习通主题讨论上呈现，这样可以鼓励所有学生思考，而不是局限于几个同学的分享，从而尽可能在网络环境下实现学生之间的互相学习。关于思想政治教育，教师在引导学生讨论三个开放性问题时，强调了个体选择与家庭幸福、社会福祉的息息相关，例如她讲到：

When people have more time，they would do more exercises and they would be healthier. For the society，it would improve the well-being of the society. When people could travel more，it would enrich their experience and broaden their horizons. Also it would promote the tourism and increase the revenue on it. When people read more，it would help the cultural industry. So think about the question：When people develop their interests in art，movie or theatre，what would be the benefits for our society?

第三，教学策略方面，笔者认为该教师能够根据学情进行及时调整。由于部分学生未带教材，加之注册 U 校园有一定困难，教师就在腾讯会议中共享了课程的部分内容。此部分应该在课前由学生自主完成，课上则由学生对课程视频进行观后感分享。在观看视频的过程中，教师注意引导学生关注关键词，并提示了一些固定的表达方式。当学生紧张，答不上问题时，教师能简化问题，并进行提示和引导。

第四，教师对学生的汇报、发言等表现进行了较为恰当的评价和反馈，例如对学生的口语发言进行引导，即时进行评价和反馈。因为是线上授课，所播放的音频音质可能效果不佳，不少同学对关键词的识别也因此受到一定的影响，所以教师会在学生回答之后再加以强调。对于学习通的主题讨论回复，教师会随时进行点评，当有学生的回答不切题，或者出现语言结构等问题时，可以很快得到反馈。但该教师没有组织学生对同伴的课堂汇报、发言等表现进行互相评价。

7.2.3.2 教师视角

听课结束后，研究者请 B 教师进行书面的教学反思，主要围绕以下问题：教师如何看待课程思政？教师认为如何融入思政比较好？这节课是否达到了预定目标？实施课程思政的难点、困难有哪些？笔者希望通过教师反思来观测本次课的育人目标是否实现，也从中了解教师的困惑和困难。

就课程思政的理念，B 教师认为“课程思政是在整个教学过程中进行思想意识、价值观、世界观的引领，围绕育人目标组织各个环节的教学活动，让学生可以主动地去理解和践行这些优秀的素质和价值观，而不是被动地去接受”。显然，在她看来，价值观、世界观是英语课程思政的核心，在听说课上，教师要让学生理解这方面的内容，并转化为自己的行动。在这一反思中，B 教师并没有就价值观和世界观作进一步的界定。

在英语课程思政的实施方面，B 教师认为“最好的课程思政应该是分析教材、分析学生，挖掘教材内容，在不刻意的状态下把思政融入课程教学”。由此看来，她对隐性课程思政教育的理念非常认同。

对于本次课程的实施，B 教师认为“本节课基本达到预期的目标，对学生的听力和口语能力进行了一定的训练”。看来她更多关注的是语言能力教学目标的实现。至于实施课程思政的困惑和难点，她提到“因为教材问题，口语展示的时间被压缩，课外补充和拓展材料没有太涉及。课程思政最大的难点是如何融入，而不是为了思政而思政。主要困难是班级容量较大，没法让每位学生都有展示的机会，另外，课程教学计划中重难点的选择、课程内容和拓展内容的比例、活动安排等也是挑战”。在这段话中，教师提到的难点可以分为三类：一是思政的自然融入问题，二是时间控制问题，三是内容的合理安排问题。从课堂观察可以看到，教师组织的听说互动主要发生在师生之间，在班级人数达到 30 人以上时，不可能给每个人课上发言的机会。听说能力的提高，则可能需要更多考虑在课外安排听说训练活动，实施翻转课堂教学。此外通过课堂观察可见，教师在课上的思政融入仅出现在主题讨论的时候，约十分钟，从内容到组织形式上还有比较大的提升空间。这与教师反思中提到的困惑相互印证，即如何在听说课上设置合理的思政内容并使之自然融入课程之中，而这应该是其接下来着重解决的问题。

7.2.3.3 学生视角

针对第三个研究问题“学生在教师实施英语视听说课程思政教学中主要有哪些收获?”研究者设计了调查问卷，并在听课结束后在学生微信群中发放，以获取学生对课程的反馈。其中，笔者针对满意度设计了 11 个题项，采用从“很不满意”到“很满意”五级制；针对获得感，笔者按照第 5 章提到的思想政治教育内容设计了 16 个题项，采用从“很认同”到“很不认同”五级制，请学生根据自己的感受作答。收集有效问卷 30 份，占本班学生总数的 100%。笔者对问卷结果进行了百分比分析，将很满意和满意的百分比相加，计算满意度（见表 7.28），将很认同和认同的百分比相加（见表 7.29），以查看学生在课上的收获。

表 7.28　学生对视听说课授课环节的满意度

题项	满意率（%）
教师授课有亲和力和感染力	100.00
教师对授课内容的广度和深度把握恰当	93.33
教师使用的案例、故事、新闻等有吸引力	70.00
教师讲授的内容能引起我的思想共鸣	96.67
教师能有效使用图片、视频等多媒体授课	100.00
教师的课堂提问能有效启发我思考	93.33
小组合作和讨论的安排	60.00
教师对学生回答问题的反馈方式	96.67
教师观点为我指点迷津	93.33
教师和学生的互动充分、合理	96.67
同学之间的互动能碰撞思想火花	90.00

从表 7.28 可见，学生对 B 教师授课观测点的评价基本都是“满意”或“很满意”。其中评分最高的五项为“教师授课有亲和力和感染力”（100.00%）、“教师能有效使用图片、视频等多媒体授课”（100.00%）、“教师讲授的内容能引起我的思想共鸣”（96.67%）、“教师和学生的互动充分、合理”（96.67%）以及“教师对学生回答问题的反馈方式”（96.67%）。评分相对较低的两项为“小组合作和讨论的安排”（60.00%）、“教师使用的案例、故事、新闻等有吸引力”（70.00%）。从中可见，尽管学生满意率总体比较高，但他们在课堂讨论的安排、教学素材的使用上选择的是“一般”，说明这两方面并没有给学生留下积极的印象，仍有较大提升空间。结合教师反思也能发现，该

教师在素材选择和时间安排上也有一些困惑和顾虑。接下来，教师可以在班级进行需求调查，寻找解决方案。

表 7.29　学生在听说课堂学习中的收获

题项	认同比率（%）
提高了英语表达能力	100.0
提高了英语理解能力	96.7
学到了英语语言知识	90.0
提高了道德修养	93.3
作出了明智的人生选择	93.3
养成了良好的社会行为习惯	90.0
掌握了分析问题和解决问题的方法	86.6
树立了社会主义核心价值观	83.3
明辨了中西文化的不同	80.0
增强了运用新思想分析和解决问题的能力	76.6
增强了四个自信	56.6
增强了爱国情怀	50.0
丰富了中华优秀传统文化知识	50.0
树立了正确的理想信念	50.0
确立了法治意识	33.3
解开了对党情、国情、世情的困惑	33.3

本次问卷的第 12 ~27 题主要调查课程教学目标，尤其是育人目标的实现程度，即通过教学是否让学生在知识、能力、素养方面有所收获。根据表 7.29 所示，学生从本次课程学习中收获很大，在知识、能力、素养方面都有提高。其中，对提高了英语表达能力的认同感高达 100.0%，对提高了英语理解能力的认同感达到了 96.7%，对提高了英语语言知识的认同感也达到了 90.0%。在各类思政元素中，学生认同感最高的前五项分别为：提高了道德修养（93.3%）、作出了明智的人生选择（93.3%）、养成了良好的社会行为习惯（90.0%）、掌握了分析问题和解决问题的方法（86.6%），树立了社会主义核心价值观（83.3%）。与读写课的问卷调查结果类似，本次学生问卷中也出现了令人费解的情况，即在教师根本没讲到的思政元素上，也有为数不少的学生

作了认同的选择，尽管这些比例并没有达到60.0%。在后续的研究中，或许可以尝试改变研究方法，以质性研究来分析出现这种情况的原因。

7.3 小结

本章与第 6 章是姊妹章，采用类似的体例来展示大学英语视听说课堂中 24 个课程的思政教学设计案例。这些案例是依据第 3 章论证的理论框架，来设计教学环节，目的是将抽象的理论落到实处，当然这些案例仍需要通过实践来检验其效果。

本章的 7.2 部分也借助第 5 章提出的英语教师课程思政教学评价指标，对大学英语视听说的一节课堂教学进行了观察和评价。结合授课教师的反思和学生的反馈，确定了视听说课程思政教学的有效性，发现问题并提出建议。研究发现，视听说课程与读写课程的课堂教学存在一些共性特点和问题。其共性的特点是：①教师重视课程思政教育，认同英语教学中教师的价值引领作用。②教师在课堂教学中能够通过语言训练的某个环节，融入思想教育内容，在整个教学过程中显得自然流畅，不突兀。③教师能够以学生为中心进行教学，课堂师生互动频率较高，从而达到了学生在语言运用中学习语言，在思想的碰撞中提高思想认识的目的。其共性的问题也有三点：①从教学文档的分析来看，教师对教学目标的表述过于笼统，没有将知识、能力和素养进行分类表述，思政育人的目标也没有明确地提出来。②教师对课程思政的内涵有一定认识，但不够明确，这方面的理论素养有待提高。③教师使用的思政素材缺乏吸引力，未能给学生留下深刻印象，学生对思政元素的理解不到位，对自己从课程中的思想收获认知较为模糊。

当然，仅以某一次课为例进行分析，只是展示了一个侧面，并不能充分说明整个教师群体的英语课程思政教学情况。在以后的研究中，可以采用历时研究和质性研究的方法，去追寻现象背后的原因，这或许对改进大学英语课程思政教学更有意义。

参考文献

［1］中华人民共和国教育部．第23次全国高等学校党的建设工作会议情况综述［EB/OL］．［2022－04－03］．http：//www. moe. gov. cn/s78/A12/s8352/moe_ 1445/201501/t20150112_ 182961. html.

［2］习近平．加快构建中国特色哲学社会科学［N］．光明日报，2016－05－18（1）．

［3］习近平．在全国高校思想政治工作会议上讲话［EB/OL］.（2016－12－09）［2022－04－02］．http：//dangjian. people. com. cn/n1/2016/1209/c117092－28936962. html.

［4］习近平．在全国教育大会上的讲话［EB/OL］.（2018－9－10）［2022－04－02］．http：//www. gov. cn/xinwen/2018－09/10/content_ 5320835. htm.

［5］习近平．用新时代中国特色社会主义思想铸魂育人　贯彻党的教育方针　落实立德树人根本任务（在学校思想政治理论课教师座谈会上的讲话）［EB/OL］.（2019－03－19）［2022－03－30］. https://www. ccps. gov. cn/xtt/201903/t20190319_ 130454. shtml.

［6］中共中央 国务院《关于加强和改进新形势下高校思想政治工作的意见》［EB/OL］.（2017－02－27）［2022－03－31］. http：//www. cssn. cn/zx/201702/t20170227_ 3432295_ 1. shtml.

［7］中共中央办公厅 国务院办公厅《关于深化教育体制机制改革的意见》［EB/OL］.（2017－09－24）［2022－04－04］. http：//www. gov. cn/xinwen/2017－09/24/content_ 5227267. htm.

［8］中华人民共和国教育部《高校思想政治工作质量提升工程实施纲要》［EB/OL］.（2017－12－05）［2022－03－30］. http://www. moe. gov. cn/srcsite/A12/s7060/201712/t20171206_ 320698. html.

［9］中华人民共和国教育部《关于认真学习贯彻全国教育大会精神的通知》［EB/OL］.（2018－09－14）［2022－04－03］. http：//www. moe. gov. cn/

srcsite/A27/zhggs_ other/201809/t20180914_ 348818. html.

［10］ 中华人民共和国教育部《关于加快建设高水平本科教育 全面提高人才培养能力的意见》 ［EB/OL］.（2018 －10 －08）［2022 －04 －04］. http://www. moe. gov. cn/srcsite/A08/s7056/201810/t20181017_ 351887. html.

［11］ 中共中央办公厅 国务院办公厅《关于深化新时代学校思想政治理论课改革创新的若干意见》［EB/OL］.（2019 －08 －14）［2020 －04 －03］. http://www. gov. cn/zhengce/2019 －08/14/content_ 5421252. htm.

［12］ 教育部关于印发《高等学校课程思政建设指导纲要》的通知 ［EB/OL］.（2020 －06 －01）［2022 －04 －03］. http://www. moe. gov. cn/srcsite/A08/s7056/202006/t20200603_ 462437. html.

［13］ 艾政文．美国大学生核心价值观教育及其启示 ［J］．教育与教学研究，2016，30（7）：28 －32.

［14］ 安秀梅．《大学英语》“课程思政” 功能研究 ［J］．文化创新比较研究，2018，2（11）：84 －85.

［15］ 蔡基刚．课程思政视角下的大学英语通识教育四个转向：《大学英语教学指南》（2020 版）内涵探索 ［J］．外语电化教学，2021（1）4，27 －31.

［16］ 蔡基刚．课程思政与立德树人内涵探索：以大学英语课程为例 ［J］．外语研究，2021，38（3）：52 －57，112.

［17］ 蔡旭群．韩国民族精神教育探略 ［J］．教育评论，2009（6）：155 －157.

［18］ 蔡英谦．大学生社会主义核心价值观教育路径探析 ［J］．广东第二师范学院学报，2018（2）：79 －83.

［19］ 常俊跃，于如航．外语专业教育中思想政治理论课程教学存在的问题及其应对策略研究 ［J］．外语与翻译，2017，24（4）：78 －81.

［20］ 陈华栋．课程思政：从理念到实践 ［M］．上海：上海交通大学出版社，2020.

［21］ 陈新．法国高校思政教育模式聚焦 ［J］．教育与职业，2014（28）：104 －105.

［22］ 陈冲，汪海涵．我国高校推进“课程思政”的着力点研究：兼论美国高校隐性政治教育的启示 ［J］．当代教育科学，2019（9）：88 －92.

[23] 陈红美. 大学英语"课程思政"教学模式探索与实践 [J]. 智库时代，2018（51）：17，19.

[24] 陈磊，沈扬，黄波. 课程思政建设的价值方向、现实困境及其实践超越 [J]. 学校党建与思想教育，2020（14）：51 – 53.

[25] 陈石明. 新加坡的道德教育及其借鉴意义 [J]. 东南亚纵横，2009（9）：61 – 64.

[26] 陈雪贞. 最优化理论视角下大学英语课程思政的教学实现 [J]. 中国大学教学，2019（10）：45 – 48.

[27] 陈歆. 大学英语课堂教学中思政教育的融合实践 [J]. 智库时代，2019（49）：62 – 63.

[28] 成矫林. 以深度教学促进外语课程思政 [J]. 中国外语，2020，17（5）：30 – 36.

[29] 崔国鑫. 高校外语专业课程思政建设思考与探索 [J]. 国家教育行政学院学报，2020（10）：37 – 42，77.

[30] 崔健. 改革开放以来大学生思想政治教育内容的历史发展 [J]. 北京教育学院学报，2010，24（1）：31 – 36，72.

[31] 崔永光，韩春侠. 英语专业实施"课程思政"教学改革的可行性分析与实践研究：以专业核心课程"英语精读Ⅲ"为例 [J]. 外语教育研究，2019，7（2）：19 – 24.

[32] 丁红卫，唐滢，曹甜甜. 中日高校思想政治教育实效性比较研究 [J]. 云南行政学院学报，2020，22（1）：96 – 100.

[33] 丁义浩. "课程思政"建设须打破三个误区 [N]. 光明日报. 2020 – 01 – 13（2）.

[34] 杜刚跃，孙瑞娟. 高校英语教学"课程思政"有效策略研究 [J]. 延安大学学报（社会科学版），2019，41（4）：122 – 126.

[35] 杜震宇，张美玲，乔芳. 理工科课程思政的教学评价原则、标准与操作策略 [J]. 思想理论教育，2020（7）：70 – 74.

[36] 范树成. 美国核心价值观教育探析 [J]. 外国教育研究，2008（7）：23 – 28.

[37] 傅荣琳. 《大学英语》课程思政实践途径探究 [J]. 才智，2018

(36)：18，20.

[38] 高德毅，宗爱东. 从思政课程到课程思政：从战略高度构建高校思想政治教育课程体系 [J]. 中国高等教育，2017 (1)：43-46.

[39] 高桐杰. 英美思想政治教育的特点及规律研究 [J]. 教学与管理，2010 (9)：155-157.

[40] 高燕. 课程思政建设的关键问题与解决路径 [J]. 中国高等教育，2017 (Z3)：11-14.

[41] 葛春，李会松. 美国学校价值观教育实施及对我国核心价值观教育的启示 [J]. 全球教育展望，2009，38 (1)：47-50，81.

[42] 郭红军. 新加坡的道德教育特色及其启示 [J]. 学校党建与思想教育，2009 (17)：79-80.

[43] 韩玲. 文化自信视阈下高职英语课程思政的四维路径 [J]. 中国职业技术教育，2020 (35)：65-69.

[44] 何芳，都宁. 思想政治教育融入城市型、应用型大学英语教学的有效路径探析 [J]. 北京联合大学学报，2018，32 (2)：6-10.

[45] 和凤. 改革开放以来大学生思想政治教育目标的历史发展 [J]. 阴山学刊，2019，32 (4)：101-106.

[46] 何衡. 高职院校从"思政课程"走向"课程思政"的困境及突破 [J]. 教育科学论坛，2017 (30)：27-30.

[47] 贺彤. POA 理论指导下大学英语"课程思政"的适用性探究与实践 [J]. 英语广场，2021 (24)：116-118.

[48] 贺武华，王凌敦. 我国课程思政研究的回顾与展望 [J]. 学校党建与思想教育，2021 (4)：26-30.

[49] 何玉海. 关于"课程思政"的本质内涵与实现路径的探索 [J]. 思想理论教育导刊，2019 (10)：130-134.

[50] 胡洪彬. 课程思政：从理论基础到制度构建 [J]. 重庆高教研究，2019 (1)：1-8.

[51] 胡春湘. 建国 60 年来高校思想政治教育历史发展与思考 [J]. 攀枝花学院学报，2010，27 (2)：12-15.

[52] 胡晓敏. 美国大学生核心价值观教育论略 [J]. 教育评论，2014

（7）：162－164.

［53］黄国文．思政视角下的英语教材分析［J］．中国外语，2020，17（5）：21－29.

［54］黄国文，肖琼．外语课程思政建设六要素［J］．中国外语，2021，18（2）：1，10－16.

［55］黄建军，赵倩倩．高校思想政治教育显性教育和隐性教育相统一的内在逻辑与路径优化［J］．思想教育研究，2020（11）：118－122.

［56］黄静婧．新加坡隐性道德教育特色及其启示［J］．学校党建与思想教育，2012（35）：7－9.

［57］黄清，应立英．护理专业本科生对“课程思政化”认知态度和实施效果的调查分析［J］．全科护理，2020，18（17）：2164－2168.

［58］黄蓉生．大学生思想政治教育发展的时代特色：基于思想政治教育专业30年视域［J］．思想教育研究，2014（9）：3－7，78.

［59］黄煜栋，徐莉君．“课程思政”下的课堂教学质量量化评价研究［J］．科技通报，2019，35（10）：217－221.

［60］季诚钧．试论隐性德育课程［J］．课程·教材·教法，1997（2）：9－13.

［61］蒋洪新．新时代外语专业复合型人才培养的思考［J］．中国外语，2019，16（1）：1，11－14.

［62］蒋婷婷．基于混合式教学的大学英语“课程思政”模式建构［J］．丽水学院学报，2019，41（6）：121－124.

［63］蒋莹．POA理论下思政融入大学英语混合教学模式［J］．2021，22（4）：76－82.

［64］姜智彬．“多语种＋”：课程思政背景下外语人才培养的内涵、路径与成效［J］．外语电化教学，2020（4）：3，18－21.

［65］靳义亭．日本对青少年思想政治教育的经验及启示［J］．国外理论动态，2009（8）：109－112.

［66］柯璇，卢军坪．“课程思政”背景下大学英语教师职业发展路径［J］．科教文汇（下旬刊），2018（12）：19－21.

［67］孔标．“大思政”格局下大学英语“课程思政”的落实研究［J］．

长春师范大学学报，2020，39（3）：179－182.

［68］雷晶晶．基于 CIPP 的行业院校研究生课程思政评价指标体系研究［J］．创新创业理论研究与实践，2020，3（23）：147－149.

［69］李华．基于 CBI 理念的大学英语课程思政研究［J］．哈尔滨职业技术学院学报，2021（3）：131－133.

［70］黎开谊，陈姿羽，谢安国．美国价值观教育及其对中国青年学生社会主义核心价值观教育的启示［J］．社科纵横，2017，32（10）：18－24.

［71］李梅兰．英语专业课程思政教育实践路径探析：以“批判性阅读”课程教学为例［J］．广西科技师范学院学报，2019，34（3）：116－118，130.

［72］李文忠，赵博文．课程思政课程同行教师评价表设计研究［J］．才智，2019（36）：66.

［73］李潇君．课外活动：美国高校道德教育的重要载体［J］．东北师大学报（哲学社会科学版），2014（2）：146－150.

［74］李晓红．日本德育的新路径：“道德学科化”的背景、内涵与挑战［J］．外国教育研究，2016，43（6）：119－128.

［75］李晓晨．中英思想政治教育途径和方法比较研究［J］．现代盐化工，2018，45（4）：138－139.

［76］李秀英，寇金南，关晓薇，等．新时代大学英语课程思政：“明德”与“思辨”：以《新时代明德大学英语综合教程 3》为例［J］．中国外语，2021，18（2）：39－46.

［77］李祖超．日本的教育现代化之路及其对中国的启示［J］．清华大学教育研究，2004（3）：23－29.

［78］练建斌．德国思想政治教育的方法及启示［J］．湖北函授大学学报，2011，24（4）：96－97.

［79］梁惠梅．中国文化融入：英语专业课程思政的基点［J］．文化与传播，2019，8（2）：44－47.

［80］梁永艺．美国学校价值观教育及其对我国青年学生社会主义核心价值观教育的启示［J］．河池学院学报，2010，30（1）：63－67.

［81］廖菲．应用型高校大学英语实施“课程思政”的路径探析［J］．职大学报，2019（4）：91－93.

［82］刘传春．韩国的政治教育及其启示［J］．学校党建与思想教育，2004（2）：61－63.

［83］刘成荣．韩国道德教育特色及对我国高校德育的启示［J］．教育与职业，2009（29）：90－91.

［84］刘建达．课程思政背景下的大学外语课程改革［J］．外语电化教学，2020（6）：38－42.

［85］刘晶，胡加圣．基于通识教育理念的大学英语课程思政元素需求分析调查研究［J］．外语电化教学，2021（3）：4，24－29.

［86］刘坤，徐常兰．课程思政视角下大学英语教学的问题与改进［J］．中学政治教学参考，2021（23）：99.

［87］刘昕．价值引领融入大学英语教学探究［J］．语言教育，2019，7（3）：2－6，45.

［88］刘正光，岳曼曼．转变理念、重构内容，落实外语课程思政［J］．外国语（上海外国语大学学报），2020，43（5）：21－29.

［89］刘正光，钟玲俐，任远．落实新《指南》，对接“立德树人”新需求：“新目标大学英语”《综合教程》修订的理念与特色［J］．外语界，2021（2）：25－30.

［90］卢军坪．大学英语课程推进“课程思政”的可行性探索［J］．上海第二工业大学学报，2019，36（2）：129－133.

［91］卢艳兰．新加坡高校思想政治教育课程评介［J］．湖北社会科学，2008（1）：178－180.

［92］罗淳．美国价值观教育对我国核心价值观教育的启示［J］．学理论，2014（32）：271－272，277.

［93］吕新云，张社强．美国、德国学校政治教育比较及借鉴［J］．思想教育研究，2009（8）：60－63.

［94］林崇德．构建中国化的学生发展核心素养［J］．北京师范大学学报（社会科学版），2017（1）：66－73.

［95］陆道坤．课程思政推行中若干核心问题及解决思路：基于专业课程思政的探讨［J］．思想理论教育，2018（3）：64－69.

［96］陆道坤．课程思政评价的设计与实施［J］．思想理论教育，2021

(3)：25－31.

［97］罗良功．外语专业课程思政的本、质、量［J］．中国外语，2021，18（2）：60－64.

［98］马力怡．大学英语课程思政师资队伍建设研究［J］．智库时代，2019（10）：294－295.

［99］梅强．以点引线 以线带面：高校两类全覆盖课程思政探索与实践［J］．中国大学教学，2018（9）：20－22，59.

［100］蒙岚．混合式教学模式下大学英语课程思政路径［J］．社会科学家，2020（12）：136－141.

［101］孟祥凤．构建高校“课程思政”目标体系的必要性、原则及措施［J］．兰州教育学院学报，2020，36（3）：71－73.

［102］闵辉．课程思政与高校哲学社会科学育人功能［J］．思想理论教育，2017（7）：21－25.

［103］穆心慧，刘昕．基于认知度调查的大学英语课程思政教学研究［J］．戏剧之家，2020（11）：140－141.

［104］宁莹莹．现实指向的英国价值观教育：背景、内容和实施［J］．福建教育学院学报，2019，20（2）：1－4，11，129.

［105］倪愫襄．日本高校思想政治教育实施简介［J］．学校党建与思想教育，2012（19）：85－86，89.

［106］蒲清平，何丽玲．高校课程思政改革的趋势、堵点、痛点、难点与应对策略［J］．新疆师范大学学报（哲学社会科学版），2021，42（5）：105－114.

［107］覃春华，地方高校英语课程教学中实施“课程思政”的现实价值与路径［J］．西部素质教育，2020，6（3）：42－43.

［108］齐砚奎．全课程育人背景下高校课程思政建设的理论思考［J］．黑龙江高教研究，2020，38（1）：124－127.

［109］邱开金．从思政课程到课程思政，路该怎样走［N］．中国教育报．2017－03－21（10）．

［110］邱仁富．“课程思政”与“思政课程”同向同行的理论阐释［J］．思想教育研究，2018（4）：109－113.

［111］邱伟光．课程思政的价值意蕴与生成路径［J］．思想理论教育，2017（7）：10－14.

［112］饶从满．关于道德教育中若干基本问题的思考：基于日本道德教育的经验与教训［J］．教育探索，2014（3）：127－129.

［113］任志锋．21 世纪以来美国价值观教育变革论析［J］．社会主义核心价值观研究，2018（42）：72－82.

［114］沈丽巍．教育生态学视角下高校“课程思政”教学评价体系的构建［J］．佳木斯大学社会科学学报，2020，38（4）：205－207.

［115］生忠军．高校思想政治工作要坚持显性教育与隐性教育相统一［J］．当代广西，2021（15）：15.

［116］石书臣．正确把握“课程思政”与思政课程的关系［J］．思想理论教育，2018（11）：57－61.

［117］石坚，王欣．立德树人　润物细无声：课程思政的内涵建设［J］．外语电化教学，2020（6）：43－45.

［118］时宇娇．政法类院校公共英语课“课程思政”教学改革探索［J］．学校党建与思想教育，2019（8）：30－32.

［119］舒璐璐，王浬．法国学校公民教育及其对我国思想政治教育工作的启示［J］．西部素质教育，2017，3（20）：37－38.

［120］思勤途．国外高校思想政治教育对我国的启示［J］．知识经济，2017（13）：129，131.

［121］宋丽娜．中美大学生核心价值观教育的比较与启示［J］．重庆第二师范学院学报，2013，26（1）：123－125，135.

［122］宋素娟．课程思政教学有效性评价文献述评［J］．科学咨询（科技·管理），2021（7）：91－92.

［123］孙蕊，孙燕，杨仙云．高职院校工科类专业课程思政教学效果调查与研究：以专业课程《汽车服务企业管理》为例［J］．当代教育实践与教学研究，2020（10）：161－163.

［124］孙有中．振兴发展外国语言文学类本科专业：成就、挑战与对策［J］．外语界，2019（1）：2－7.

［125］孙有中．课程思政视角下的高校外语教材设计［J］．外语电化教

学，2020（6）：46－51

［126］谭红岩，郭源源，王娟娟．高校课程思政评估指标体系的构建与改进［J］．教师教育研究，2020，32（5）：11－15.

［127］谭晓爽．课程思政的价值内涵与实践路径探析［J］．思想政治工作研究，2018（4）：44－45.

［128］唐德海，李枭鹰，郭新伟．“课程思政”三问：本质、界域和实践［J］．现代教育管理，2020（10）：52－58.

［129］伍醒，顾建民．“课程思政”理念的历史逻辑、制度诉求与行动路向［J］．大学教育科学，2019（3）：54－60.

［130］武亚珍．高校“课程思政”与思政课程协同育人的难点与对策［J］．黎明职业大学学报，2019（4）：3－9.

［131］王成霞，袁俊娥．大学英语“课程思政”动态系统化设计和实践研究［J］．教育教学论坛，2019（49）：30－31.

［132］王慧，张芸香，郭晋平．形成性考核在“课程思政”教学效果评价中的应用研究：以高校《城市生态学》课程为例［J］．高教学刊，2020（29）：178－180.

［133］王锦孝．高校“课程思政”构建的三个关节点分析［J］．智库时代，2020（11）：201－202.

［134］王靖晶．中德高校思想政治教育比较及启示［J］．现代交际，2016（21）：176.

［135］王立仁，钟建峰，张小秋．学生思想政治教育体系的规划与构建［J］．长春工业大学学报（社会科学版），2013，25（1）：147－150.

［136］王立仁，高畅．思想政治课程内容的有效衔接研究［J］．高校辅导员，2019（4）：18－23.

［137］王良斌．课程思政中文化自信培养研究［J］．内蒙古财经大学学报，2019，17（6）：115－117.

［138］王敏，王滨．热观察与冷思考：新时期推进“课程思政”改革的必然选择［J］．教育探索，2019（1）：102－107.

［139］王鹏．新加坡大学生主流价值观教育探析［J］．思想理论教育导刊，2012（12）：100－103.

［140］王淑花．中国学生英语理解能力量表的构建及验证研究［M］．北京：知识产权出版社，2012.

［141］王淑花．中外英语学科思维能力培育的比较研究［M］．北京：知识产权出版社，2015.

［142］王守仁．主持人语［J］．中国外语，2021，18（2）：4.

［143］王岳喜．论高校课程思政评价体系的构建［J］．思想理论教育导刊，2020（10）：125－130.

［144］王卓．课程思政对外语专业课程建设的导向性与媒介性［J］．山东外语教学，2021，42（1）：59－68.

［145］汪宗田，傅安洲，阮一帆．德国大学思想道德教育及其启示［J］．思想教育研究，2011（4）：53－56.

［146］韦金凤．高校商务英语专业推行“课程思政”探析［J］．高教论坛，2020（2）：60－62，74.

［147］魏勤，黄智燕．博雅教育与高校英语教师人文素养研究［J］．西安外国语大学学报，2019，27（4）：66－70.

［148］文秋芳．大学外语课程思政的内涵和实施框架［J］．中国外语，2021，18（2）：47－52.

［149］文旭．教单科，育全人：论专业外语教育中的全人教育［J］．中国外语教育，2014：12－19，94.

［150］吴海荣．国际化时代日本学校公民教育的新进展［J］．现代教育管理，2016（6）：124－128.

［151］吴倩．美国价值观教育的历史演进及其启示［J］．社会主义核心价值观研究，2016（22）：90－95.

［152］夏骏．国外高校德育中的显著课程和隐性课程［J］．常熟高专学报，2002（1）：96－99.

［153］肖琼，黄国文．关于外语课程思政建设的思考［J］．中国外语，2020，17（5）：1，10－14.

［154］肖琼，黄国文．《新时代明德大学英语》的多元大纲和潜在的教学法［J］．中国外语，2021，18（2）：17－24.

［155］肖琼，黄国文．外语教材编写中的课程思政元素融入：以《新时代

明德大学英语》为例［J］．外国语言文学，2021，38（4）：400－412，447.

［156］郗厚军，康秀云．国外思想政治教育可借鉴性：前提反思、根据认识及实现要求［J］．思想理论教育，2017（10）：17－22.

［157］夏文红，何芳．大学英语“课程思政”的使命担当［J］．人民论坛，2019（30）：108－109.

［158］谢幼如，邱艺，黄瑜玲，等．智能时代高校课程思政的设计理论与方法［J］．电化教育研究，2021，42（4）：76－84.

［159］谢翠蓉．道德教育：新加坡高校教育成功的启示［J］．大学教育科学，2008（3）：106－109.

［160］徐锦芬．高校英语课程教学素材的思政内容建设研究［J］．外语界，2021（2）：18－24.

［161］许耀元．高校课程思政教学评价体系构建［J］．智库时代，2020（3）：209－211.

［162］鄢显俊．论高校“课程思政”的“思政元素”、实践误区及教育评估［J］．思想教育研究，2020（2）：88－92.

［163］袁俊娥．布鲁姆教育目标分类理论对大学英语课程思政的启示［J］．职业，2019（32）：109－110.

［164］叶俊，盘华．“四个自信”视域下大学英语课程思政功能的实现路径［J］．学校党建与思想教育，2020（20）：45－46，49.

［165］岳莉．大学英语课程思政供给侧改革路径探析［J］．华北理工大学学报（社会科学版），2021，21（4）：85－90.

［166］岳曼曼，刘正光．混合式教学契合外语课程思政：理念与路径［J］．外语教学，2020，41（6）：15－19.

［167］尹晶．经典阅读与思政教育：英国文学课程思政体系之尝试性建构［J］．中国外语，2021，18（2）：84－90.

［168］杨华．我国高校外语课程思政实践的探索研究：以大学生“外语讲述中国”为例［J］．外语界，2021（2）：10－17.

［169］杨婧．大学英语课程思政教育的实践研究［J］．外语电化教学，2020（4）：5，27－31.

［170］杨茂庆，岑宇．新加坡学校价值观教育：路径、特点及经验［J］．

比较教育研究，2020，42（2）：69－75.

［171］杨永刚．CBI 视域下涉外警务英语课程思政教学研究［J］．武警学院学报，2021，37（8）：83－86.

［172］杨玉芹．反思性评价在协同知识创新能力培养中的应用研究［J］．中国电化教育，2018（1）：42－49.

［173］张驰，宋来．“课程思政”升级与深化的三维向度［J］．思想教育研究，2020（2）：93－98.

［174］张大良．课程思政：新时期立德树人的根本遵循［J］．中国高教研究，2021（1）：5－9.

［175］张宏．高校课程思政协同育人效应的困境、要素与路径［J］．国家教育行政学院学报，2020（10）：31－36.

［176］张鸿燕．韩国学校道德教育特色之探析［J］．外国教育研究，2002（3）：10－12.

［177］张建昌．翻译教学与文化自信教育［J］．教育教学论坛，2018（32）：79－81.

［178］张敬源，王娜．外语“课程思政”建设：内涵、原则与路径探析［J］．中国外语，2020，17（5）：15－20，29.

［179］张敬源，王娜．基于价值塑造的外语课程思政教学任务设计：以《新时代明德大学英语综合教程 2》为例［J］．中国外语，2021，18（2）：33－38.

［180］张良，徐卫国，华敏．产教融合背景下高职专业课“课程思政”的实践与探索［J］．太原城市职业技术学院学报，2021（4）：137－139.

［181］张瑞琪．挖掘与融入：大学英语课程思政研究：以《新视野大学英语 1（第三版）读写教程》为例［J］．普洱学院学报，2020，36（5）：100－103.

［182］张润玲，王晓辉．多元化反思性评价促进教师行为有效性的研究［J］．天津市教科院学报，2016（6）：88－90.

［183］张诗晗．中西方大学生思想政治教育内容比较探析［J］．科教导刊（中旬刊），2017（2）：89－90.

［184］张诗雨，刘珮心，谢浩玲，等．“隐性思政教育”理念下的“沉浸式”课程思政教学改革：以“大学英语”为例［J］．改革与开放，2019（20）：105－107.

［185］张晓荣．英语教师开展反思性教学的几点思考［J］．英语广场，2021（36）：97－99.

［186］张雅光．新加坡道德教育的方法与途径探究［J］．思想政治课教学，2004（12）：51－52，60.

［187］张彧凤，孟晓萍．大学英语教师课程思政教学能力研究［J］．教育理论与实践，2021，41（21）：33－35.

［188］赵娜．德国高校思想政治教育模式借鉴［J］．教育与职业，2013（22）：104－105.

［189］赵建平．德育内容的层次性［J］．思想·理论·教育，1995（6）：29－30.

［190］郑佳然．新时代高校"课程思政"与"思政课程"同向同行探析［J］．思想教育研究，2019（3）：94－97.

［191］朱平．高校课程思政的动力激励与质量评价［J］．思想理论教育，2020（10）：23－27.

［192］朱晓兰，秦鹏飞．思想政治教育概念、理论的梳理及国外研究概况［J］．科教导刊（中旬刊），2017（26）：188－192.

［193］朱继光．中英大学生思想政治教育路径选择差异比较与借鉴［J］．思想教育研究，2009（1）：44－46.

［194］邹洁，王顺辉．日本青少年思想政治教育的经验及其启示［J］．教育探索，2013（8）：154－155.

［195］左童洁．英国思想政治教育的发展特性及对我国的启示［J］．才智，2018（29）：46－47，49.

［196］BAEHMAN L，PALMER A. Language assessment in practice［M］．Oxford：Oxford University Press，2010.

［197］Xi Jinping. The governance of China（Ⅰ）［M］．Beijing：Foreign Languages Press，2018.

［198］Xi Jinping. The governance of China（Ⅱ）［M］．Beijing：Foreign Languages Press，2017.